W0205371

PERA
9

Ausbildung des Sportpferdes

Dressur – Springen – Gelände

Christopher Bartle
unter Mitarbeit von Gillian Newsum

Aus dem Englischen übersetzt
von Petra Schlemm

FNverlag
der Deutschen
Reiterlichen Vereinigung GmbH
Warendorf

Bibliografische Information der deutschen Bibliothek

Die Deutsche Bibliothek verzeichnet diese Publikation in der Deutschen Nationalbibliografie; detaillierte bibliografische Daten sind im Internet über http://dnb.ddb.de abrufbar.

Aus dem Englischen übersetzt von Petra Schlemm.
Titel der Originalausgabe „Training the Sport horse. Dressage – Jumping – Cross-Country"
Text © Christopher Bartle und Gillian Newsum 2004
Fotos © Kit Houghton
Zeichnungen © Trixie Hodges
Erschienen in England bei
J. A. Allen, Clerkenwell House, Clerkenwell Green, London ECIR OHT

ISBN 0-85131-854-1

© 2007 Das Werk ist urheberrechtlich geschützt. Die dadurch begründeten Rechte, insbesondere die der Übersetzung, des Nachdrucks, der Entnahme von Abbildungen, der Funksendung, der Wiedergabe auf fotomechanischem oder ähnlichem Wege und der Speicherung in Datenverarbeitungsanlagen bleiben, auch bei nur auszugsweiser Verwertung, vorbehalten. Die Vergütungsansprüche des § 54, Abs. 2, UrhG werden durch die Verwertungsgesellschaft Wort wahrgenommen.

LEKTORAT
Dr. Carla Mattis, **FN***verlag* Warendorf
Fachlektorat: Christoph Hess, Leiter der Abteilung Ausbildung der FN, Warendorf;
Dr. Michael Düe, Leiter der Abteilung Veterinärmedizin der FN, Warendorf;
Dr. Kirsten Thomsen, Veterinärmedizinerin, Kleinwiehe;
Stefan Stammer, Pferdeosteopathie und Pferdephysiotherapie, Bad Schönborn

BERATUNG UND GEDANKLICHE ANREGUNGEN
Claudia Elsner, Recklinghausen; Ingrid Klimke, Münster; Michael Putz, Erlangen und Anne Warnecke, Osnabrück

KORREKTORAT
Korrekturbüro W. und G. Kirchhoff, Büren/Brenken

ZEICHNUNGEN
Trixie Hodges

FOTOS
alle Kit Houghton, mit Ausnahme von S. 36, mit freundlicher Genehmigung von Kawasaki;
S. 90 Chris Bartle

GESAMTGESTALTUNG
mf-graphics, Marianne Fietzeck, Gütersloh

DRUCK UND VERARBEITUNG
Media-Print Informationstechnologie, Paderborn

ISBN 978-88542-477-2

Gewidmet

allen Pferden, mit denen ich über viele Jahre
die Möglichkeit gehabt habe, zu arbeiten und
zu experimentieren, während ich meine
Trainingsphilosophie und mein Trainingssystem
entwickelt und erlernt habe.
Während einige Pferde in dieser Zeit zunächst meine
Fehler hinnehmen mussten, wurden andere zu
Superstars und haben ein Jetset-Leben geführt und
an Turnieren auf der ganzen Welt teilgenommen.
Keines von ihnen hatte die Wahl,
aber ich verdanke ihnen alles.

Ich muss mich bei vielen von ihnen entschuldigen
und mich bei allen bedanken.

Inhalt

Teil 2 Weiterführende Ausbildung

Vorwort

Das Wissen eines Reiters und Trainers stammt immer aus vielen Quellen: aus eigener Erfahrung, von anderen Trainern und Reitern, von Videos, aus Büchern und allgemeinen Beobachtungen. Es gibt immer noch mehr zu lernen. Meine eigenen Erfahrungen mit Rennpferden, Vielseitigkeits- und Dressurpferden und als Ausbilder von Reitern haben mir geholfen, meine persönliche Ausbildungstheorie zu entwickeln, die sehr stark auf einem klaren Verständnis der Partnerschaft zwischen Reiter und Pferd beruht.

Es hieß früher, zu viel Dressur sei schädlich für ein Vielseitigkeitspferd. Dem kann ich nicht zustimmen. Die richtige dressurmäßige Arbeit wird ein Pferd gymnastizieren und ihm immer auch beim Springen helfen, ob im Parcours oder im Gelände. Dressur schadet allerdings, wenn der Reiter sein Pferd dominiert und ihm seine Verantwortung abnimmt. Ich sage sehr gerne, dass ein Pferd sich seinen Lebensunterhalt verdienen muss. Es muss lernen, sich selbst zu tragen und sich selbst zu motivieren. Es muss lernen, auf sich selbst aufzupassen, auf Kurs zu bleiben, die Körpersprache seines Reiters zu verstehen und Disziplin zu akzeptieren.

Wenn der Reiter sein Pferd lehrt, Verpflichtungen zu akzeptieren, dann hat auch der Reiter Verpflichtungen. Ziel ist es, dem Pferd beizubringen, Teil einer Partnerschaft zu werden, in der der Reiter die Führung hat. Es geht dabei mehr um Zusammenarbeit als um Unterordnung. Der Reiter muss deshalb wissen, was er seinem Pferd fairer- und vernünftigerweise abverlangen kann. Daher sollte der Reiter bis zu einem gewissen Grad Kenntnisse über die Biomechanik eines Pferdes besitzen und in der Lage sein, sich über seine Hilfen dem Pferd verständlich zu machen. Auch ist es wichtig, sich den körperlichen und mentalen Grenzen des Pferdes bewusst zu sein und sein Vertrauen, seine innere Verfassung und seine körperliche Kraft sensibel einzuschätzen.

Den stets fragenden, analytischen Zugang zur Ausbildung von Pferden habe ich von meiner Mutter Nicole gelernt, die als Kind in Belgien ritt und immer großes theoretisches und auch praktisches Interesse am Training von Pferden hatte. 1963 gründete sie das Yorkshire Riding Center und später übersetzte sie zahlreiche Pferde-Fachbücher für den Verlag J. A. Allen, darunter auch Vollendete Reitkunst von Udo Bürger. Sie war Perfektionistin und große Verfechterin der Ansicht, dass es in der Verantwortung des Reiters/Trainers liege, das Wohlergehen des Pferdes über korrekten Sitz und ein kluges, vernünftiges Ausbildungssystem zu fördern.

Sie war nie zufrieden, die althergebrachten Instruktionen aus dem Handbuch des Pony-Clubs zu übernehmen. Sie wollte immer das Wie und Warum entschlüsseln und stellte überlieferte Ausbildungssysteme stets infrage. Obwohl ich erst mit vierzehn Jahren ernsthaft zu reiten begann, ermutigte mich meine Mutter, ein Jahr zwischen Schule und Universität in Frankreich zu verbringen und mit Kommandant de Parisot zu trainieren, dem Chef der französischen Kavallerieschule Cadre Noir. Er war ein faszinierender Mann, und ich bin überzeugt, dass seine Inspiration, verbunden mit der Begeisterung meiner Mutter, mich schließlich zur Dressur gebracht haben.

Ungeachtet dessen habe ich mein Ökonomiestudium an der Universität von Bristol abgeschlossen und zwei Jahre mit dem Reiten von Hindernisrennen verbracht, bevor ich akzeptiert habe, dass ich mit einer Länge von 1,80 Metern nicht gerade den idealen Jockey darstelle. Ich kehrte nach Hause zurück, widmete mich der Vielseitigkeitsreiterei und habe seither mein ganzes Leben in dem Bemühen verbracht, einen „anständigen Job" zu vermeiden. Zur damaligen Zeit arbeitete ich mit mei-

Der Autor bei den Olympischen Spielen in Sydney 2000.

nem Pferd namens „Wily Trout“, einem Partner, mit dem ich viele Ziele erreicht und mir Träume erfüllt habe. Auch habe ich zu dieser Zeit den Mann getroffen, der meine Reiterei mehr als irgendjemand anderes beeinflusst hat. Meine Mutter hatte den schwedischen Ausbilder Hans von Blixen-Finecke zu uns an das Yorkshire Riding Centre eingeladen. Von Blixen-Finecke war Kommandeur der schwedischen Kavallerieschule, als er bei den Olympischen Spielen 1952 Einzelgold in der Vielseitigkeit gewann. Er war auch Ausbilder von „Master Rufus“, dem Pferd, mit dem Oberst Henry St. Cyr bei den gleichen Spielen Einzelgold in der Dressur gewann. Von Blixen-Finecke hatte die gleiche Auffassung von der Ausbildung eines Pferdes wie meine Mutter, immer mit Blickrichtung auf die Biomechanik von Pferd und Reiter. Wenn etwas nicht funktionierte, dann war die Lösung nie eine Sache des ständigen Wiederholens und neuerlicher Versuche, sondern immer der genauen Entschlüsselung des Problems, sei es beim Pferd oder beim Reiter. Obwohl sich meine Ansichten und Analysen heute aufgrund meiner eigenen Erfahrung leicht von ihm unterscheiden, basiert meine Ausbildungsphilosophie doch sehr stark auf von Blixen-Fineckes Methoden (siehe dazu „Die Kunst der Ausbildung“ von Hans von Blixen-Finecke).

Im vorliegenden Buch habe ich versucht die Entwicklung zu erklären, die Pferd und Reiter auf verschiedenen Ebenen der Ausbildung durchlaufen, sei es für die Freizeitreiterei, kleine Turniere oder internationalen Sport. Obwohl die Betonung immer auf dem Verständnis für das Pferd liegt und auf der sorgfältigen Behebung von Problemen, wird im Gegenzug immer Disziplin und Respekt vom Pferd verlangt. Es besteht ein feines Gleichgewicht zwischen dem Einfordern von Respekt und dem Verlangen nach Unterordnung. Das Können des Reiters besteht darin, das Pferd bereitwillig zum Mitmachen zu motivieren und es erkennen zu lassen, dass das zu seinem Besten ist.

Der erfahrene Pferdekenner wird immer sagen, dass man nie aufhört zu lernen. So entwickelt sich auch mein Ausbildungssystem ständig weiter und wahrscheinlich werde ich in einigen Jahren eine überarbeitete Neuauflage dieses Buches anbieten können, in das noch weitere Erfahrungen einfließen. Es gibt so viele Zusammenhänge und Unterschiede, dass es einfach unmöglich ist, jedes denkbare Szenario mit jedem Pferd zu beschreiben. Ich habe versucht, einige Vorschläge einfließen zu lassen, je nachdem welche Reaktion das Pferd zeigt, aber dennoch bleiben mehr Situationen hier unerwähnt, als dass sie hier genannt werden. Der Reiter wird seine eigenen Erfahrungen sammeln, aber es ist immer gut, diese Erkenntnisse zu vergleichen mit einem allgemeingültigen System, das schrittweise dem persönlichen Erleben angepasst wird. ■

Christopher Bartle

Christoph Hess (rechts), Leiter der Abteilung Ausbildung der Deutschen Reiterlichen Vereinigung e.V. (FN) mit dem Autor Christopher Bartle beim CCI**** in Badminton 2007.

Vorwort

Manchmal hilft es, sich einen Sachverhalt von einem anderen Lehrer erklären zu lassen. Das kann erhellend wirken, obwohl der Sachverhalt der gleiche geblieben ist.

Christopher Bartle ist Engländer und neben Ingrid Klimke bisher der einzige Reiter, der auf höchstem Niveau Dressur und Vielseitigkeit geritten hat. Er belegte u.a. den 6. Platz bei den Olympischen Spielen 1984 in Los Angeles und errang einen Sieg bei der schwersten Military der Welt in Badminton (GB) im Jahr 1998. Dennoch hat Chris Bartle aus seiner eigenen Sicht nicht alle gesteckten Ziele erreicht. Er sieht sich selbst auch nicht als ausgesprochen begabten Reiter. Gerade deshalb hat er sich vielleicht besonders intensiv mit dem Sport auseinandergesetzt. Chris Bartle hat das Ausbildungssystem geistig und auch in der Praxis durchdrungen und ist mit verschiede-

nen nationalen Ausrichtungen der klassischen Reitweise vertraut. Die Richtigkeit seiner Ansichten, die er aus den englischen, deutschen, schwedischen und französischen Lehren gezogen hat, vermag er in der Lehre und im Training sehr detailliert weiterzugeben. Dies dokumentieren nicht zuletzt die großartigen Erfolge der deutschen Vielseitigkeitsreiter, die er selbst als Bundestrainer betreut.

Doch warum empfehle ich das Buch als Lektüre? Was ist das besondere Anliegen des Buches?

Die deutsche Reitlehre beschreibt „Sitz und Einwirkung" als zentrale Begriffe. Beim oberflächlichen Betrachten kann der Eindruck entstehen, Sitz sei etwas Statisches und Einwirkung etwas, das durch den Reiter mit seinem Pferd geschieht. Diesem Eindruck wirkt der Autor entgegen. Chris Bartle verwendet die Begriffe „Einleitende Sitzposition" und „Körpersprache". Schon ergibt sich eine andere Perspektive, die deutlichere Konturen verleiht. Der Sitz des Reiters ist für ihn nie statisch. Aus dem Grundsitz entwickelt sich die Einleitung zur Hilfengebung an das Pferd. Die sich daraus ergebende „Körpersprache des Reiters" ist für Chris Bartle ein Dialog mit dem Pferd.

Die klassische Reitweise nach der Skala der Ausbildung ist unbestritten richtig und in jeder Hinsicht erfolgreich, wenn sie nicht als zwanghafte Beherrschung des Pferdes missverstanden wird. Weitergehende Denkanstöße vermittelt der Autor mit seiner Aufteilung der Verantwortung, wenn er das Pferd als Junior-Partner in einem Team bezeichnet, in dem beide Seiten ihre Pflichten und Zuständigkeiten haben und einer vom anderen abhängig ist.

Unsere modernen Pferde sind heute sensibel in jeder Beziehung. Sie kommen in ihrem Wesen und dem Nerv den Vollblutpferden immer näher, mit denen Chris Bartle in England aufgewachsen und als Renn- und Vielseitigkeitsreiter vertraut ist. Vielleicht hat er deshalb dieses einfühlsame Buch verfasst, um den Lesern so einleuchtend zu erklären, wie man von seinem Pferd Respekt einfordert ohne bedingungslose Unterordnung zu verlangen. Er plädiert eher dafür, das Pferd bei seinen Bedürfnissen „abzuholen", um ihm danach die erforderliche Technik beizubringen. In der „Ausbildung des Sportpferdes" erhalten gültige Erkenntnisse den „Bartle Touch".

Chris Bartle interpretiert mit seinen praktischen Erfahrungen und theoretischen Erkenntnissen die klassische Reitlehre. „Ausbildung des Sportpferdes" ist von einem Engländer aus der Praxis für die Praxis verfasst worden.

Deshalb hoffe ich auf eine weite Verbreitung dieses Buches in Deutschland. ■

Christoph Hess

Was der Leser noch wissen muss!

Die Übersetzung des Buches aus dem Englischen ist nicht wörtlich. Sie ist eher „eingedeutscht", da manche Erklärungen auch nicht wörtlich, sondern nur sinngemäß übersetzt werden konnten. Das trifft auch auf einige Begriffe zu. Im Text bleiben sie deshalb in englischer Sprache erhalten. Außerdem konnten in Gesprächen mit Chris Bartle Aussagen aus der englischen Originalausgabe konkretisiert bzw. näher erläutert werden.

Nicht immer stimmen die Hinweise mit den Richtlinien für Reiten und Fahren überein. Chris Bartle gibt in dem Buch eigene Erfahrungen aus der Arbeit mit unterschiedlichen Pferden und Reitern weiter. Dies auch in der Auseinandersetzung mit unterschiedlichen Reitweisen, nicht zuletzt mit der des Franzosen François Baucher. Die französische Reitweise misst der Zügelwirkung größere Bedeutung zu als die deutsche, englische oder schwedische Tradition. Der Autor hält sie für sehr nützliche unterstützende Hilfen. Deshalb wird diesem Thema in dem Buch ein breiter Raum gegeben.

Begriffliche Erklärungen

Einleitende Sitzposition, auch vorbereitender Sitz, dient der Vorbereitung einer Lektion, z.B. dem Angaloppieren, dem Reiten eines Seitengangs.

Zur Durchführung der Lektion wird die Körpersprache hinzugenommen, d.h. die Gewichts- und Schenkelhilfen, die durch Zügelhilfen ergänzt werden.

Auf der Spur (engl. online) => In einer Wendung bewegt sich das Pferd auf einer Spur, z.B. auf einem Zirkel, einer Volte, in einem Seitengang oder auf einen Sprung zu.

Es muss dabei nicht gerade gerichtet sein, d.h. Hinterhand und Vorhand müssen nicht aufeinander eingespurt sein. (Seiten 23, 75, 92f.,104, 106, 108, 112, 118, 121ff., 138, 142f., 149, 150, 179ff., 198, 204, 227, 238)

In der Linie (engl. inline) => D.h., das Pferd ist auf gerader Linie, in der Wendung, im Seitengang oder auf einen Sprung zu gerade gerichtet. Hinterhand und Vorhand sind aufeinander eingespurt, es ist auf gerader und gebogener Linie mit seiner Längsachse der Hufschlaglinie angepasst. Man sagt auch, das Pferd geht hufschlagdeckend (vgl. Richtlinien für Reiten und Fahren Band 1, Warendorf 2005, Seite 172).

Optimal ist, wenn „online" und „inline" erfüllt sind. Bei einem sehr schmalen Hindernis im Geländeparcours muss das Pferd auf der Spur und in der Linie sein, um dieses Hindernis problemlos und fehlerfrei überwinden zu können. (Seiten 23, 75, 93, 104, 106, 112, 114, 118f., 121ff., 138, 142f., 148ff., 155, 176, 179ff., 190, 193, 198, 204, 227, 238)

Verbindung über den Rücken:

1. losgelassener, schwingender Rücken
2. Durchlässigkeit erreicht
3. Bewegungen gehen durch den Körper

Der äußere Schenkel kontrolliert die Vorhand: Der Autor hat die Erfahrung gemacht, dass es z.B. bei Vorhand-, Hinterhandwendungen, Pirouetten, Schenkelweichen oder auch in Seitengängen sinnvoll sein kann, den äußeren Schenkel am Gurt zu lassen, d.h. in vorwärtstreibender Lage. Dabei wird Druck unterschiedlicher Art und Intensität mit dem äußeren Schenkel (vermehrt mit Knie oder Oberschenkel, ohne Hochziehen des Absatzes und Klemmen mit dem Bein) in Verbindung mit einem verwahrenden Zügel bei diesen Lektionen gegeben. Art und Intensität des Drucks variieren nach Bedarf.

Nach Ansicht von Chris Bartle wird der äußere Schenkel zu häufig und zu weit hinten eingesetzt, was oft zu Fehlern und zum Missverständnis beim Pferd führt.

Nach dem Verständnis der Richtlinien für Reiten und Fahren Band 1 liegt der verwahrende Schenkel etwa in der gleichen Position wie der vorwärts seitwärts treibende, wird aber weniger aktiv eingesetzt. Die Aufgabe des verwahrenden Schenkels besteht darin, eine seitliche Bewegung der Hinterhand oder das Ausweichen zu begrenzen oder zu verhindern. Er veranlasst also, dass Vorder- und Hinterbein in der gleichen Spur bleiben und das Pferd somit gleichmäßig an beide Zügel herantritt.

Der verwahrende Schenkel ist immer für die Vorwärtsbewegung mitverantwortlich. Ein vorübergehender stärkerer Einsatz darf nur im Einzelfall, gewissermaßen zur Ermahnung, impulsartig erfolgen. (Vgl. Richtlinien für Reiten und Fahren Band 1, Warendorf 2005, Seite 75.)

Direct rein/Opening rein: Richtungsweisender/in Bewegungsrichtung geöffneter Zügel. Dazu bleibt der Ellenbogen am Oberkörper bzw. leicht vor der Hüfte. Entweder wird der Unterarm durch Drehen wie beim Umblättern eines Buches etwas in Bewegungsrichtung gedreht oder die Hand wird in Bewegungsrichtung geführt. Letztere Zügelhilfe wird vor allem bei jungen Pferden beim Abwenden eingesetzt. Der äußere Zügel bleibt leicht verwahrend, geht nur so viel vor, wie für die Wendung erforderlich. Wichtig ist dabei, das Treiben nicht zu vergessen. (Seiten 66, 74, 101, 117)

Indirect rein: Der innere Zügel hält das Pferd in Stellung, die Hand bleibt neben dem Mähnenkamm und die äußere wird etwas vom Hals weggeführt. Die innere Hand begleitet nur die Bewegung des Halses bei verwahrendem Kontakt zum Pferdemaul und streicht bei gleichbleibendem weichem Kontakt entlang dem Hals in Vorwärtsrichtung. Die äußere Hand wird etwas vom Hals weggenommen bzw. nach außen geführt. Wichtig ist, den inneren Zügel nie über den Mähnenkamm zu nehmen. Die äußere Hand bleibt in verwahrender Position.

Bei der Anwendung dieser Zügelhilfe ist Vorsicht geboten, weil die innere Hand schnell blockiert, wenn sie zu lange oder zu stark durchgehalten oder sogar festgehalten wird bzw. mehr Zügel- als Schenkelhilfe eingesetzt wird. Wichtig ist, dass der Reiter schnell genug wieder nachgibt und treibende Hilfen eingesetzt werden. „Indirect rein" dient vor allem der Unterstützung der Schenkelhilfe. (Seiten 66ff., 74, 107, 113, 172, 184)

Direct rein of opposition: Entspricht der Zügelführung „direct rein" mit annehmenden und nachgebenden Zügelhilfen. Die annehmenden und nachgebenden Zügelhilfen können je nach Bedarf/Notwendigkeit am inneren oder äußeren Zügel gegeben werden. (Seiten 66, 74, 101, 117)

Indirect rein of opposition: Entspricht der Zügelhilfe „indirect rein" mit annehmenden und nachgebenden Zügelhilfen. Die annehmenden und nachgebenden Zügelhilfen können je nach Bedarf/Notwendigkeit am inneren oder äußeren Zügel gegeben werden. (Seiten 67, 74, 107, 172)

Teil 1

Die Grundlagen

Ich beobachte mein Pferd und
mein Pferd beobachtet mich.
Es zeigt die gleichen
Schwächen wie ich:
Bin ich faul, ist es auch faul;
bin ich ungeduldig, wird es heftig;
bin ich in träumerischen Gedanken
verloren, dann macht es,
was es will.

John Osgood, Farmer in Vermont 1864

Partnerschaft und Verantwortung

KAPITEL 1

Je länger die Zeiten zurückliegen, in denen Menschen die Pferde nicht nur für ihr Vergnügen, sondern auch für die Arbeit nutzen, desto mehr neigen wir dazu, die verschiedenen reitsportlichen Disziplinen als getrennte Gruppierungen zu sehen. Dabei sind sie alle untrennbar miteinander verbunden. Nicht nur die olympischen Disziplinen Dressur, Springen und Vielseitigkeit sind verwandt, sondern auch so andersartige Reitsportdisziplinen wie Galopprennen, Hindernisrennen, Polo oder die Westerndisziplinen Cutting und Reining. Sie haben alle einen gemeinsamen Nenner: das Pferd.

Über die Jahrhunderte sind Pferde für verschiedene Zwecke gezüchtet worden: als Beförderungsmittel, für die Landwirtschaft, für den Krieg und schließlich für den Sport. Aus den unterschiedlichen Anforderungen ergaben sich verschiedene Rassen und Typen, die zur Erfüllung der jeweiligen Aufgaben am besten geeignet waren.

Ungeachtet ihrer bestimmten Eigenschaften haben jedoch alle Pferde den gleichen Knochenbau, sie fressen alle Gras (wenn man es ihnen denn erlaubt) und sie reagieren alle auf die gleichen Gesetze der Physik und, in unterschiedlichen Abstufungen, auch auf die gleichen Reize. Es gibt nur relative Variationen im Körperbau, der Bemuskelung und im Temperament. So ist das Gebäude eines auf Geschwindigkeit gezüchteten Rennpferdes nur bedingt gut geeignet, um einen Wagen zu ziehen, und einem schweren Wagenpferd fehlen die Spritzigkeit und die Spannkraft des Sportpferdes.

Seit der zweiten Hälfte des vorigen Jahrhunderts liegen die Aufgaben des Pferdes in erster Linie im Sport oder im Freizeitgebrauch. Je weiter sich der Sport entwickelte, desto mehr spezialisierte sich auch die Zucht. In der Landwirtschaft spielt das Pferd nahezu keine Rolle mehr, aber viele der dort gefragten Eigenschaften sind nach wie vor im Sport gefragt, wie z.B. psychische und physische Belastbarkeit.

Die speziellen Anforderungen der verschiedenen Disziplinen unterscheiden sich jedoch beträchtlich. Das Grand-Prix-Dressurpferd steht im Vergleich zum Rennpferd am entgegengesetzten Ende der Skala.

Trotzdem gibt es Gemeinsamkeiten zwischen den verschiedenen Pferdesportdisziplinen und man kann aus der Auswertung der Anforderungen der Disziplinen und den jeweils gebräuchlichen Ausbildungsmethoden viel lernen.

Beispielsweise hat das Training des Pferdes für Hindernisrennen viel gemeinsam mit anspruchsvoller Vielseitigkeit und es gibt auch Gemeinsamkeiten in der Ausbildung von Reining- und Dressurpferden.

Auch wenn die Ausbildung für Dressur, Springen und Gelände im Wesentlichen gleich ist, so haben doch die hohen Anforderungen in Dressur und Springen auf höchster Ebene eine Spezialisierung erforderlich gemacht. Dressur auf Grand-Prix-Ebene verlangt einen hohen Grad an anhaltender Versammlung, die dann zu ausdrucksvolleren Bewegungen führt, während das Springpferd für Große Preise explosive Sprungkraft, Mut und Sportlichkeit über dem Sprung braucht. Die Versammlung des Springpferdes ist momenthaft, aufgebaut in den Galoppsprüngen vor dem Sprung und entladen über dem Sprung. Daraus ergibt sich eine leicht veränderte Rangfolge in den Prioritäten für den Typ des Pferdes und seine Ausbildung, aber die Grundlagen in den Anforderungen an den Reiter und das Pferd bleiben in allen drei Disziplinen gleich.

Die größte Gemeinsamkeit aller Pferdesportarten ist die Tatsache, dass sie alle auf einer Partnerschaft zwischen Reiter und Pferd aufbauen. Die Beziehung des Menschen zum Pferd beruht auf Partnerschaft. Dem Kavalleriesoldaten im Krieg stand sein Pferd vermutlich näher als jeder Mensch. Sprichwörtlich für die großen Partnerschaften zwischen Mensch und Pferd sind Lester Pigott und Nijinsky, Reiner Klimke und Ahlerich, John Whitaker und Milton, Mark Todd und Charisma. So großartig alle diese Reiter waren oder zum Teil heute noch sind, sie wären lange nicht so erfolgreich geworden, hätten sie nicht ihre guten Partner gefunden. Andersherum hätten wahrscheinlich auch diese Pferde nicht ihren Platz in der Geschichte des Sports ohne ihren entsprechenden Reiter besetzt.

Eine großartige Partnerschaft: Dr. Reiner Klimke und Ahlerich auf dem Weg zur Goldmedaille bei den Olympischen Spielen 1984 in Los Angeles.

Zwei weitere große Paarungen: links Mark Todd und Charisma bei der Ehrenrunde in Seoul, wo sie ihre zweite Goldmedaille gewannen, rechts: John Whitaker und Milton, die zusammen mehr als 1,5 Millionen Euro gewonnen haben.

In jeder Partnerschaft geht es um die Verteilung von Aufgaben. Einer der Schlüssel zum Erfolg einer Partnerschaft, ob persönlich, geschäftlich oder im Sport, liegt in einer sauberen Aufteilung der jeweiligen Zuständigkeiten. Daraus rührt Vertrauen. Partner vertrauen sich, aber sie mischen sich nicht ein, sondern unterstützen sich, falls notwendig. Wenn der Mensch auch der Seniorpartner in der Partnerschaft mit dem Pferd ist, so muss er doch dem Pferd Verantwortung zuweisen und ihm vertrauen. Das Pferd muss motiviert werden, seine Zuständigkeiten wahrzunehmen. Man kennt den Ausdruck „nichts ist umsonst". Und manchmal muss man das Pferd auch erinnern, dass jeder seinen Teil beitragen muss, um sich seinen Lebensunterhalt zu verdienen.

Der Erfolg in der Ausbildung und dann später im Wettkampf beruht auf einer klaren Zuweisung der Verantwortungsbereiche von Pferd und Reiter. Viele bestehenden Probleme rühren daraus, dass der Reiter zögert, seinem Pferd Aufgaben zu überantworten. Man sieht Reiter, die ihrem Pferd nicht zutrauen, springen zu können, und es deshalb über jeden Sprung „heben". Andere Reiter treiben jeden Schritt mit Schenkeln oder Kreuz, während andere ihrem Pferd nicht zutrauen, dass es auf verlangsamende Hilfen reagiert, und die deshalb dauernd am Zügel ziehen.

Solcher Mangel an Vertrauen und Absprachen wird schließlich zu einer sich selbst erfüllenden Prophezeiung. Das Pferd wird dazu erzogen, sich auf den Reiter zu verlassen. Das Ergebnis ist ein Pferd, das entweder mit jedem Schritt langsamer wird, wenn es immerzu getrieben wird, oder eines, das zieht oder sich auf die Hand legt, wenn es dauernd festgehalten wird. Es verliert den Antrieb, auf sein eigenes Gleichgewicht zu achten, wenn es immerzu unterstützt wird. Die Grundidee wird mit Selbsthaltung beschrieben. Der Ausdruck wird vor allem in der Dressur verwandt, aber er trifft genauso zu auf Springen und Geländereiten, im Hinblick auf die Sicherheit des Reiters hier vielleicht sogar noch mehr.

Es lohnt sich, im Detail die Aufgabenbereiche von Reiter und Pferd zu untersuchen (siehe Tabelle Seite 23). In diesem Buch werde ich versuchen ganz ausführlich zu erklären, was Sache des Reiters und was Sache des Pferdes ist. Es muss aber auch deutlich betont werden, dass der Reiter immer eine unterstützende Rolle dabei hat, das Pferd an seine Aufgabe zu erinnern, sowohl in der Ausbildung als auch im Wettkampf. Manchmal ist das sogar schon notwendig, bevor das Pferd den Eindruck macht, dass man es erinnern müsste. In dieser Hinsicht ist der Reiter eben der Seniorpartner, der die Gesamtverantwortung für den Erfolg der partnerschaftlichen Zusammenarbeit hat.

Es gibt Grauzonen, in denen ein Pferd an seine Verantwortung erinnert werden muss. Das junge oder unerfahrene Pferd ohne Zutrauen in seine eigene Leistungsfähigkeit und ängstlich in seiner Umgebung oder ein sehr müdes Pferd kurz vor dem Zieleinlauf in einem Rennen oder Geländeritt wird in einem kritischen Moment mehr Unterstützung brauchen als im normalen Training. Das ist ein bedeutender Unterschied zwischen Training und Wettkampf. Genauso gibt es einen Unterschied zwischen Trainingsturnieren und großen Events, wo es wirklich darauf ankommt. In wirklich bedeutsamen Prüfungen gibt es eine feine Linie zwischen Unterstützung und blindem Vertrauen. Die richtige Entscheidung im jeweiligen Moment kann den Unterschied zwischen Sieg oder Niederlage ausmachen.

Ein guter Reiter wird immer seine eigene Verantwortung genauso im Blick behalten wie die seines Pferdes. Der Reiter, so weit jedenfalls die Theorie, hat die Kontrolle über sich selbst, und durch die ständige Verbesserung seiner Fähigkeiten als Reiter und Ausbilder hat er auch die besten Chancen auf eine effektive Kommunikation mit seinem Pferd. Jeder erfolgreiche Sportler sollte dauerhaft an seiner Technik, Fitness und mentalen Einstellung arbeiten. Wie oft hört man mehr oder weniger erfolgreiche Reiter sagen, es sei nicht so gelaufen, weil das Pferd dieses oder jenes gemacht oder nicht gemacht habe. Aber man hört genauso oft Anfänger, die sich selbst die Schuld zuweisen, wenn das Pferd nicht gut gegangen ist. Natürlich kann beides zutreffen, aber es kann auch falsch sein. Der Anfänger übernimmt manchmal einfach zu viel Verantwortung und der fortgeschrittene Reiter ist vielleicht nicht kritisch genug gegenüber seiner eigenen Leistung.

Körpersprache und Einleitende Sitzposition

Der Reiter ist dafür verantwortlich, mit seinem Pferd jederzeit klar und deutlich durch seine Einleitende Sitzposition und die Körpersprache zu kommunizieren. Dies wird unterstützt durch Hand, Schenkel und Gerte. Ich benutze die Ausdrücke Körpersprache und einleitende Sitzposition sehr häufig. Deshalb ist es sinnvoll, diese Begriffe zunächst aus meiner Sicht zu erklären.

Körpersprache

Körpersprache ist ein Kommunikationsmittel, das Menschen und Tiere sowohl bewusst als auch unbewusst benutzen. Es ist am deutlichsten sichtbar in unserer Arbeit mit dem Pferd vom Boden aus, aber es ist genauso bedeutsam beim Reiten. Körpersprache ist ein Sichtbarwerden unseres Willens, daher ist es wichtig, dass man sich klare Ziele überlegt, bevor man versucht irgendetwas in die Tat umzusetzen. Ich sage meinen Schülern oft, je mehr sie sich in ein Pferd hineinversetzen, desto besser.

Beim Umgang mit dem Pferd am Boden ist Körpersprache eine Kombination aus Haltung, Blickkontakt und Körperbewegung.

Beim Reiten besteht Körpersprache aus Sitz, Gleichgewicht und Körperbewegung.

Dann wird ihre Körpersprache am deutlichsten. Im Umgang mit dem Pferd am Boden ist die Körpersprache eine Mischung aus Körperhaltung, Augenkontakt und Körperbewegungen. Beim Reiten machen Körperhaltung, Gleichgewicht und die Koordinatiom von Gewichts-, Schenkel- und Zügelhilfen die Körpersprache aus.

Einleitende Sitzposition

Mit dem Begriff „Einleitende Sitzposition" beschreibe ich die Sitzposition, die ein Reiter oder Ausbilder in Vorbereitung auf eine Übung, einen Gangartenwechsel oder irgendeine andere Anforderung an das Pferd einnehmen muss. Dann wird das Pferd lernen, diese Haltung wiederzuerkennen und immer feiner, ohne weitere unterstützende Aktionen darauf zu reagieren. Daraus folgt wiederum, dass die nächsten Hilfen immer feiner werden können. Das trifft auf alle Aspekte des Reitens und des Umgangs mit dem Pferd zu. Die Einleitende Sitzposition produziert schließlich eine konditionierte reflexartige Antwort. Einleitende Sitzposition und Körpersprache sind eng miteinander verbunden.

Einleitende Sitzposition = Vorbereitung

Körpersprache = Aktion

Ziele setzen

Eine Zielsetzung ist grundlegend wichtig, um das größtmögliche Vergnügen oder den bestmöglichen Erfolg aus dem Reiten und dem Umgang mit dem Pferd zu ziehen.

Warum reiten Sie? Was wollen Sie erreichen?

Wir Reiter haben Gründe, warum wir reiten. Und jeder hat Ziele. Eine gelegentliche Überprüfung dieser Ziele ist hilfreich, um die richtigen Entscheidungen auf dem Weg dorthin zu treffen. Manche Menschen sind von ihrem Wesen her erfolgsorientiert und wollen sich auszeichnen bei allem, was sie in Angriff nehmen. Sie wollen gewinnen, vielleicht sogar bei den Olympischen Spielen, so wie ich in meinen späten Teenager-Jahren. Ich habe lange gebraucht, um überhaupt bis zu den Olympischen Spielen zu kommen und dann habe ich dort doch nicht das erreicht, was ich mir als junger Mann erträumt hatte. Vielleicht ist mein Drang zu der Teilnahme an Wettbewerben deshalb immer noch so stark, auch oder gerade weil ich erkenne, dass die Zeit gegen mich spielt.

Was dem einen nutzt, ist nicht unbedingt gut für den anderen

Nicht jeder will ein Olympiareiter werden. Manche Reiter wollen einfach nur Spaß an und mit ihrem Pferd haben, ohne dabei hohe Erwartungen an sich oder ihr Pferd zu stellen. Auch wer sonst, z.B. im Beruf, wettbewerbsorientiert ist, mag sich vielleicht entschieden haben, diesem Drang in anderen Bereichen seines Lebens nachzugehen, aber beim Reiten stattdessen Erholung von diesem „anderen Leben" zu suchen. In diesem Fall ist es also das Ziel, Druck von sich und dem Pferd weitgehend fernzuhalten. Aber das entbindet nicht

Wollen Sie große Turniersiege erringen oder gemütliche Ausritte unternehmen?

von der Verpflichtung, die man als Reiter gegenüber dem Pferd hat, dessen Leben so angenehm wie möglich zu machen. Ein Bestandteil dieser Verpflichtung ist es, sich selbst zu einer so geringen „Last" wie möglich zu machen und keine widersprüchlichen Signale zu senden.

Der Reiter ist nur so gut wie sein Pferd

Nicht alles unterliegt der Kontrolle des Reiters. Man mag sich noch so fest vorgenommen haben, eine olympische Medaille zu gewinnen, auf dem Weg dorthin stellen sich einem zahlreiche und unterschiedlichste Schwierigkeiten, die außerhalb des Einflussbereichs des Reiters liegen, in den Weg. In diesem Fall kann man nur alles tun, um die Möglichkeiten für einen solchen Erfolg zu erhalten. Ein unmittelbares Ziel könnte sein, seine Fähigkeiten als Reiter bis zum möglichen Maximum zu entwickeln und dann darauf zu hoffen, dass man irgendwann in der glücklichen Lage ist, ein Pferd zu finden, das einem helfen kann, seine höchsten Ziele zu erreichen. Denn nicht jedes Pferd ist in der Lage, auf dem höchsten Niveau Erfolg zu haben. Das gilt natürlich auch für manchen Reiter.

Trainings- und Turnierziele

Ich unterscheide zwischen Turnier- und Trainingszielen, auch wenn diese zuweilen deckungsgleich sind. Ich kann mir das Ziel setzen, diese Prüfung zu gewinnen oder jene Qualifikation zu schaffen, oder ich kann mir zum Ziel setzen, mich und mein Pferd korrekt auszubilden. Ein Trainingsziel könnte zum Beispiel sein, meinem Dressurpferd die fliegenden Wechsel oder meinem Vielseitigkeitspferd das willige und selbstbewusste Überwinden von Wasserhindernisse beizubringen. Das Erreichen des Turnierziels hängt letztendlich davon ab, ob ich meine mittelfristigen Trainingsziele erreiche, die wiederum in viele andere Ziele unterteilt werden können.

Verantwortungsbereiche

Der Reiter	Das Pferd soll
• lang-, mittel- und kurzfristige Ziele setzen • Reihenfolge nach Prioritäten festlegen – das Ausbildungssystem	• immer willig vorwärts gehen • die Einleitende Sitzposition des Reiters „kennen"/die Einleitende Sitzposition des Reiters verstehen • reagieren bzw. auf die Signale des Reiters, auf seine Körpersprache, unterstützt von Gewichts-, Schenkel- und Zügelhilfen, antworten
Sitz: die Haltung das Gleichgewicht richtige einleitende Sitzposition und Körpersprache Timing, Anwendung und Abstimmung der Hilfen	• Gehorsam leisten • die Rangordnung anerkennen • Grenzen respektieren
Vorgeben und beobachten: Energie Takt Kontakt Linie/Richtung Länge des Schrittes, Trittes oder Sprunges Geraderichtung Stellung und Biegung Abstellung in Seitengängen	• Energie, • Gleichmaß der Bewegung, • Rhythmus und Schrittlänge, d.h. Tempo beibehalten • Körperhaltung – seitliche und längsgerichtete Nachgiebigkeit/Durchlässigkeit – Rückentätigkeit – Selbsthaltung • Zügelanlehnung akzeptieren
Beobachten und korrigieren: Gleichmäßigkeit der Schritte, Tritte, Sprünge Haltung und Rahmen des Pferdes Selbsthaltung Gleichgewicht	• das eigene Gleichgewicht finden • Geraderichtung, in der Linie, auf der Spur • die Abstellung in Seitenrichtung • Schwung und Elastizität der Bewegung • Versammlung erreichen
Entscheidungen treffen hinsichtlich: körperlicher Leistungsfähigkeit mentaler Einstellung Selbstvertrauen Energiegrad (Müdigkeit/Frische) Gehorsam/Disziplin	• das Hindernis überwinden • auf sich selbst aufpassen • aus Erfahrungen lernen
Eigene Bewertungen: • überprüfen, auswerten und, falls notwendig, Änderungen vornehmen • flexibel sein • aus Erfahrung lernen • Selbstbeherrschung üben – sowohl körperlich als auch mental • immer danach streben, mehr zu lernen und Verbesserungen suchen	• Selbsteinschätzung • positive Einstellung, d.h. bei Problemen nicht aufgeben, sondern immer wieder versuchen

Lang-, mittel- und kurzfristige Ziele, große und kleine Ziele

Die Ziele, die man sich setzt, lassen sich unterteilen in lang-, mittel- oder kurzfristige Ziele und weiter hinunter in große und kleine Ziele. Die beiden letzteren sind veränderbar von Minute zu Minute oder verschieben sich sogar von einer Sekunde zur anderen. Große Makro-Ziele sind solche, die viele Aspekte haben. Kleine Mikro-Ziele sind solche, die mit nur einem Aspekt oder Detail in Zusammenhang stehen.

Zirkel oder Schulterherein zu reiten oder einen Sprung zu nehmen sind große Ziele, denn dazu gehören viele Faktoren, die für die richtige Ausführung wichtig sind. Ein kleines Ziel ist eine Einzelheit in der Ausführung, die zum erfolgreichen Erreichen des Makro-Zieles gehört. Veränderungen in der Länge des Galoppsprungs, des Taktes, in Stellung oder Biegung sind Mikro-Ziele. Anlegen des Schenkels, Änderungen in der Hand- oder Armhaltung oder Veränderungen des Sitzes in Vorbereitung auf eine Übung sind Mittel zum Erreichen eines Mikro-Zieles. Der gesamte Prozess, beginnend mit den Vorbereitungen im Sitz und der Ausführung rhythmischer Aktionen von Schenkel und Hand bei der Durchführung einer Lektion sind Mittel zum Erreichen eines Makro-Ziels.

Darüber hinaus ist es in der täglichen Arbeit wichtig, dass der Reiter „Ziele“ festlegt. Wer sich ohne einen klaren Plan auf dem Platz bewegt, der wird feststellen, dass er letztendlich dem folgt, was das Pferd vorgibt, nicht umgekehrt. Deshalb ist es wichtig, Ziele abzustecken und diese zu jeder Zeit im Sinn zu behalten. Bei dem weiteren Vorankommen muss sich die Ausbildung immer beziehen auf die kurz-, mittel- und langfristigen Trainings- und Turnierziele, die man sich selbst und seinem Pferd gesetzt hat. ■

Das System der Ausbildung – ein Überblick

KAPITEL 2

Das System der Ausbildung basiert auf vier Elementen:

Erziehung/Verständigung

Das Pferd lernt die Hilfen des Reiters kennen und auf die Körpersprache zu reagieren, unterstützt durch Berührung, Geräusche und visuelle Zeichen. Unter Ausnutzung der natürlichen Reflexe werden aus diesen Stimuli konditionierte Reflexe entwickelt. Die Übungen zur Erziehung und Entwicklung der Reaktion des Pferdes werden die Grundlagen der gymnastischen Übungen.

Gymnastische Übungen

Zur Verfügung steht eine Vielzahl von Übungen, die zunächst als Hilfsmittel zur Erziehung des Pferdes eingesetzt werden. Sie entwickeln und überprüfen die Reaktion auf die einleitende Sitzposition, auf Körpersprache, Schenkel- und Zügelhilfen. Danach dienen sie der Entwicklung einer „Leistungshaltung" und bewirken dadurch körperliche Entwicklung und verbesserte Athletik, die sich zum Beispiel in einer verbesserten Bewegungsqualität zeigt.

Körperliche Entwicklung

Reife und Arbeit – abwechselnd mit Perioden der Ruhe und Erholung – bewirken eine Ausformung der Muskeln und eine verbesserte Kondition innerhalb der Möglichkeiten des jeweiligen Pferdes.

Bodenarbeit als Erziehung

Mentale Entwicklung

Erziehung, die zu einer störungsfreien Verständigung führt, und gymnastische Übungen bewirken körperliche Entwicklung und damit auch Selbstvertrauen. Gelassenheit ergibt sich aus Gehorsam und Vertrauen zum Reiter. Die reiterliche Fertigkeit eines Ausbilders zur Verständigung mit seinem Pferd ist wichtig, aber genauso entscheidend ist die Fähigkeit zum Fühlen, um daraus Entscheidungen über Ziele und Prioritäten zu fällen. Fordert der Trainer zu viel, verliert das Pferd Vertrauen, verlangt er zu wenig, verliert das Pferd den Respekt und den Antrieb für Leistung.

Die Ausbildung beginnt mit den einfachsten Anforderungen an Erziehung und Beweglichkeit und wird allmählich immer komplexer, je mehr Elemente der Ausbildung hinzukommen. Für den Reiter und das Pferd lässt sich das vergleichen mit dem Jonglieren. Man lernt es zunächst mit zwei Bällen, dann mit drei, vier, fünf und mehr. Die Grenzen in diesem Prozess liegen nur in der Fähigkeit des Reiters zur klaren Verständigung und in der Leistungsfähigkeit und der Leistungsbereitschaft des Pferdes.

Das System ist nicht starr und ist zu allen Zeiten immer in Beziehung zu den gesetzten

Wily Trout als Sechsjähriger in seiner ersten Karriere als Vielseitigkeitspferd.

Zielen zu sehen. Es funktioniert wie eine Straßenkarte. Die Ausbilder, die bei der Schulung zu oft Abkürzungen wählen, werden sich häufig in einer Sackgasse wiederfinden. Manche Pferde sind aufgrund ihrer Begabung in der Lage, den Weg der Ausbildung zügiger zurückzulegen. Manche sind gesegnet mit angeborener Begabung oder athletischer Fähigkeit, die es erlauben, einige Ausbildungsphasen in kürzerer Zeit durchlaufen zu können. Andere brauchen eine gründlichere Ausbildung wegen körperlicher oder mentaler Probleme oder wegen Missverständnissen und Spannungen, die aus Fehlern der bisherigen Ausbildung rühren.

Nicht jedes Pferd hat die körperlichen Fähigkeiten oder mentalen Eigenschaften – oft genug miteinander verbunden –, die notwendig sind, um in einer oder allen Disziplinen des Reitsports an die Spitze zu kommen. Die Qualität eines Pferdes zeigt sich oft erst in der Ausbildung. Es gibt viele körperliche Attribute, die man leicht als begrenzende Faktoren ausmachen kann, aber ohne genaue Kenntnisse der Abstammung und der Eigenschaften der Eltern kann die mentale Einstellung des Pferdes nur im Verlauf des Trainings ermittelt und bewertet werden. Ein Pferd mit positiver Leistungsbereitschaft kann oft körperliche Probleme überwinden, während andere mit negativer Einstellung oft genug enttäuschen.

Wily Trout mit siebzehn im Viereck beim internationalen Dressurturnier von Goodwood. Die Aufnahmen dokumentieren die körperliche Weiterentwicklung durch beständiges Training.

Es bleibt aber festzuhalten, dass eine negative Einstellung auch hervorgerufen sein kann durch Missverständnisse, Unverträglichkeit von Persönlichkeiten oder durch mangelndes Selbstvertrauen, durch gefühllose Ausbildung, Krankheit, schlechte Umweltbedingungen oder sogar durch eine nicht angemessene Fütterung. Deshalb kann man oft genug gravierende Verbesserungen an einem Pferd nach einem Reiterwechsel erleben, obwohl der bisherige Reiter doch auch sehr erfolgreich und erfahren im Umgang mit anderen Pferden ist.

Ähnliches gilt auch für Ausbilder. Manche sind von natürlicher körperlicher und/oder geistiger Begabung. Manche Bereiche der Ausbildung fliegen ihnen einfach zu. Dennoch wird kein Reiter mit Wissen und Gefühl geboren. Beides kann man nur durch Lernen und Erfahrung gewinnen, durch Beobachten und Experimentieren – über einen langen Zeitraum hinweg. Das entspricht im Übrigen den drei Lehrmethoden, die in jedem Sport gelten:

- erklären und umsetzen,
- vormachen und nachmachen,
- ausprobieren.

So wie man sagt „Der Reiter ist nur so gut wie sein Pferd", muss man im Umkehrschluss auch sagen: „... und das wird nur so gut sein wie sein Reiter". Auch wir sind begrenzt in unseren körperlichen und geistigen Fähigkeiten. Aber weil wir die Ziele setzen, sowohl für uns als auch für unser Pferd, können wir uns wenigstens bemühen, unsere Stärken einzusetzen und damit die Schwächen wettzumachen. Durch Lernen, Beobachten, Experimentieren können wir dauernd versuchen uns zu verbessern. Selbst wenn wir damit zufrieden sind, uns durchs Gelände tragen zu lassen, so können wir doch versuchen dem Pferd seine Aufgabe zu erleichtern.

Jeder, der Zeit mit der Ausbildung von Pferden und dem Sport verbracht hat, weiß, dass das dem Spiel „Zwei-vor-und-einen-zurück" gleicht – rauf in diesem Moment und wieder runter im nächsten. Eines vor allem ist aber wichtig, wenn man als Ausbilder und Sportler Erfolg haben will: Das ist Willenskraft. Nur die unbeirrbare Entschlossenheit, weiterzugehen auf dem Weg zu Wissen, Erfahrung und Erfolg, auch angesichts zahlreicher Rückschläge wegen persönlicher Grenzen oder der Wechselfälle des Glücks, kann am Ende zum erwünschten Ziel führen. Eine Garantie dafür gibt es dennoch nicht. Ich kenne viele außergewöhnlich begabte Reiter, die nicht ihren Weg machen konnten aus Gründen, die sich ihrer Kontrolle entzogen. Es ist nur allzu leicht sich aufzugeben, wenn der sportliche Erfolg das einzige Ziel beim Ausbilden und Reiten ist.

Aber Erfolg im Wettkampf muss nicht das oberste Ziel für jeden Reiter sein. Manche widmen sich der Ausbildung oder der Korrektur von Problempferden – in meiner Erfahrung gibt es keine Pferde ohne Probleme. Ob diese Pferde jemals großen Erfolg und ihr volles Potenzial erreichen, ist nicht so wichtig wie der Weg der Ausbildung selbst. Das Erreichen eines kleinen Ziels in der Ausbildung eines jungen Pferdes kann große Befriedigung verschaffen und Freude bereiten. Jeder dieser kleinen Schritte für sich ist wiederum ein Mikro- oder ein Makro-Ziel und leitet auf ein größeres kurz- oder mittelfristiges Ziel. ■

Der Reiter

KAPITEL 3

Es ist die Hauptverantwortung des Reiters, mit seinem Pferd wirkungsvoll zu kommunizieren. Die Fähigkeit dazu hängt ab von vier Elementen, die miteinander verbunden sind:

- *Körperliche Voraussetzungen (Sitz, Gleichgewicht, Koordination und Geschicklichkeit)*
- *Wissen (um Biomechanik beim Pferd und Abläufe der Kommunikation mit dem Pferd)*
- *Mentale Voraussetzungen*
- *Gefühl und Erfahrung*

Körperliche Voraussetzungen

Es ist des Reiters erste Pflicht, einen guten Sitz im Gleichgewicht zu erreichen. Dieser ist die Grundlage für eine klare und präzise Kommunikation mit dem Pferd. Ohne den Sitz im Gleichgewicht kann der Reiter die Einwirkung von Schenkel, Hand und Gewicht nicht unabhängig voneinander koordinieren. Obwohl Sitz und Gleichwicht in diesem Kapitel auch noch separat behandelt werden, bleibt festzuhalten, dass es unmöglich ist, ohne den kontrollierten Grundsitz den Körper korrekt auszubalancieren.

Die Koordination der Einwirkung von Körper, Gewicht, Schenkel und Hand ist unabdingbar, um wirksam mit dem Pferd zu kommunizieren. Die Fähigkeit zur Abstimmung der Hilfen bedeutet vor allem eine zeitliche Koordination, um den Konflikt von Hilfen mit unterschiedlichen Wirkungen zu vermeiden.

Über eine gewisse Geschicklichkeit zu verfügen, zum Beispiel die Fähigkeit, Zügel und Gerte so zu handhaben, dass keine unerwünschten Signale an das Pferd geschickt werden, ist ein Aspekt in der Ausbildung, der oft übersehen wird. Ein wichtiges Beispiel ist die Regulierung der Zügellänge, ohne dabei den gleichmäßigen Kontakt zum Pferdemaul zu verlieren.

1. Sitz und Haltung

Jeder erfolgreiche Athlet, Turner, Sportler nimmt die Haltung an, die seinem Sport, seiner Vorführung am besten dient. Professionelle Trainer sprechen hier oft von einer Grundstabilität, die die Grundlage für alle Aktionen bildet, die der Sportler in kontrollierter, abgestimmter Art und Weise zeigen muss, manchmal kraftvoll, manchmal auch mit vielen feinen Nuancen. Diese korrekte Haltung ohne Steifheit oder Starre beizubehalten, wird dem Sportler

Der gute Sitz ist der Schlüssel zum guten Reiten.

Der gute Sitz dient nicht nur der Eleganz, sondern über die bessere Kommunikation mit dem Pferd führt er zu einer besseren Leistung.

zur zweiten Natur, aber sie erfordert anfangs ein großes Maß an körperlicher Anstrengung und Selbstdisziplin.

Das Gleiche gilt für die optimale Haltung beim Reiten. Ein guter Reiter behält seinen Sitz ohne augenscheinliche Anstrengung, und er kann viele Pferde täglich reiten, ohne zu ermüden. Aber diese Fähigkeit entwickelt sich nicht von allein. Um erfolgreich zu sein, muss der Reiter daran arbeiten, sowohl mit als auch ohne Pferd. Viele Reiter, die ich unterrichtet habe, haben von der Alexander-Technik profitiert, auch wenn ich sie selbst nie gebraucht habe.

Die Entwicklung des Sitzes sollte vom Reiter als der Weg zum Ziel gesehen werden, nicht als ein Ziel an sich. Es gibt viele Reitlehrer, die sich nur auf den Sitz des Reiters konzentrieren, aber auch ebenso viele, die sich nur um die Bewegung des Pferdes kümmern. Ich habe viele Reiter erlebt, die sich zeitlebens um das System des richtigen Sitzes bemühen, ohne ihn jemals für die Verbesserung der Bewegung zu nutzen.

Als ich sechzehn war, fand ich zu Hause die Gala-Uniform meines Vaters in einem Schrank. Das Jackett war schwarz und hatte einen hohen Kragen, der bis oben hin mit Messingknöpfen geschlossen wurde. Die dunklen Hosen hatten einen breiten roten Längsstreifen an der Seite. Bei uns im Haus lebte zu dieser Zeit ein Ausbilder aus Deutschland, der mich sah, als ich in dieser Uniform mein Pferd in der Bahn ritt. Ich saß ganz wunderbar, einerseits weil ich fand, dass ich großartig aussah, andererseits weil mir die Uniform gar keine andere Wahl ließ. Ich gefiel mir sehr gut auf meinem Pferd im Aussitzen im Trab – wie ein Bügelbrett. Noch heute höre ich die Stimme des Ausbilders, die mich sofort mit einem Krach in die Wirklichkeit zurückholte: „Du sitzt wie ein König, aber du bewirkst nichts!“

Kraft und Fitness und Koordination der Muskeln, die die Rumpfaufrichtung realisieren, und ebenso diejenigen, die Knie und Fußgelenk kontrollieren, sind die Schlüsselelemente für eine wirkungsvolle Erhaltung des Gleichgewichts. Ein gefestigter Sitz erlaubt uns auch die Haltung beizuhalten, wenn das Pferd uns den Zügel nehmen will. So kann man gegenhalten, ohne zu ziehen. Oft genug sieht man Reiter mit übertrieben durchgedrücktem Rücken, weil deren Rücken- stärker als die Bauchmuskeln sind.

Das Gleiche gilt für Muskeln, die Schultern und Ellbogengelenke kontrollieren. Die Strecker und Beuger arbeiten gegensätzlich zueinander, wenn sich das Pferd auf den Zügel legt, und fein koordiniert auch bei jeder halben Parade.

Das Verbindungssystem

Der Sitz des Reiters auf dem Pferd basiert auf einem gut abgestimmten Verhältnis aller Körperteile zueinander. Besonders dem Verhältnis zwischen Rumpf, Armen und Beinen wird eine besondere Bedeutung beigemessen. Um die Bedeutung im Einzelnen zu untersuchen, kann man den Körper in sechs Teile unterteilen, die über fünf Gelenke miteinander verbunden sind.

Der Oberkörper ist der bedeutendste Teil. Er besteht aus einem Stück und reicht von der Schädeldecke bis zu den Gesäßknochen. Die aufrechte Position des Oberkörpers ist ein wichtiger Bestandteil des Grundsitzes. Besonders Hals und Lendenwirbelsäule sind Problemstellen, an denen ein Abknicken verhindert werden muss. In der höheren Dressur trifft der Oberkörper mehr oder weniger senk-

Emile Faurie in gutem Dressursitz

Auch im Springen ist der gute Sitz wichtig. Der italienische Reiter Enrico Maria Frana behält seine gute Haltung im Oberkörper auch im leichteren Sitz.

recht auf den Sattel. Beim Springen bewegt sich der Oberkörper vor der Senkrechten oder manchmal auch dahinter (zum Beispiel beim Springen im Gelände).

Das Hüftgelenk verbindet die Oberschenkel mit dem Oberkörper. Es soll entspannt bleiben und in der Lage sein, sich sowohl in der Beugung und Streckung (zum Beispiel im Leichttraben) als auch seitwärts (zum Beispiel in Wendungen oder bei der Anwendung von treibenden Schenkelhilfen) zu bewegen. Es ist ein oft zu beobachtender Fehler, das Hüftgelenk festzustellen. Dadurch klemmt das Knie und rutscht nach oben, während der Unterschenkel vom Pferdeleib weggestreckt wird oder nach hinten rutscht. (Oft ist dabei die Fußspitze nach außen gedreht.)

Der Oberschenkel sollte entspannt am Sattel anliegen. So wie sich ein Sportler in zu enger Kleidung nicht bewegen kann, so fühlt ein Pferd sich eingezwängt, wenn die Oberschenkel klemmen. Gelegentlich darf ruhig etwas frische Luft zwischen Sattel und Schenkel hindurchwehen. Das Festklemmen hat oft seine Ursache in Ängstlichkeiten des Reiters oder in einem Pullen des Pferdes. Dann ist der Kontakt so stramm, dass der Reiter das Gefühl hat, aus dem Sattel gezogen zu werden.

Das Kniegelenk verbindet Ober- und Unterschenkel. Es hat eine hohe Beweglichkeit in Beugung und Streckung, beispielsweise beim Leichttraben oder im leichten Sitz, aber es dreht sich nur sehr begrenzt seitwärts. Manche Reiter machen den Fehler, diese Drehbewegung zu nutzen, um die Fußspitze nach innen oder außen weisen zu lassen. Der Fuß sollte in genau die gleiche Richtung weisen wie das Knie. Die Muskeln, die eine Streckung des Knies kontrollieren, müssen soweit angespannt sein, dass das Knie als Stoßdämpfer agieren kann, aber nicht so stark, dass das Kniegelenk festklemmt. Das Kniegelenk muss in harmonischer Beziehung zur Hüfte und zum Sprunggelenk stehen. Ein überstrecktes und festgestelltes Knie (beim Reiter mit zu langen Bügeln) oder ein steifes Gelenk (bei Angst, Schmerz oder Kontrollverlust) sind weitverbreitete Fehler.

Ein entspanntes Hüftgelenk erlaubt entspannten Kontakt des Knies und einen korrekt platzierten Unterschenkel.

Ein weitverbreiteter Fehler ist das Schließen des Hüftgelenks. Dadurch klemmt das Knie am Sattel und der Unterschenkel wird entweder weggestreckt oder zu weit zurückgelegt.

Der Unterschenkel sollte stabil sein und so viel Kontakt wie möglich mit dem Pferdeleib haben – das verleiht dem Sitz Stabilität. Wie viel Kontakt der Unterschenkel zum Pferdeleib hat, hängt ab von dem Verhältnis der Größe des Pferdes zur Länge des Reiterbeins. Darüber hinaus beeinflusst die Bügellänge bis zu einem gewissen Grad die Länge des Beins.

Das Sprunggelenk hat die gleiche stoßdämpfende Rolle wie das Kniegelenk. Es kann sich deutlich stärker beugen und strecken als seitwärts beugen, also eher in Längsrichtung bewegen als seitwärts. Die Federung des Sprunggelenks hängt hauptsächlich von der Dehnbarkeit der Wadenmuskeln ab und außerdem von der Entspanntheit des Hüft- und Kniegelenks. Durch die oft gehörte Empfehlung, der Reiter solle all sein Gewicht in den Absatz legen, kann der Knöchel zu stark angespannt werden und es damit schwerer gemacht werden, den Unterschenkel ruhig zu halten.

Der Fuß ist die Basis, auf der im Dressursitz das Gewicht des Beins im Steigbügel ruht und die im leichten oder im Rennsitz das gesamte Körpergewicht stützt. Beim Reiten ohne Bügel ist der Fuß einfach eine Verlängerung des Beins. Je gleichmäßiger die Verbindung zwischen Fuß und Bügel, desto besser. Für Dressur und Springen ruht der Bügel am besten unter dem breitesten Teil des Fußballens. Im Gelände und beim Rennreiten ist es aus Sicherheitsgründen besser, den Fuß etwas weiter durch den Bügel zu schieben.

Der Oberarm ist ein unabhängiger Körperteil, aber im Dressursitz ruht er am besten dicht am Oberkörper. Wird der Oberarm zu weit abgestreckt, leidet die Stabilität des Oberkörpers. Beim leichten Sitz oder im Rennsitz weist der Oberarm nach vorn oder hängt unmittelbar vor der Senkrechten nach unten.

Das Gelenksystem

Das Schultergelenk besitzt ein hohes Maß an Beweglichkeit, sowohl in Beugung und Streckung als auch Abspreizung. Die Elastizität der Anlehnung hängt sehr stark von der Entspannung des Schultergürtels ab. Die seitliche Bewegung sollte begrenzt werden, damit die Oberarme so nah wie möglich am Oberkörper bleiben. Das Schultergelenk kann sich auch drehen in Verbindung mit dem Ellenbogengelenk und damit bewegt sich der gesamte Arm.

Das Ellenbogengelenk kann sich beugen, strecken und drehen. In Verbindung mit dem Schultergelenk ist es in seiner Position flexibel. Die Rotation des Arms nach außen ist Teil einer korrekten Zügelhilfengebung, aber die Bewegung nach innen gegen die Bewegungsrichtung sollte möglichst vermieden werden, weil sich dadurch eine Zügelhilfe „gegen die Bewegung" ergibt. Genauso falsch sind Zügelhilfen, die den Mähnenkamm kreuzen und zurückwirken.

Die Unterarme sollten als Einheit mit der Hand betrachtet werden. Sie sollten zusammen so agieren, als sei das Handgelenk „festgestellt", also ohne Gelenkbewegung nach innen oder außen. Der Handrücken bildet immer eine gerade Linie mit dem Unterarm. Die Finger sind um den Zügel geschlossen, außer sie geben dem Pferd totale Freiheit über einem Sprung oder wenn es stolpert. Das bedeutet jedoch nicht, dass die geschlossene Hand jederzeit eine feste Faust bildet.

Der Unterarm bildet mit dem Handgelenk eine durchgehende Verbindung.

Sobald der Reiter mehr Erfahrung gewinnt, relativieren sich die Signale, die er seinem Pferd über den Zügel zukommen lässt, und werden feiner. Unerfahrene Reiter haben oft die Tendenz, eher mit offener Hand zu reiten und die Zügel nur mit den Fingerspitzen anzufassen. Trotz dieser vermeintlichen Sanftheit kann sich daraus jedoch eine ziehende Wirkung auf das Gebiss ergeben, die vom Pferd entweder mit Widerstand quittiert oder ignoriert wird. Der Reiter sollte sich vielmehr bemühen, mit ruhiger Hand zu reiten. Man muss sich vor Augen halten, dass jedes Mal, wenn sich die Finger öffnen oder schließen, der Kontakt zum Pferdemaul verändert und somit ein Signal an das Pferd weitergegeben wird.

2. Gleichgewicht

Ein gutes Gleichgewicht ist die Grundlage für eine klare Kommunikation mit dem Pferd. Damit wir uns effektiv mit dem Pferd „unterhalten" können, müssen wir in der Lage sein, unsere Hilfen (Schenkel, Hand und Körpersprache) unabhängig voneinander zu geben, ohne uns dabei um das Gleichgewicht bemühen zu müssen. In dem Moment, wo sich Unsicherheiten einschleichen, neigt der Reiter dazu, mit Schenkeln und Händen Signale zu geben, die das Pferd eigentlich ignorieren sollte.

Sobald ein Reiter im Gleichgewicht sitzt, braucht er weder Bein noch Hand, um seine Position zu erhalten. Um das Gleichgewicht zu erhalten, muss der Reiter sich den Bewegungen des Pferdes anpassen bzw. sie sogar vorausahnen können. (Tipp: Das kann man üben, zum Beispiel freihändig stehend in einem Bus oder einer U-Bahn.) Die Fähigkeit, Beschleunigung, Verlangsamung oder seitliche Bewegungen vorauszuahnen, bevor Hilfen überhaupt gegeben werden, hilft dem Reiter im Gleichgewicht zu bleiben und vermittelt außerdem die angemessene Körpersprache an das Pferd. Seinen Sitz der Bewegung anzupassen, um das Gleichgewicht zu halten, wird somit zum Mittel der Kommunikation mit dem Pferd.

Balance in der Längsrichtung

In der Dressur bilden die Gesäßknochen den Auflagepunkt des Reiters, während es beim Springen im Wesentlichen der Steigbügel ist. Deshalb ändert sich auch der Schwerpunkt von der Dressurarbeit mit längerem Bügel zum Springen mit kürzerem Bügel. Außer beim Reiten ohne Bügel sollte in der Dressur immer etwas Gewicht im Bügel lasten, und sei es nur das Gewicht des Beines selbst. Beim Reiten von jungen Pferden sollte der Reiter mit etwas kürzeren Bügeln reiten, um die Gewichtsverlagerung vom Gesäß in den Bügel zu vereinfachen. In der Arbeit mit jungen Pferden wird viel im Leichtraben oder im leichten Sitz geritten, um die Pferde nach vorwärts in eine Anlehnung zu bewegen und sie dazu zu bringen, den Rücken aufzuwölben.

Der Ausgangspunkt für einen balancierten Sitz liegt im lotrechten Herabhängen des Steigbügelriemens aus der Bügelaufhängung. Das gilt immer, ob das Pferd sich auf der Ebene bewegt ob bergauf oder bergab oder über dem Sprung. Es gilt sowohl für den Dressur- als auch den Springsitz. Die Fähigkeit des Reiters, für den Moment mehr Gewicht in den Bügel zu bringen, zum Beispiel im Galopp, ist immer entscheidend, sowohl in der Dressur als auch in der Arbeit beim Springen. Deshalb ist es so wichtig, dass die Bügel zu jeder Zeit am rechten Fleck hängen.

Balance = Schwerpunkt über dem Stützpunkt

Je kürzer die Bügel, desto mehr muss der Oberkörper aus der Hüfte nach vorn geneigt sein, damit der Schwerpunkt des Reiters über dem Steigbügel bleibt. Die Länge des Bügels hängt von dem geplanten Tempo ab. Mit kürzerem Bügel ist das Pferd in höherem Tempo leichter zu kontrollieren. Die Länge des Bügels beeinflusst auch die Fähigkeit, der Bewegung des Pferdes im Sprung zu folgen. Im Rennen reiten Jockeys mit extrem kurzen Bügeln. Die langen Bügel des Dressurreiters mit dem Oberkörper in der Senkrechten sind das andere Extrem. Zwischen diesen beiden Gegensätzen reiten die guten Springreiter mit etwas längeren Bügeln als die Vielseitigkeitsreiter, die höhere Geschwindigkeiten erreichen.

Die Vorneigung des Oberkörpers vor der Senkrechten hängt ab von der Bügellänge.

Beim Aussitzen ist in jeder Gangart die längs gerichtete Balance leichter zu halten als die seitliche, während beim Leichttraben oder im leichten Sitz die seitliche Balance einfacher ist. Im Trab oder im Galopp reagiert der Oberkörper aus einem Reflex heraus, wenn das Pferd beschleunigt oder langsamer wird, solange der Reiter den Sitz mit einer entspannten Hüfte hält und die Reflexe nicht durch Unsicherheiten blockiert sind, die den Reiter zum Klammern mit dem Bein oder zum Festhalten mit der Hand bringen.

Die Motorradfahrer-Haltung

Seitliche Balance

Für die seitliche Balance gelten die gleichen physikalischen Gesetze wie für das längs ausgerichtete Gleichgewicht. Um das Gleichgewicht stabil zu halten, muss der Schwerpunkt über der Stützfläche liegen. Die Stützfläche des Körpers beim Reiten sind entweder die Bügel oder die Gesäßknochen oder eine Kombination aus beidem. Das Gewicht soll mittig verteilt liegen, wenn sich das Pferd gerade gerichtet auf gerader Linie bewegt. Dadurch ist es relativ einfach, den Oberkörper längs gerichtet senkrecht zu halten.

In der Vorbereitung auf die Wendung, in der Wendung selbst und bei allen Seitwärtsbewegungen muss der Reiter seinen Sitz nach innen verlagern. Dadurch bleibt der Oberkörper im Dressursitz in der Senkrechten und sowohl in der Dressur als auch beim Springen kommt vermehrt Gewicht in den inneren Bügel.

Je höher das Tempo, desto mehr muss der Reiter auf sein seitliches Gleichgewicht achten und routinemäßig Korrekturen daran vornehmen.

Der Motorrad-Rennfahrer gibt dafür ein extremes Beispiel, wenn er sich in die Kurve legt und sie durchfährt. Sein inneres Knie öffnet sich schon weit vor der Kurve vom Körper weg mit dem Gewicht auf dem äußeren Oberschenkel. Beim Abbremsen richtet sich der Oberkörper auf in die Senkrechte. In der Wendung und beim Beschleunigen berührt das Knie des Fahrers beinahe die Straße, während die äußere Schulter nach hinten genommen wird und der Oberkörper sich nach außen dreht und nach vorn neigt bei der Beschleunigung. Der Motorrad-Rennfahrer zeigt diese Haltung sehr extrem, aber der Reiter muss eine ähnliche Grundhaltung, natürlich weniger übertrieben beim Reiten im Gelände oder bei einem jungen Pferd auf kleinem Zirkel annehmen.

Die meisten Pferde neigen dazu, in der Wendung den Sattel nach außen zu schieben. Je schneller sie in die Wendung gehen, desto mehr rutscht der Sattel. Von hinten erkennt man das am besten. Der Sattel verschiebt sich manchmal ein ganzes Stück weit nach außen. So weit, dass der Reiter nicht mehr mittig über der Wirbelsäule, sondern seitlich davon sitzt und mehr Gewicht in den

Nach innen sitzen, Gewicht in den inneren Bügel, äußere Schulter zurück

äußeren Bügel bringt. Ich habe Reiter nach einem Sprung in einer Wendung herunterfallen sehen, weil ihr gesamtes Gewicht im äußeren Bügel hing und der Sattel dadurch noch stärker rutschte. Auf der Suche nach einem Gegengewicht in dieser Rutschpartie neigen viele dann auch dazu, sich am inneren Zügel festzuhalten.

Sowohl das seitliche als auch das längs gerichtete Gleichgewicht sind bewegliche Angelegenheiten, die dauernde oder zumindest oft wiederholte Korrekturen verlangen, damit sie stabil bleiben. Ein guter Reiter ist nicht derjenige, der niemals seinen Sitz verliert, sondern der, der erkennt, wenn das der Fall ist, und der etwas dagegen unternimmt. Er ahnt voraus, wann das Gleichgewicht in Gefahr gerät, so wie der Motorradfahrer, bevor er sich in die Kurve legt. Der talentierte Reiter, der in entspannter Kontrolle über seinen Sitz und sein Gleichgewicht bestimmt, kann auch die notwendigen Reflexe entwickeln, die ihn im Gleichgewicht halten, wenn das Unerwartete geschieht. Der erfahrene Reiter sieht Situationen voraus, ganz besonders beim Reiten im Gelände, und reagiert schnell genug, um die Balance zu erhalten.

Falscher Sitz
auf der äußeren Seite des Sattels.

Richtiger Sitz
auf der inneren Seite des Sattels.

Der erfahrene Reiter sitzt vorausschauend, ganz besonders im Gelände, und ist bereit, schnell zu reagieren, um sein Gleichgewicht zu halten.

3. Koordination

Die Fähigkeit, Aktionen unseres Körpers, der Beine, der Arme ohne Anspannung zu koordinieren, ist etwas, was wir beim Gehen, Laufen und Schwimmen für selbstverständlich halten, aber selbst diese Tätigkeiten mussten irgendwann erlernt und geübt werden. Das Einstudieren neuer Abläufe, die aus verschiedenen Elementen bestehen, zwingt den Reiter oft dazu, sich auf jeden einzelnen Abschnitt unabhängig von den anderen zu konzentrieren, bis er in der Lage ist, sie zu koordinieren und auszuführen, ohne darüber nachdenken zu müssen. Manchmal hilft es, sich dazu ein Stichwort zu merken oder ein Element zu fixieren, während man andere zunächst ausschaltet.

Ein System entwickeln

Anfangs kann es schlicht überwältigend sein, in einem Lehrbuch vom Gebrauch von Hand und Schenkel zu lesen, zumal es zu jedem Element ja auch noch eine ganze Reihe von Unterabschnitten zu beachten gibt. Mir hilft es immer, mir ein numerisches System zurechtzulegen, um die Koordination von Körper, Hand und Schenkel zu verinnerlichen. So wie ich einen neuen Tanz durch Abzählen der Bestandteile einer Bewegung einstudiere, kann ich die Koordination beim Reiten erlernen. Hier hilft es, sich in den Rhythmus des Pferdes einzuhören. Damit kann ich jeweils ein Element im Rahmen eines Schrittes kontrollieren. Natürlich ist das am Anfang nicht leicht, und je mehr man über sein Tun nachdenkt, desto langsamer werden alle Reaktionen. Aber so wie ein Musiker es nach und nach erlernt, alle Aktionen seiner Finger, Hände, Füße ohne Nachzudenken zu steuern, so kann das mit gewisser Übung auch der Reiter. Die Abstimmung basiert auf einer guten Körperkontrolle, die wiederum von einem guten Sitz und Gleichgewicht abhängt.

Das gilt auch für bestimmte Dressurlektionen oder Springgymnastik mit dem Pferd. Wer für sich ein System entwickelt, um Lektionen auszuführen, der kann auch besser seinen Körper, sein Gewicht, seine Schenkel und Hände einsetzen, um das gewünschte Endresultat zu erzielen. Steht dieses System einmal fest, so kann man es je nach Anforderung von Fall zu Fall modifizieren und bestimmten neuen Situationen anpassen.

4. Geschicklichkeit

Der Reiter kann nur dann wirkungsvoll mit dem Pferd kommunizieren, wenn er einen gleichmäßigen Kontakt zwischen Reiterhand und Pferdemaul hergestellt hat und dann den Kontakt in seiner Intensität verändert, um damit über das Pferdemaul ein Signal an sein Pferd zu senden. Manche Reiter „fummeln" endlos am Zügelmaß, weil sie die Zügel durchrutschen lassen oder ihre Hand unwillkürlich öffnen und schließen und damit ständig den Kontakt zum Pferdemaul verändern. Ich werde später noch erklären, dass alle Signale am Zügel, die Zügelhilfen, darauf zielen, die Aktion von Körper und Schenkel zu unterstützen und damit das Pferd die Anforderungen des Reiters verstehen und akzeptieren zu lassen. Anlehnung ist eine Partnerschaft zwischen Pferd und Reiter, und trotz der besten Vorsätze, die Hand ruhig zu halten, kann das Pferd sich weigern, den Kontakt zu akzeptieren. Aber wer die Zügel so präzise wie möglich einsetzt, hat die besten Chancen, das Einverständnis des Pferdes zu erzielen.

Folgendes sollte man können:

- Die Zügel in einer Hand halten, ohne Druck und Zug zu verändern.
- Wer das kann, kann auch das Zügelmaß verändern, ohne den Kontakt zum Pferdemaul zu verändern.
- Daraus ergibt sich die Fähigkeit, mit der Zügelbrücke zu reiten, was besonders bei jungen Pferden oder im Gelände wichtig ist.

Die Zügelbrücke ist nützlich beim Reiten junger Pferde oder im Gelände.

- Gebrauch und Einsatz der Gerte, sowohl der langen Dressurgerte als auch einer kurzen für das Springen. Ziel ist es, die Gerte genau und zum richtigen Zeitpunkt einzusetzen. Viele Reiter beherrschen das recht gut mit der „richtigen" Hand, aber es kostet Zeit und Übung, die Gerte auch mit der anderen Hand einzusetzen.[1]

Wissen zur Biomechanik und Abläufen der Kommunikation mit dem Pferd

1. Biomechanik und die Physik verstehen

Jeder Reiter, der sein Pferd in Haltung, Geraderichtung und Gleichgewicht beeinflussen will, braucht das Verständnis für elementare Biomechanik des Pferdes. Unter Biomechanik versteht man das Zusammenwirken von Muskeln, Knochen und Gelenken, die daran beteiligt sind, den Pferdekörper im Gleichgewicht zu halten und Anteil an der Entwicklung der Grundgangarten und Bewegungen haben.

Ich will hier nicht besonders ins Detail gehen oder präzise wissenschaftliche Ausführungen machen, sondern vielmehr dem interessierten Pferdemenschen das Prinzip verdeutlichen, dem unser Ausbildungssystem unterliegt. Je mehr der Reiter oder Trainer weiß, wie sein Pferd funktioniert, desto mehr hilft ihm das bei der Ausbildung und bei der Lösung von Problemen.

1 Anm. des Verlags: d.h. der Rechtshänder mit der rechten Hand und der Linkshänder mit der linken Hand.

Das Skelett – Knochen, Gelenke und Bänder

Das Pferde-Skelett wird vor allem von Bändern zusammengehalten. Die Knochen des Skeletts sind sowohl die Stütze für den Körper als auch die Hebel, die Energie in Bewegung umsetzen. Diese Hebel werden von den Muskeln bewegt, die an einem bestimmten Punkt entspringen und über kurze Sehnenfasern oder unterschiedlich lange Sehnenstränge auf die Gliedmaßen einwirken und die Bewegungen veranlassen. Der Knochenbau und ganz besonders die Winkelung, in der die Knochen aufeinandertreffen, beeinflusst die Wirksamkeit der Hebel hinsichtlich Raumgriff und Ausdruck der Bewegungen.

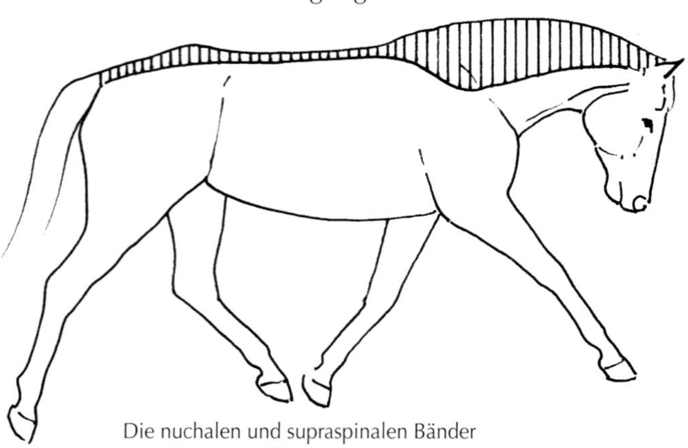

Die nuchalen und supraspinalen Bänder am Hals und im Rücken.

Der Trainer, der ein Pferd und seine Leistung beurteilt, muss Grenzen durch das Gebäude mit einbeziehen. Man kann viel tun, um durch Arbeit und Training die Muskeln des Pferdes zu entwickeln, das Skelett ist jedoch ein feststehender Faktor und bedingt oft genug Einschränkungen bei Leistung und Gesundheit. Beim Kauf eines jungen Pferdes lassen sich die Minus- und Pluspunkte im Gebäude bei einem mageren Pferd besser abschätzen, als wenn der Verkäufer versucht, Mängel unter zu viel Fett zu verstecken.

Bänder bestehen aus faserigem Gewebe, das stabil und unelastisch ist. Sie sind die Klammern, die die Knochen über den Gelenken zusammenhalten. Das klingt, als ob ein Band die verbindende Funktion hat. So wichtig sind sie jedoch nicht: ihre vorrangige Funktion ist, *unphysiologische* Bewegungen zu verhindern.

Das wichtigste Band, das die Haltung des Pferdes beeinflusst, ist das *Nackenrückenband,* das sich als Nackenband vom Kopf über den Hals des Pferdes erstreckt und als *Supraspinal-Band* über den Rücken fortzieht. Dieses Band verbindet alle Wirbel und trägt die Wirbelsäule ähnlich wie die Seile einer Hängebrücke.

Die Gelenke ermöglichen Beugung und Streckung (Flexion und Extension). Alle unteren Gelenke an den Extremitäten erlauben in erster Linie Beugung und Streckung in Längsrichtung. Das Hüftgelenk ermöglicht begrenzt auch seitliches Wegführen und Heranziehen *(Abduktion und Adduktion).* Die Schulter ist nicht über ein Gelenk mit dem Brustkorb verbunden. Stattdessen hängt das Vorderbein in einer Schlinge aus Muskeln und Bändern am Brustkorb und Widerrist. Es kann vorwärts und rückwärts schwingen, sich aber auch seitlich weg- und heranbewegen, so wie dies bei Seitengängen gefragt ist, bei denen das Pferd abwechselnd das Vorderbein vom Körper wegstreckt und davor kreuzt.

Die Biegung des Halses entsteht aus der Addition vieler kleiner, seitlicher Einzelbewegungen der Halswirbel, hauptsächlich am Halsansatz, aber auch abgeschwächt bis zum Genick.

Besondere Aufmerksamkeit gilt dabei dem Gelenk zwischen dem Kopf und dem ersten Halswirbel (Atlas). Aufgrund anatomischer Voraussetzungen ist nur eine Beugung und Streckung möglich. Ist das Gelenk in deutlicher

Beugung oder Streckung positioniert, so kann es sich nicht zur Seite neigen.

Die optimale Stellung ist bei einem „offenen Genick“ (Nase leicht vor der Senkrechten) erreicht.

Zwischen dem ersten Halswirbel (Atlas) und dem zweiten Halswirbel *(Axis)* ist durch den *Dens axis* (= Dorn auf der Vorderseite des Wirbelkörpers) auch Rotationsbewegung möglich. Dadurch kann das Pferd gestellt werden. Ist die Halsmuskulatur des Pferdes verspannt, z.B. wenn das Pferd nicht durchs Genick oder zu tief eingestellt ist, kann das Pferd nicht optimal seitlich gestellt werden.

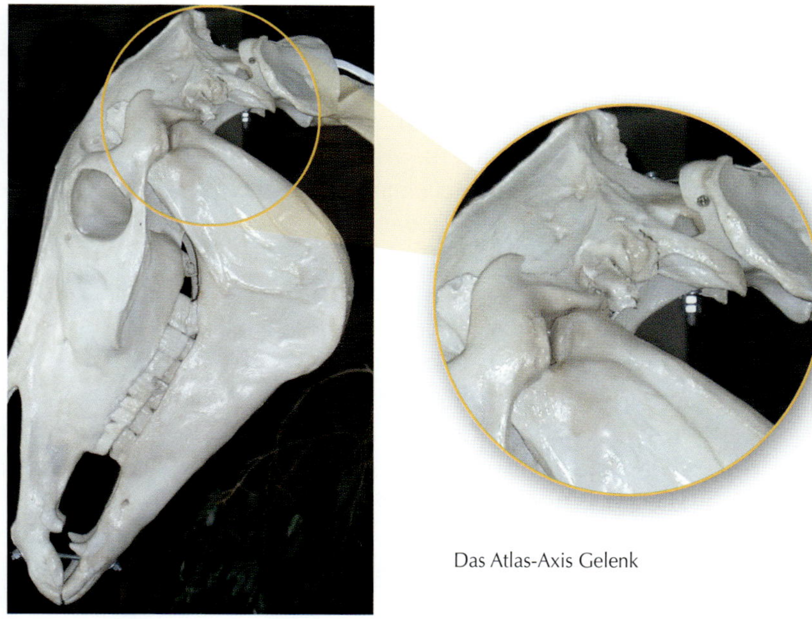

Das Atlas-Axis Gelenk

Die Muskeln

Grob unterteilt gibt es zwei Arten von Skelettmuskeln, die, die für die Haltung wichtig und die für die Bewegung verantwortlich sind. Die Haltungsmuskeln arbeiten paarweise zusammen, und stabilisieren den Rahmen. Sie sind relativ kurz, stärken über wechselseitiges zusammenziehen die Haltung und helfen dem Pferd Lasten zu tragen. Die Art des Zusammenwirkens ist wichtig, denn ein ungleicher Zug, z.B. durch eine stärker ausgebildete oder sich vermehrt zusammenziehende Muskelgruppe hervorgerufen, kann zu einem unerwünschten Aufwölben oder zu einer nicht gewollten Längsbiegung des Rückens führen. Während der Arbeit kontrahieren und entspannen diese Muskeln langsam und können bei kleiner Energiezufuhr ihre Spannung aufbauen. Werden die Muskeln in einem Dauerzustand der Anspannung gehalten, werden sie hart und der Rücken wird fest.

Die Bewegungsmuskeln haben längere Fasern und können sich deshalb in größerem Ausmaß dehnen und verkürzen. Die *Strecker* und *Beuger* arbeiten entweder paarweise oder einzeln im Gegenzug gegen die Schwerkraft. Ein Muskel kann sich immer nur zusammenziehen, deshalb braucht er den gegensätzlichen Muskel (den Gegenspieler) oder die Schwerkraft, um sich wieder zu dehnen, nachdem er sich zusammengezogen hat. Bewegungsmuskeln ermüden schnell, wenn sie statisch arbeiten sollen. Rhythmisches Spannen und Entspannen fördern das schnelle Ausscheiden von Stoffwechselprodukten und die Muskeln ermüden nicht so schnell. Diese Muskeln dienen auch als Stoßdämpfer, zum Beispiel wenn ein Pferd nach dem Sprung landet. Arbeiten Beuger und Strecker durch Spannung, Schmerz und Müdigkeit gegeneinander, wird die Bewegung eingeschränkt und Energie verschwendet. Störungen im Zusammenspiel ergeben sich auch durch widersprüchliche Hilfen des Reiters.

Die Muskelmasse kann zwar durch Training zunehmen, permanente Anspannung hat jedoch einen gegensätzlichen Effekt. Die Zirkulation des Blutes und der Lymphen wird eingeschränkt und die Muskeln nehmen nicht genügend Nährstoffe und Sauerstoff auf. Daher ist es wichtig, dass beim Reiten auf ein arbeitsintensives Intervall ein Pause folgt, wodurch Muskulatur effizient aufgebaut werden kann.

Die Verbindung über den Rücken – Haltung

Der Rücken ist der Schlüssel für Leistung beim Sportpferd. Das Pferd muss lernen, den Reiter so zu tragen, dass eine Verbindung zwischen dem Schub der Hinterhand und der unabhängigen Vorhand entsteht. Die Oberlinie des Pferdes entspricht einer Hängebrücke. Die Seile der Hängebrücke bilden das Nacken- und Rückenband, das der Länge nach über Hals und Rücken läuft. Spannung auf den „Seilen" entsteht durch Vorwärtszug der Nackenmuskeln gegen den Zug der Hinterhandmuskeln in die entgegengesetzte Richtung, wenn das Hinterbein des Pferdes unter dem Körper nach vorn schwingt.

Die *Kreuzbeinwirbel* im Bereich der Hüften sind straff miteinander verbunden und bilden zusammen eine Art „Gelenk" mit dem Becken *(Iliosakral-Gelenk).* Über diese Verbindung wird der Schub der Hinterbeine über den Rücken bis in die Vorhand übertragen. Auch die mit den Rippen verbundenen Brustwirbel sind nahezu unbeweglich, und deshalb ist es unmöglich, eine „vermehrte Rippenbiegung" zu erreichen, die manche Richter gerne sehen wollen.

Die verbleibenden Brust- und Lendenwirbel sind nur eingeschränkt beweglich. Der flexibelste Teil sitzt dort, wo der letzte Brustwirbel mit dem ersten Lendenwirbel zusammentrifft. Bei einem Pferd im Stand ist dieser Bereich des Rückens üblicherweise leicht nach oben gewölbt. Das wird noch verstärkt, wenn das Pferd die Bauchmuskeln anspannt oder Vor- und Hinterbeine näher zusammenkommen, zum Beispiel wenn ein junges Pferd den Rücken aus Angst wölbt, wenn zum ersten Mal ein Reiter auf ihm sitzt.

Keine Biegung in den Rippen

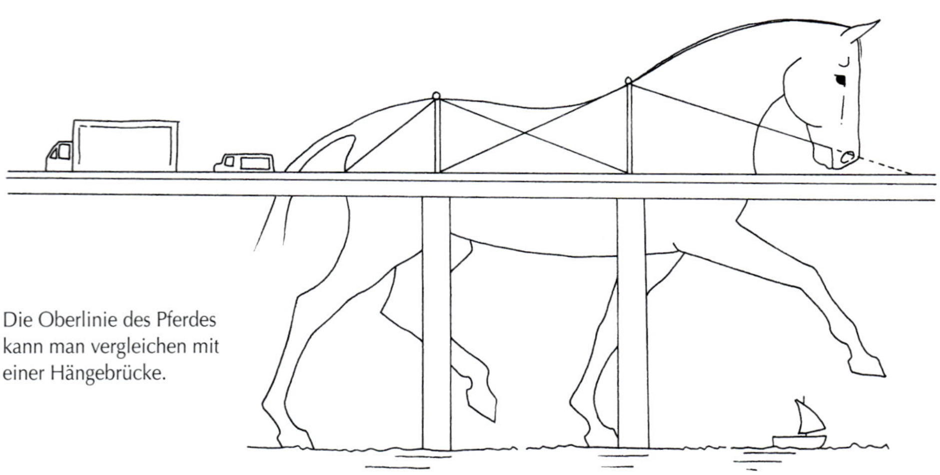

Die Oberlinie des Pferdes kann man vergleichen mit einer Hängebrücke.

Setzt sich das Pferd beim Spiel in Szene wird der Hals stärker gewölbt.

Das nervöse oder ängstliche Pferd zeigt Schreck-Reflexe.

Die Hauptaufgabe der für die Haltung verantwortlichen Rückenmuskeln ist die Unterstützung und Stabilisierung des Rückens. Eine Vielzahl von Haltungsmuskeln läuft entlang der Länge des Rückens oder seitlich. Alle diese Muskeln sind über Gewebefasern *(fasciae)* verbunden. Deshalb erstreckt sich jede Verspannung, die an einer Stelle durch Unbehagen oder Widerstand hervorgerufen wird, über den gesamten Rücken. Spannung im Rücken beeinträchtigt die Verbindung zwischen Hinter- und Vorhand negativ. Ein gleichmäßiges Anspannen und Entspannen der Rückenmuskeln ist für die Übertragung der Schubkräfte von erheblicher Bedeutung.

In Freiheit wird ein aufmerksames Pferd als natürliche Haltung in Schritt, Trab und Galopp seinen Kopf und Hals hoch tragen, mit der Nase vor der Senkrechten. In dieser Haltung kann es besser sehen. Will das Pferd sich in Szene setzen beim Spielen, wird der Hals stärker gewölbt, während der Kopf „in stolzer Haltung" getragen wird. Das nervöse oder ängstliche Pferd zeigt den Schreck-Reflex, hebt den Kopf hoch, macht Hals und Rücken hohl mit aufrecht gestellter Schweifrübe und „stelzt steifbeinig" in Trab oder Galopp davon.

Unter dem Reiter wird das eben angerittene oder schwache Pferd den Rücken nach einem kurzen „Aufwölben" nach unten absenken lassen, gerade so, als wenn sich eine Holzlatte senkt, wenn eine schwere Last darauf abgesetzt wird. Die Muskeln werden schlaff und die „Brücke" hängt von den Pfeilern herab. Ein Pferd, das den Rücken hängen lässt oder ihn anspannt, benutzt ihn nicht elastisch. Die Gänge werden kurz und manchmal ungleich. Der Reiter empfindet den Rücken des Pferdes unter ihm entweder als Hängematte oder als Brett. In beiden Fällen ist es schwierig, den Trab auszusitzen. Das Pferd wird den Rücken auch anspannen, wenn der Reiter mit den Beinen klemmt, weil er das Aussitzen schwierig findet.

Das Pferd muss zunächst lernen, seinen Hals zur Unterstützung des Rückens zu nutzen, damit die Rücken- und Bauchmuskeln eine elastische Spannung halten können, anstatt schlaff und fest zu werden. Die große Muskelgruppe zwischen dem Nackenband am Mähnenkamm und den Nackenwirbeln stützt Kopf und Hals des Pferdes. Senkt sich der Hals wie beim Grasen, so ziehen das Nackenband und die Halsmuskeln die Dornfortsätze der Brustwirbel nach vorn und der Zug wird über das Rückenband und die Rückenmuskeln an alle anderen Wirbel des Rückens übertragen.

Je länger der Hals des Pferdes, desto einfacher wird es sein, es dazu zu bringen, Zug auf das Nackenband zu legen, sprich an den Seilen der Hängebrücke zu ziehen. Anfänglich wird das junge Pferd seinen Kopf lieber hoch und zurück nehmen, genauso wie wir Menschen dazu neigen, schwere Lasten nah am Körper zu heben. Das verspannte oder erschrockene Pferd oder eines, was nicht vorwärts gehen will, möchte bevorzugt über die Schulter nach hinten schauen. Das Pferd mit relativ langem Hals wird dieser Sache bald müde werden und, sobald es sich entspannt, Kopf und Hals nach vorwärts-abwärts fallen lassen. Ein Pferd mit vergleichsweise kurzem Hals kann den Kopf weitaus länger hocherhoben halten und ist dementsprechend schwerer zu überzeugen, den Hals fallen zu lassen, ganz besonders, wenn es nicht gerne vorwärts geht.

Der Reiter kann dem Pferd durch Reiten im leichten Sitz helfen, indem er sein Gewicht nach vorn zum Widerrist verlagert und den Rücken des Pferdes entlastet. Die Schwerkraft hilft uns dabei, dass das Pferd den Hals fallen lässt, besonders wenn es sich entspannt oder etwas müde wird.

Das Dehnen der Halsmuskeln bringt nichts ohne Aktivität und Engagement der Hinterbeine. Damit das Prinzip der Hängebrücke wirksam bleibt, müssen die Seile in beide Richtungen stramm gezogen werden. Geht der Zug nur nach vorne, verlagert sich das Gleichgewicht des Körpers in Richtung Vorhand. Wird der Zug in die entgegengesetzte Richtung durch aktives Fußen der Hinterhand weit unter den Körper ausgeübt, zeigt das Pferd den natürlichen Reflex, sein Gleichgewicht über Dehnung des Halses zu erhalten. Je kräf-

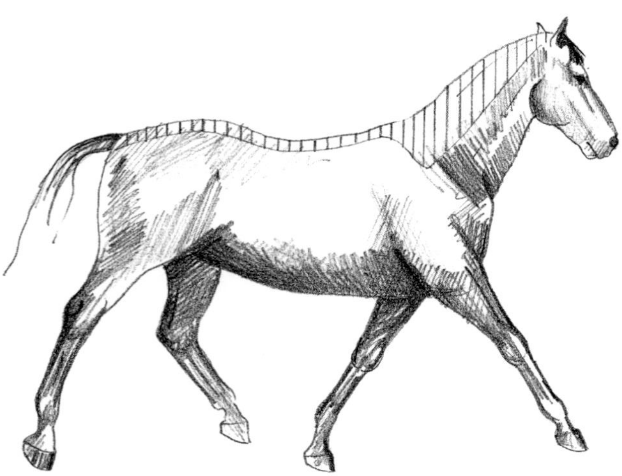

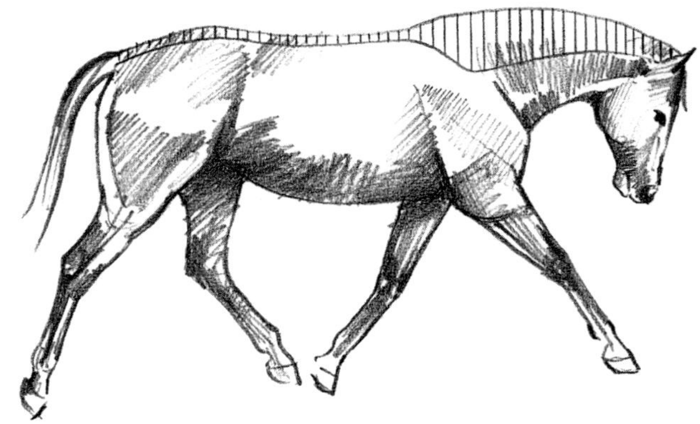

Zu Beginn trägt das Pferd den Kopf höher und zurückgezogen in die Schulter. Dabei wird der Rücken durchgedrückt. Mit zunehmender Entspannung senkt es den Kopf und dehnt den Hals nach vorne und unten. Dadurch wölbt sich der Rücken mehr auf.

tiger der Hals wird und je leichter es dem Pferd fällt, den Hals zu tragen, desto mehr verlagert sich das Gleichgewicht in Richtung Hinterhand.

Sobald die Last des Reiters auch über den Hals getragen wird und über die aktive Hinterhand ein gleichmäßiger Zug in Gegenrichtung entstanden ist, werden auch die Rücken- und Bauchmuskeln sich kräftigen und an Masse zunehmen. Dann ist das Pferd in der Lage, den Reiter mühelos zu tragen, auch ohne Anspannung im Rücken. Die haltenden Rückenmuskeln stellen dann die Verbindung dar, durch die die Bewegungsmuskeln, besonders die der Hinterhand, ihre vorwärtsschiebende Aktion auf die Vorhand übertragen kann.

Ein junges Pferd ermüdet schnell. Kopfschlagen ist ein sicheres Zeichen dafür, dass Hals- und Rückenmuskeln müde werden und schmerzen. Dann ist es Zeit abzusteigen und dem Pferd Erholung zu gönnen. Das gut ausgebildete und entwickelte Pferd hat einen gut bemuskelten, gewölbten Hals und ist in der Lage, Kopf und Hals länger zu tragen, unabhängig von den Bewegungen der Gliedmaßen. Der ausgebildete Muskel am Halsansatz, zwischen Nackenband und Halswirbeln, zieht den letzten Hals- und den ersten Brustwirbel hoch. Damit verschwindet nach und nach die Einkerbung vor dem Widerrist und der gesamte Hals erscheint insbesondere in Aufrichtung länger.

Der längere und stärkere Hals, der dem Zug der Schwerkraft widersteht und sich mit dem Kopf aufgerichtet und gewölbt trägt, unterstützt die gesamte Vorhand unabhängig vom Zügelkontakt des Reiters. Ein Pferd, das vom Reiter „getragen" wird, entwickelt diese Muskeln nicht. Ziel der Ausbildung ist es, den Hals sicher über die Muskeln zu stabilisieren, die ihn mit Widerrist und Schultern verbinden, um dadurch Pendelbewegungen von oben nach unten und zur Seite zu reduzieren.

Die Rückenmuskeln können den aus der Hinterhand erzeugten Schub auf die Vorhand übertragen. Hier ist insbesondere der *longissimus dorsi*, der über dem gesamten Rücken verläuft, zu nennen. Die Wirkung dieser Verbindung ist unterschiedlich, je nachdem von welchem Ende an diesem Muskel gezogen wird. Ist das Hinterbein bei weitem Vorgriff voll belastet, dann bewirkt ein Zusammenziehen des *longissimus dorsi* ein Leichtwerden der Vorhand.

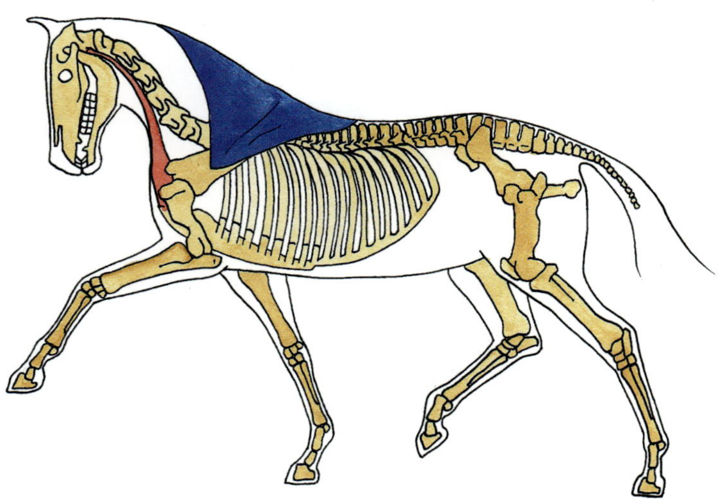

Die gedehnten und gekräftigten Muskeln am Halsansatz unterstützen die gesamte Vorhand unabhängig vom Zügelkontakt des Reiters.

Der Bogen, den der Pferderücken beschreibt, gleicht dem Bogen einer Angel, wenn ein Fisch angebissen hat.

Die Wölbung des Pferderückens verläuft wie die Spannung einer Angel, mit der ein Fisch aus dem Wasser gezogen wird. Umgekehrt, wenn der fixierte Punkt vorn ist, weil der Hals über zu starke Mauleinwirkung in die Schulter hineingezogen wird oder weil die Rückenmuskeln fest und kurz sind, anstatt sich wechselweise an- und zu entspannen, dann wird der Rücken nach unten gedrückt. Man sagt dann, das Pferd sei hohl oder hoch in der Kruppe.

Der *longissimus dorsi*, der auf beiden Seiten des Pferderückens entlangläuft, zieht sich zusammen und entspannt abwechselnd auf jeder Seite in Schritt und Trab, genauso wie die Muskeln der Hinterhand *(gluteal)*. Im Galopp kontrahieren und entspannen sie sich mehr oder weniger gleichzeitig und in größerem Maße. Deshalb ist Galoppieren oft der beste Weg, um ein Pferd zu lösen. Langer, langsamer Kantergalopp „über den Rücken", auf leichten Neigungen oder Steigungen, in guter Haltung mit aktiver Hinterhand in stetem Kontakt verbessert die Elastizität der Rückenmuskeln.

In jungen Jahren habe ich Rennpferde für einen Trainer aus der Nachbarschaft bewegt und später auch einige Zeit als Amateur-Jockey Hindernisrennen geritten. Sobald die Rennpferde ihre ersten sechs bis acht Wochen Einlaufen in der Kräftigungsphase *(„legging up")* auf der Straße hinter sich hatten, zumeist im Schritt, galoppierten sie fast jeden Tag hintereinander über immer längere Strecken. Diese Pferde sollten nie Dressur- oder Vielseitigkeitspferde werden, aber man konnte gut verfolgen, wie sich ihre Oberlinie entwickelte und kräftiger und stärker durch diese Arbeit wurde. Auch die Bauchmuskeln wurden kräftiger.

Die Kontraktionen des *longissimus dorsi* kann man besonders gut im Schritt und Galopp unter dem Gesäß fühlen, weil die Muskeln sich abwechselnd heben und senken. Dies ist aber auch möglich, wenn man im Trab entspannt aussitzt. Man sollte nicht mit der Bewegung seitwärts schaukeln, sondern vielmehr zulassen, dass sich der Raum zwischen Gesäßknochen des Reiters und Pferderücken durch den sich hebenden Muskel füllt. Sind die Rückenmuskeln unter Dauerspannung, d. h., ist der Rücken fest, dann ist es schwer im Trab auszusitzen. In diesem Fall ist es besser, das Pferd im Leichttraben zu arbeiten, so lange, bis es den Rücken entspannt und schwingt.

Bei jungen Pferden, die man aus den oben genannten Gründen zumeist im leichten Trab arbeitet, ist es oft schwer, vom Leichttraben zum Aussitzen überzugehen, ohne dabei die Beine zuzumachen oder zu klemmen, wodurch wiederum das Pferd zum Anspannen der Rückenmuskeln gebracht wird. Der Reiter muss bei diesem Übergang ganz bewusst die

Hüfte entspannen und ganz leicht in der Anlehnung werden, damit das Pferd im Rücken entspannt bleibt. Wenn das nicht gelingt, ist es besser, zum Schritt durchzuparieren und aus dem Schritt in den ausgesessenen Trab zu wechseln, anstatt direkt vom Leichttraben zum Aussitzen überzugehen.

Der Rücken und die Hinterhandmuskeln müssen sich harmonisch miteinander bewegen. Ist der Rücken fest, kann das Hinterbein nicht frei schwingen und umgekehrt können bei einem nicht schwingenden Hinterbein die Rückenmuskeln nicht arbeiten. Ein ähnlicher Zusammenhang besteht zwischen den Rückenmuskeln und dem Schwingen der Vorhand.

Durch einen entspannten Sitz in guter Haltung, mit entspannten Gesäßhälften, einer entspannten Hüfte und einer elastischen Beziehung von Rücken- und Bauchmuskeln bei einem mehr oder weniger leicht nach vorn geneigten Becken wird die Bewegung des Trabes absorbiert. So wie ein Sportler in zu enger Kleidung keine Höchstleistung bringen kann, so kann auch der Rücken des Pferdes nicht korrekt funktionieren, wenn der Reiter den Schenkel am Sattel anlegt wie eine *Napfschnecke*. „Je mehr du mitschwingst, desto besser gehen sie", sage ich oft zu meinen Schülern, so lange die Haltung nicht mit Steifheit einhergeht.

Je mehr man mitschwingt, desto besser gehen sie.

Beugen des Genicks und Entspannung im Kiefer

Es besteht ein direkter Zusammenhang zwischen der Spannung im Kiefer und den Zungenbeinmuskeln und der Anspannung der oberen Halsmuskeln, die eine Beugung des Genicks steuern. Verspannung in den Muskeln am Genick verursachen eine Anspannung in allen anderen Hals- und dadurch auch in den Rückenmuskeln. Umgekehrt hat die Anspannung der Rückenmuskeln denselben Effekt auf die Kiefer und die Zungenbeinmuskeln und das Engagement der Hinterbeine.

Hat der Reiter eine starre Hand oder versucht er das Pferd in Haltung über nach unten wirkenden Druck auf die Lade oder die Zunge zu zwingen, so provoziert er Widerstand beim Pferd. Es geht gegen die Hand und wird versuchen, sich über das Gebiss zu heben. Dazu kommt für gewöhnlich noch ein offenes Maul oder ein Zurückziehen der Zunge und ein Verschließen des Kiefers. Dieses ist immer deutlicher auf der einen als auf der anderen Seite zu beobachten, im Allgemeinen auf der Seite, auf der das Pferd bevorzugt kaut. Wenn das Pferd nicht versucht über das Gebiss zu kommen,

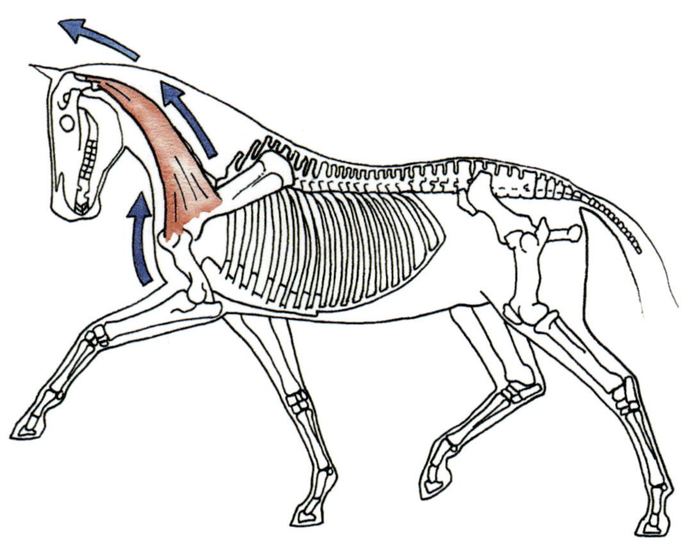

Hebt sich der Pferdehals bei vermehrter Dehnung, dann ziehen die (brachiocephalic) Muskeln die Vordergliedmaßen vorwärts und aufwärts mit mehr Ausdruck.

sondern sich im Gegenteil dahinter verkriecht und die Nase auf die Brust zieht, dann verursacht der Druck auf die Ohrspeicheldrüse Unbehagen und damit verbunden Maulprobleme. Schlaufzügel oder eine starre Hand beeinflussen auch die Koordination der Muskeln der Oberlinie und führen zu einer eingeschränkten Bewegung der Schultern.

Es ist daher wichtig, dass wir den Rahmen ohne Druck auf das Pferdemaul erhalten. Wir sollten das Pferd ermutigen, im Genick zu entspannen, und ihm erlauben, den Kopf in Richtung der Senkrechten fallen zu lassen. Für die korrekte Oberlinie ist es nicht nötig, dass die Stirn absolut senkrecht ist, ganz besonders nicht bei Spring- und Vielseitigkeitspferden. Bei einer sehr engen Ganasche entsteht ein Problem höchstens auf hohem Dressur-Niveau, wenn der Hals stark aufgerichtet ist.

Ist der Pferdehals gedehnt und kräftig und erlauben die oberen Halsmuskeln eine gleichmäßige Beugung des Genicks, sodass der Kopf senkrecht gehalten wird ohne zu kippen, dann bildet das Genick einen Fixpunkt für die Muskeln, die entlang des Pferdehalses *(brachiocephalicus)* und des Oberarms *(humerus)* verlaufen. Bei aufgerichtetem Pferdekopf können die *Brachiocephalicus-Muskeln* die Gliedmaßen vorwärts und aufwärts in eine ausdrucksvollere Haltung bringen. Umgekehrt werden die *Splenius-Muskeln*, die eine Verbindung zwischen den oberen Halswirbeln und dem *Widerrist* bilden, bei kurzem und festem Hals nicht den Hals aufrichten, sondern nur aushöhlen und damit den sogenannten „Hirschhals" verursachen. Daraus folgt, dass das Genick rückwärts in Richtung Vorhand gezogen wird anstatt, wie es richtig sein sollte, die Vorhand vorwärts in Richtung Genick.

Seitliche Stellung und Biegung

Es gibt einen entscheidenden Unterschied zwischen Biegung und Beugung. Beugung geschieht an einem Gelenk. Das Gegenteil von Beugung ist Streckung. Biegung in diesem Zusammenhang geschieht, wenn nicht im ganzen Körper, in einem Teilbereich des Körpers und kann mehrere Gelenke einschließen. Die seitliche Beugung des Genicks (Stellung) bezieht sich nur auf das Gelenk zwischen dem ersten (*Atlas*) und zweiten Halswirbel *(Axis)*. Während bei einer Dressuraufgabe die seitliche Beugung (Stellung) immer in Richtung der Wendung oder Zirkellinie erfolgt, kann es im Training durchaus sinnvoll sein, dem Pferd eine Konterstellung zu geben. So wie z.B. ein Turner von Kopf bis Hüfte absolut gerade stehen und dabei trotzdem den Kopf nach rechts oder links wenden kann, so sollte es auch ein Pferd beherrschen können.

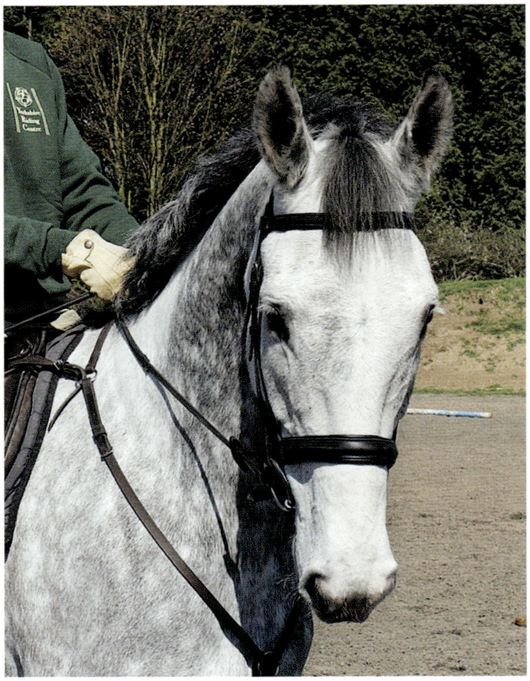

Seitliche Stellung im Genick

Das Pferd, das sich bereitwillig in beide Richtungen stellen lässt, wird als seitlich durchlässig bezeichnet. Ein besseres Wort als Durchlässigkeit ist vielleicht Akzeptanz, denn im Training wollen wir erreichen, dass das Pferd die Stellung von sich aus anbietet und nicht dazu über Zug am inneren Zügel gezwungen wird. Grundsätzlich kann ein Pferd nur dann eine korrekte Stellung erreichen, wenn die Durchlässigkeit im Genick in Beugung und Streckung ebenfalls gegeben ist. Dies erfolgt aufgrund der vorher angesprochenen anatomischen Gegebenheiten der ersten zwei Gelenke der Halswirbelsäule, die andere Bewegungsmöglichkeit nicht zulassen.

Die Rolle des Hinterbeins – Schub und Stoßdämpfung

Abhängig von der Aufgabe des Pferdes, ob als Rennpferd oder Dressurpferd, erfüllen die Hinterbeine zwei Aufgaben – Schub oder Stoßdämpfung. Ein Rennpferd braucht kaum die stoßdämpfende Funktion, während das Dressurpferd seine Hinterhand sowohl zur Stoßdämpfung als auch zum Schub des Körpers nach vorne und oben benötigt.

Die Bewegung der Hinterbeine hat vier Phasen: Vorführen (über Beugung), Auffußen (über Stoßdämpfung), Unterstützung (über Speicherung von Energie) und Vorschub (über die Nutzung von Energie).

Das Hinterbein agiert als Stoßdämpfer oder Bremse über Biegung in der Hüfte, Knie und Sprunggelenk. Das verlangt Kraft in den Muskeln des Hinterbeins. Um zu erleben, wie viel Kraft benötigt wird, gehen Sie über längere Zeit in die Hocke mit dem Knie im 90-Grad-Winkel, ohne sich dabei irgendwo anzulehnen oder festzuhalten. Es ist also nicht überraschend, dass ein Pferd die Anstrengung zu vermeiden versucht, indem es Knie und Sprunggelenk streckt, bevor das Bein aufsetzt, wodurch die Kruppe hochkommt. Während der Aufprall- und Unterstützungsphase der Bewegung werden die vorschiebenden Muskeln der Hinterhand die Stoßdämpfer und Energiespeicher. Sie geben diese Energie wieder ab bei der nächsten vorführenden Phase des Schrittes, Trittes oder Sprunges.

Knie und Sprunggelenke sind verbunden über den Stehapparat und beugen sich nur gemeinsam. (Der Stehapparat des Pferdes am Vorder- und Hinterbein ermöglicht es, auf dem Bein ohne jede Muskelanstrengung zu stehen.) Damit kann das Pferd als Fluchttier im Stehen ausruhen und fast schlafen und ermüdungsfrei stehen.

Die Beugemuskeln der Hinterhand sind schwächer als die Strecker, die den Vorschub leisten und die Beugung des Hinterbeins unter Belastung kontrollieren. Die Rückenmuskeln, insbesondere der *longissimus dorsi*, sind ebenfalls beteiligt an der aktiven Rolle der Hinterhand, besonders als Stoßdämpfer und Schubgeber.

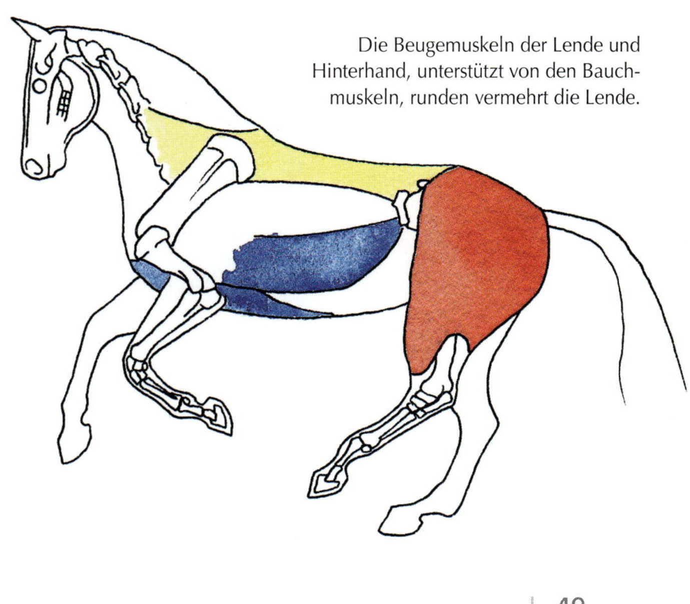

Die Beugemuskeln der Lende und Hinterhand, unterstützt von den Bauchmuskeln, runden vermehrt die Lende.

Vor allem im Galopp veranlassen die Beugemuskeln der Lende *(ilio psoas)* und der Hinterhand *(gluteus superficialis)*, unterstützt durch die Bauchmuskeln, die Kruppe, sich aufzuwölben, um damit dem Hinterbein zu erlauben, weiter nach vorne unter den Körper zu treten. Ein fester Rücken führt zu einer steifen Hinterhand und hoher Kruppe, die beide verhindern, dass das Pferd vermehrt unter seinen Schwerpunkt tritt. Die Achillessehne an der Rückseite des Hinterbeins und der *Quadriceps-Muskel* auf der Vorderseite des Oberschenkels spielen ebenfalls eine Doppelrolle beim Schub und dann bei Kontrolle und Begrenzung der Beugung der Hanken.

Bei schwacher Hinterhand-Muskulatur kann das Pferd sich der Beugung der Hinterhand widersetzen oder sie ganz verweigern durch Verkürzen der Tritte und Feststellung von Knie und Sprunggelenk. Die Weigerung erfolgt über ein müdes oder inaktives Hinterbein, durch Wegeilen oder durch frühzeitiges Absetzen des Hinterfußes. Viele Pferde, die wegen bedeutender Vorhand-Bewegung zu Dressurpferden bestimmt sind, haben die Veranlagung, mit dem Hinterbein eher zu schieben als zu tragen. Diese Pferde sind oft schwieriger auszubilden als solche mit einem weniger imponierenden Trab, aber mit einem von Natur aus engagierteren Hinterbein.

Ziele der Ausbildung sind es:

1. Erreichen seitlicher Nachgiebigkeit, die zu einer verstärkten Bereitschaft zur Beugung der Hinterhand führt. Schubkraft allein reicht nicht aus für Versammlung, dazu muss auch die Beugung des Hinterbeins (Tragkraft) kommen.
2. Verlängerung der Unterstützungsphase durch weiteres Vortreten des Hinterbeins. Wichtig ist das Timing der halben Paraden, wenn der innere Hinterhuf aufsetzt. Je länger die Stützphase des inneren Hinterbeins, desto mehr Zeit hat das äußere Hinterbein zum Vortreten.
3. Stärkung der Muskeln, die gebraucht werden, um Last aufzunehmen und Energie zu speichern. Andernfalls wird das Pferd immer einen Ausweg aus der Anstrengung suchen.

Nerven und Reflexe

Nerven sind das Medium, über das verschiedene Teile des Körpers miteinander kommunizieren können. Das Nervensystem besteht aus dem Gehirn, dem Rückenmark als Zentrale und den Nerven, die ausgehend vom Rückenmark zu den verschiedenen Körperteilen führen. Die Nerven, über die wir mit dem Pferd kommunizieren, liegen in der Haut und übertragen Nachrichten an das Gehirn über das Rückenmark. Das Gehirn schickt Nachrichten zurück an den Muskel und verursacht die Kontraktion des entsprechenden Muskels.

Ist das Gehirn nicht involviert in diesem Kreislauf, sprechen wir von Reflexen. Sie verursachen eine schnellere Reaktion des Muskels. Die Muskeln, die mit Haltung und Gleichgewicht befasst sind, werden großenteils, aber nicht ausschließlich über Reflexe stimuliert. Sie kontrollieren und koordinieren diese Muskeln und verhindern den Verlust des Gleichgewichts. Bei der Ausbildung müssen wir unterscheiden zwischen natürlichen und anerzogenen Reflexen. Wir nutzen die natürlichen Reflexe, um Reaktionen hervorzurufen, die es uns erlauben, das Pferd so auszubilden, dass es in einer bestimmten Art und Weise reagiert. So entstehen konditionierte oder anerzogene Reflexe.

Zum Anfang der Ausbildung, bevor die konditionierten Reflexe gefestigt sind, gibt es immer eine Verzögerung von mindestens ein oder zwei Sekunden, bis auch das willigste aller Pferde reagiert und auf das Signal antwortet. Über dauernde Wiederholung wird der anerzogene Reflex entwickelt. Dabei ist es wichtig, alle Hilfen über Schenkel oder Zügel im Rhythmus der Gangart zu geben, in der man sich befindet, und nicht mehr als eine Hilfe gleichzeitig anzuwenden. Andernfalls wird das Pferd überfordert und kann nicht mehr folgen.

Reflexartige Reaktionen sind unfreiwillig. Sie geschehen, ohne dass das Gehirn eine bewusste Entscheidung fällt. Trotzdem ist es möglich, dass das Gehirn bewusst entscheidet, einem Reflex zu widerstehen oder ihn auszuschalten. Kinder haben entsprechende Spiele, um festzustellen, ob sie ihre Reflexe kontrollieren können. Sich so lange wie möglich in die Augen zu sehen, ohne zu blinzeln, ist eines dieser Spiele. Bis zu einem gewissen Grad können auch Pferde ihre natürlichen Reflexe bisweilen blockieren.

Reaktion, Antwort, Wirkung

Weil wir mit einem Pferd nicht diskutieren oder ihm erklären können, was wir von ihm wollen, sind wir auf die natürlichen Reflexe angewiesen, um die gewünschten Ergebnisse zu erzielen und die komplexeren antrainierten Reflexe entwickeln zu können. Furcht, die zu Flucht führt, ist ein natürlicher Reflex des Pferdes, den wir nutzen können, um einem Pferd beizubringen, auf Kommando vorwärtszugehen. Pferd und Mensch besitzen Reflexe, die sie vor einer überraschenden Berührung zurückweichen lassen. Ebenso wird durch Druck oder andere Irritationen Unbehagen ausgelöst, das das Pferd zurückweichen lässt. Manchmal versuchen sie auch das „Störende zu entfernen", wie beispielsweise eine Fliege. Das Pferd hat z.B. den natürlichen Reflex, sein Gleichgewicht zu erhalten und sich nach einem Stolpern wieder zu fangen. Diese natürlichen Reflexe sind nützlich in der Ausbildung.

Die Stimulierung führt zu einer Reflex-Reaktion. Die Stärke der Reaktion ist unterschiedlich von Pferd zu Pferd und abhängig vom Grad der Sensibilität. Das Pferd kann eine Reflex-Reaktion abblocken, wenn es weiß, dass die Stimulierung kommt, oder wenn es zumindest weiß, woher sie kommen wird. In dem Fall wird die Reaktion nicht das gewünschte Ergebnis zeigen. Nicht alle Pferde antworten in genau der gleichen Weise und genau der gleichen Stärke auf die Stimuli durch ihren Ausbilder. Es hängt dabei viel von ihrer inneren Einstellung und ihrer vorherigen Erziehung ab. Der Respekt vor dem Trainer spielt eine große Rolle dabei, wie die Antwort ausfallen wird.

Die Antwort kann entweder positiv ausfallen, also so wie gewünscht, aber sie kann auch negativ sein. Zum Beispiel kann ein junges, noch nicht angerittenes Pferd durch die Berührung mit der Hand oder der Gerte an seiner Seite wegspringen, ein anderes kann danach ausschlagen. Das schlagende Pferd muss dann über einen stärkeren Stimulus so geschult werden, dass es den natürlichen Reflex der Fluchtbewegung oder des Ausweichens vor Irritationen zeigt und somit die gewünschte Antwort gibt. Wird das Signal häufig wiederholt, wird das Pferd es allmählich begreifen und notfalls mit Unterstützung der Gerte die positive Reaktion auf Berührung mit dem Schenkel zeigen. Die Antwort auf das Signal und die Körpersprache, die damit verbunden ist, wird zu einem antrainierten Reflex durch die wiederholte Verbindung mit dem Stimulus.

Reiter nehmen häufig fälschlicherweise an, dass das Pferd ein angeborenes Wissen hat und weiß, welche Antwort es auf unsere Hilfe geben soll. Zum Beispiel wird oft geglaubt, ein Pferd wisse instinktiv, dass es auf Druck des Schenkels vorwärtsgehen soll und dass deshalb mehr Schenkeldruck bedeute, es solle noch schneller gehen, so wie man bei einem Auto das Gaspedal durchtritt. Da jedes Pferd unterschiedlich auf die Hilfen reagiert, muss deshalb einem Pferd beigebracht werden, die gewünschte Reaktion zu zeigen. Dazu muss der Reiter präzise und beharrlich sein in der Anwendung der Hilfen oder seiner Signale und darf nicht einfach nur stärkere Impulse setzen. Ziel des Trainings ist es, konditionierte Reflexe auf unsere Hilfen zu erzeugen.

Eine positive Antwort ist das Ergebnis der Wirkung der Hilfen, und die kommt nicht unbedingt natürlich oder zwangsläufig. Sie wird erzielt durch die Schulungsphase im Training. Zum Beispiel ist das Engagement der Hinterhand das Ergebnis einer positiven Antwort auf die Berührung des Schenkels, der das Hinterbein veranlasst, nach vorn und unter den Körper zu treten. Deswegen geben Dressurrichter Noten für die „Ausführung der Hilfen" und für den „Sitz des Reiters und die korrekte Anwendung der Hilfen".

Die Abhängigkeit von einzelnen Bewegungsmustern zwischen Genick, Hals und Aktion des Hinterbeins

Neben dem weithin bekannten Angst-Flucht-Reflex gibt es auch andere Reflexe, die im Training von Nutzen sind oder, im Gegenteil, vermieden werden sollten. Ein Reflex, der unbedingt schädlich ist, entsteht aus dem Kampf gegen körperliche Einzwängung. Es ist ein natürlicher Reflex des Pferdes, sich gegen das Seil zu lehnen, wenn es den Zug beim ersten Anbinden spürt. Ähnlich ist der Reflex des Wehrens gegen die Hand, wenn das Gebiss durch den Reiter nach unten und hinten gegen die Kiefernknochen gezogen wird. Diese Reaktion sieht man oft bei Übergängen, wenn der Reiter versucht, den Kopf des Pferdes während des Übergangs unten zu halten.

Daneben besteht die sehr interessante und nützliche Reflex-Beziehung zwischen der Haltung von Kopf und Hals und der Aktion des Hinterbeins. Wer sie kennt, wird die Logik hinter unserem Ausbildungssystem besser verstehen und Lösungen finden für manche Probleme, die bei der Ausbildung auftauchen. Das Heben des Halses verursacht eine Reflexreaktion in der Positionierung des Hinterbeins, während die Beugung im Genick eine parallel wirkende Reflexreaktion auf die Beugung von Knie und Sprunggelenk bewirkt. Wie bei allen seinen Reflexen kann das Pferd auch diesen blockieren und wird das sofort tun, sobald der Rücken fest ist. Denn das stört die Kommunikation oder Verbindung zwischen Hinterhand und Vorhand.

Diesen Reflex kann man unterteilen in vier verschiedene Positionen von Kopf und Hals und die davon abhängige Reaktion der Hinterbeine:

1. Hals runter und Nase vor = Hinterbein steht hinten raus, relativ weit gestrecktes Knie- und Sprunggelenk, so wie bei einem Rennpferd, das sich im Rennen „lang macht".
2. Hals runter und Genick gebeugt = Hinterbein steht hinten heraus, Knie und Sprunggelenk gebeugt, so wie bei einem Pferd, das in Dehnungshaltung vorwärts-abwärts geritten wird.
3. Hals erhoben und Nase vor = Hinterbein nach vorn unter den Körper gesetzt, aber mit relativ *gestrecktem* oder geradem Knie- und Sprunggelenk, so wie bei einem Westernpferd im Sliding Stop.
4. Hals erhoben und Genick gebeugt = Hinterbein engagiert bei gebeugtem Knie- und Sprunggelenk, so wie bei einem fortgeschrittenen Dressurpferd in der Versammlung.

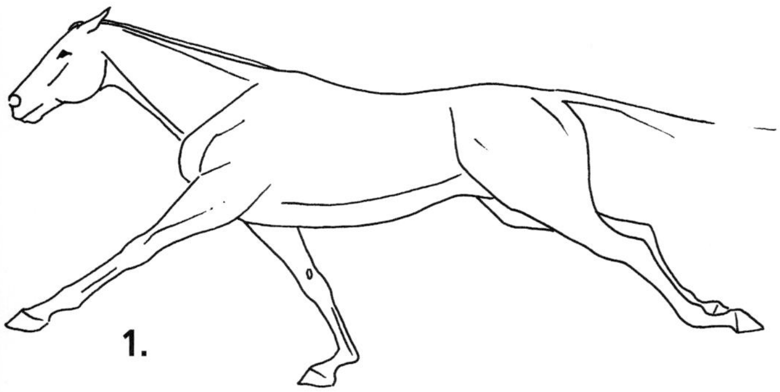

1.

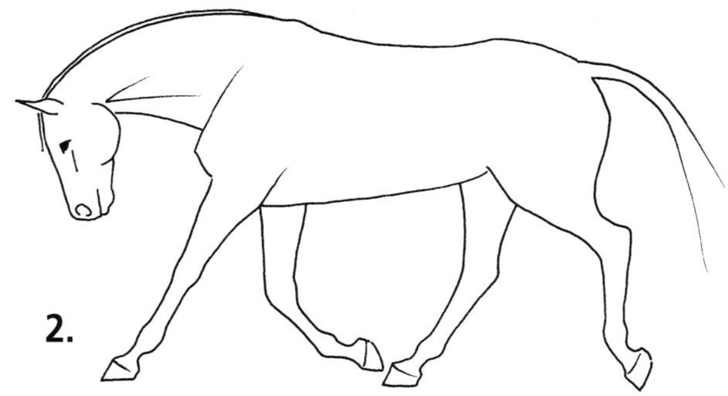

2.

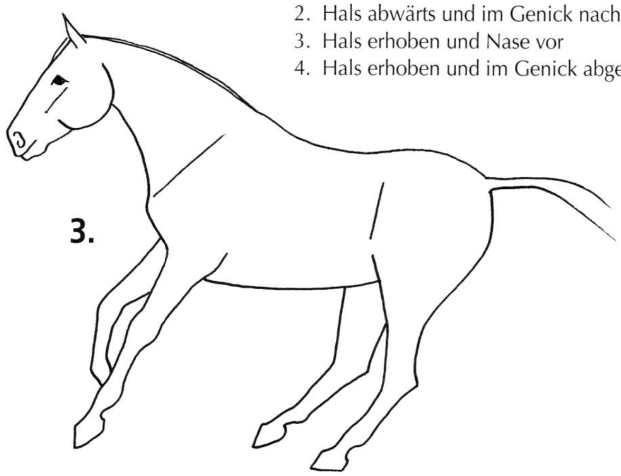

3.

4.

Die vier reflexiven Verbindungen zwischen Kopf, Hals und Hinterhand.
1. Hals abwärts, Nase nach vorn
2. Hals abwärts und im Genick nachgebend
3. Hals erhoben und Nase vor
4. Hals erhoben und im Genick abgestellt

Das Gleichgewicht des Pferdes

Der Schwerpunkt des Pferdes liegt nicht genau auf der Hälfte zwischen Nase und Schweif. Die Vorhand wiegt mehr als die Hinterhand und daher liegt der Schwerpunkt kurz hinter dem Widerrist. Ein frei laufendes Pferd kann das Gewicht seiner beiden Hälften nicht verändern, aber es kann sein Gleichgewicht verschieben, indem es den Hals vor dem Schwerpunkt verlängert oder verkürzt oder indem hinter dem Schwerpunkt die Kruppe aufwölbt und das Engagement der Hinterhand erhöht.

Das Pferd hat das angeborene Bedürfnis, im Gleichgewicht zu bleiben. Wie ein Tisch hat das Pferd vier Beine. Es kann die Vorder- und Hinterbeine ungleichmäßig belasten, ohne umzufallen. Auf ebener Strecke wird ein Verlust des Gleichgewichts normalerweise nicht sofort zu etwas Ernsthaftem wie einem Sturz führen. Anders ist das beim Springen, wenn das Pferd auf der Vorhand landet und seinen Hals nicht korrekt benutzen kann. Dann verliert es das Gleichgewicht und kann sogar stürzen. Beim Freispringen passiert das sehr selten. Ich habe viele Hindernisrennen beobachtet, und die Pferde, die ihren Jockey verloren und das Rennen ohne ihn fortsetzten, sind fast niemals gestürzt.

Wie bei einer Wippe ist es sehr leicht, das Gleichgewicht durch das kleinste zusätzliche Gewicht zu stören. Es ist umso einfacher, je weiter das Gewicht vom Angelpunkt entfernt ist. Es ist der Reiter, der dieses zusätzliche Gewicht darstellt und das Gleichgewicht des Pferdes durch seine Position im Sattel beeinflusst, entweder nah am Widerrist oder weiter hinten. Die Körperneigung des Reiters hat ebenfalls Auswirkungen auf das Gleichgewicht, weil der Schwerpunkt durch die Neigung nach vorn wandert. Bei der Ausbildung des Pferdes, sein Gleichwicht in Selbsthaltung zu finden, muss der Reiter immer versuchen, den Oberkörper in eine „neutrale" Stellung zurückzubringen, auch wenn er manchmal dem Pferd beim Wiederfinden seiner Balance hilft, indem er seine Position im Sattel verändert.

In der Dressurausbildung muss sich der Reiter die Auswirkungen des leichten Sitzes bewusst machen: nicht nur positive, weil er dem Pferd erlaubt den Hals zu dehnen und den Rücken zu wölben, sondern auch negative, weil er das Pferd auf die Vorhand bringt. Sobald das Pferd verstanden hat, dass es den Hals dehnen und den Rücken aufwölben soll, muss der Reiter deshalb versuchen, in eine neutralere, aufrechte Position zu gelangen, während er aber trotzdem weiter in guter Haltung und leicht auf dem Pferderücken sitzen bleibt. Wird dann gleichzeitig das Hinterbein aufgefordert, mehr unterzutreten, verkürzt sich der Rahmen des Pferdes hinter dem Sattel und das Pferd wird veranlasst, den Hals mehr aufzurichten.

Der Einfluss des Reitersitzes auf die Balance des Pferdes ist von ganz besonderer Bedeutung beim Springen. Beim Anreiten des Sprunges kann die Einwirkung des Reiters wie beim Dressurreiten genutzt werden, um das Pferd dazu zu bringen, das Gewicht mehr auf die Hinterhand zu verlagern. Am Punkt des Absprungs engagiert das Pferd die Hinterhand und senkt die Kruppe, um die Vorhand leicht zu machen. Diese wird dann über die Aufrichtung des Halses aufwärts und durch die Schubkraft der Hinterhandmuskeln vorwärts über den Sprung getrieben. Ist der Reiter zum Zeitpunkt des Absprunges vor dem Schwerpunkt des Pferdes, so macht er es seinem Pferd schwerer, die oberste Stange mit der Vorhand nicht zu berühren.

Vielseitigkeitsreiter machen oft den Fehler, ganz besonders beim Parcoursspringen, vor den Schwerpunkt des Pferdes zu gelangen, indem sie zum Zeitpunkt des Absprunges,

wenn das Pferd versucht die Vorhand zu heben, den Oberkörper in Richtung Pferdehals neigen, anstatt es dem Pferd zu erlauben seinem Reiter entgegenzukommen. Die Ursache liegt darin, dass Eventer auch in höheren Klassen gewohnt sind, relativ niedrige Sprünge im Gelände in höherem Tempo zu springen, wo die Sprungkurve des Pferdes flacher bleibt als im Parcoursspringen. Besonders beim Überwinden von Steilsprüngen oder Karree-Oxern ist es besser, den Oberkörper beim Absprung gerader zu lassen. Ich empfehle den Reitern oft, bei solchen Sprüngen eher an Aufrecht-stehen-bleiben als an „Zusammenfalten" zu denken.

Links: Jeanette Brakewell mit The Busker zeigt die korrekte Vorneigung.

Oben: Zu viel „Zusammenfaltung" über dem Sprung.

2. Das System der Verständigung verstehen

Um ein Pferd auszubilden, muss der Reiter wissen, wie er sich mit ihm verständigen und wie er dieses Verständigungssystem entwickeln und verfeinern kann, damit er es bei den gymnastischen Übungen einsetzt, mit denen die Leistung des Pferdes verbessert wird.

Was, wie, wann ...

1. Wir müssen wissen, was wir dem Pferd mitteilen wollen. Das steht in Bezug zu unseren reiterlichen Zielen und zum Ausbildungsstand des Pferdes.
2. Wir müssen wissen, wie wir mit dem Pferd kommunizieren können. Wir müssen über die Möglichkeiten informiert sein, mit denen wir uns verständigen können. In erster Linie ist es unsere Körpersprache, unterstützt durch Berührung, Geräusche und sichtbare Zeichen. Wir müssen auch verstehen, wie wir unser Pferd über die Nutzung seiner natürlichen Reflexe ausbilden.
3. Wir müssen lernen, wann wir mit dem Pferd über eine Abstimmung unserer Hilfen kommunizieren können, damit sie den gewünschten Erfolg bringen. Der richtige Zeitpunkt, das Timing, ist sehr wichtig, weil ein Pferd nur zu einem ganz bestimmten Moment innerhalb eines Schrittes, Trittes, Sprunges korrekt auf unsere Hilfe reagieren kann.
4. Wir müssen auch sicherstellen, dass wir dem Pferd nur sich ergänzende, aber keine widersprüchlichen Signale übermitteln, um es nicht zu verwirren. Wenn es das unmittelbare Ziel ist, dass das Pferd vorwärtsgehen soll, dann darf es in diesem Fall nicht die irreführende Nachricht erhalten, langsamer zu werden. Sich ergänzende Hil-

fen werden vorwärts und seitwärts beim Schenkelweichen gegeben. Ein fortgeschrittenes Pferd kann korrekt auf komplexere Hilfen reagieren, zum Beispiel den treibenden Schenkel in Verbindung mit der halben Parade. Aber am Anfang seiner Ausbildung kann das Pferd nicht unterscheiden zwischen einem anspornenden, allgemein aktivierenden und einem „Geh-vorwärts"-Signal, deshalb darf man das Pferd nicht durch verhaltende Hilfe irritieren, wenn man gleichzeitig treibt.

Kommunikationsmittel

Wir können mit unserem Pferd nicht diskutieren, egal wie clever es auch sein mag. Wir können mit ihm nur in Verbindung treten auf natürlichem und direktem Weg über seine Sinne. Pferde können auf der Basis von Versuch und Irrtum lernen, in dem Bestreben, es sich angenehm zu machen. Die beste Belohnung für ein Pferd ist der Verzicht auf Hilfen oder Signale. Allmählich kann es auch lernen, ein Klopfen am Hals oder die Stimme des Reiters als Belohnung zu erkennen.

Ein Pferd kommt nicht mit Bedienungsanleitung zur Welt.

Pferde reagieren in unterschiedlichem Maß auf Geräusche, Berührung und visuelle Signale. (Geschmack und Geruch sind ebenfalls wichtige Sinneswahrnehmungen, aber sie spielen in der Ausbildung nur eine untergeordnete Rolle.) Pferde sind für Berührung an bestimmten Stellen des Körpers sehr sensibel und reagieren darauf unterschiedlich. Wie schon vorher erwähnt, fühlen Pferde die Berührung einer kleinen Fliege und reagieren darauf zum Teil sehr heftig. Wir nutzen diese natürlichen Reflexe des Pferdes auf Berührung, Geräusch und sichtbare Zeichen, um sie zu schulen, unsere Körpersprache, Schenkel- und Handeinwirkung zu verstehen und die gewünschte Antwort zu geben.

Vieles in unserer Kommunikation geschieht unbewusst. Das Pferd muss mit vielen Signalen fertig werden, die es eigentlich ignorieren sollte, und es muss trotzdem lernen, die beabsichtigten Zeichen zu erkennen und darauf, wie von uns gewünscht, zu reagieren. Deshalb ist es so wichtig, in unserer Kommunikation mit dem Pferd beständig zu bleiben und das Pferd auch durch Stillsitzen zu belohnen. Nichts zu tun – das ist das schwierigste beim Reiten.

„Nichts zu tun" ist das schwierigste beim Reiten und in der Ausbildung.

Körpersprache unterstützt durch Schenkel- und Zügelhilfen

Das Ziel der Ausbildungsphase ist es, den Sitz des Reiters und seine Körpersprache zum wichtigsten Mittel der Kommunikation zu machen. Schenkel- und Zügelhilfen, unterstützt durch Gerte, Sporen und Gebiss, sind zweitrangige oder unterstützende Mittel. Wenn die Partnerschaft zwischen Pferd und Reiter so gefestigt ist, dass beide als ein Wesen erscheinen, dann ist es in Wirklichkeit so, dass das Pferd die Gedanken des Reiters liest, die dieser durch seinen Sitz und seine Körpersprache mitteilt. Gehen, rennen, eine Handlung ausführen, die uns sehr vertraut ist, das tun wir, ohne dabei zu denken. Die Aktion wird unsere Körpersprache.

Auf einem sehr aufmerksamen und willigen Pferd braucht der Reiter nur an die richtige Hilfe zu denken und das Pferd beginnt sie umzusetzen. Dann kann der Reiter die Ausführungen des Pferdes durch seine Körpersprache lenken. Es sollte möglich sein, ein Pferd so auszubilden, dass es allein auf den Sitz des Reiters und seine Körpersprache reagiert und ohne Trense geht, aber das bleibt für die meisten Reiter ein unerreichbares Ziel und ein Traum. Trotzdem sollte dies immer das Ziel unserer Ausbildung bleiben. Deshalb teste ich mich oft selbst, meine Pferde oder meine Schüler, indem ich Teile einer Dressuraufgabe reiten oder einen Parcours springen lasse mit den Zügeln in einer Hand.

Unterstützung durch Schenkel und Hand – „Sprache der Berührung"

Die unterstützenden Hilfen werden in erster Linie über Berührung mit dem Schenkel, der Gerte oder mit den Sporen am Pferdekörper gegeben, über den Zügel an das Maul (Zunge, Laden und Lippen), manchmal auf den Nasenrücken und gelegentlich über das Genick. Der Zügel kann auch kommunizieren über Druck am seitlichen Pferdehals. Auch der Gebrauch von Geräuschen (Stimme, Peitschenknallen usw.) oder sichtbare Zeichen (Winken mit dem Arm, Wedeln mit der Gerte usw.) können nützliche unterstützende Hilfen sein.

Das Ausmaß der Reaktion auf die Berührung mit Schenkel und Zügel hängt ab von der Sensibilität des Pferdes und seiner inneren Befindlichkeit. Manche Pferde sind sehr sensibel und reagieren ausgesprochen schnell, andere zeigen weniger Gefühl, sind fauler, widersetzlich oder unaufmerksam und zeigen deshalb weniger Reaktion. Das Ausmaß der Reaktion auf Berührung kann auch unterschiedlich sein hinsichtlich des Drucks durch den Schenkel oder den Einsatz der Gerte oder über den Zügel auf das Maul. Pferde sind Individuen, und es ist Sache des Reiters und Ausbilders, ein Gefühl zu entwickeln für die Hinweise, die jedes Pferd hinsichtlich seiner Empfindlichkeit und der inneren Befindlichkeit gibt, damit das richtige Maß an Druck oder Leichtigkeit der Berührung gewählt wird. Das Gleiche gilt für die Signale, die über das Gehör oder das Sehen gegeben werden. Auch noch so viel Lesen kann hier die persönliche Erfahrung nicht ersetzen.

Was die zurückhaltenden Hilfen oder Zügelhilfen angehen, so bin ich sicher, dass der erste Mensch sein Pferd ohne Sattel und vermutlich nur mit einer Art Strickhalfter geritten hat. Dann fand er heraus, dass das Pferdemaul empfindlicher ist als der Nasenrücken, und deshalb führte er den Strick durch das Maul, um mehr Reaktion auf seine Zügelhilfen zu erreichen, und schließlich benutzte er ein metallenes „Gebiss", um noch mehr Wirkung zu erzielen, besonders bei einem unaufmerksamen Pferd.

Unter den Hilfen, die als Motivation zu verstehen sind, kam eine Gerte als Mittel der Kommunikation mit dem Pferdekörper vermutlich noch vor dem verfeinerten Gebrauch des Schenkels infrage. Später wurden dann die Sporen hinzugefügt, um eine schnellere Reaktion zu erzielen. Ein Stock oder eine Gerte sind heute in einigen Ländern noch das Hauptmittel der Kommunikation, wenn es darum geht, Ponys oder Eseln die Richtung über einen Klaps an Schulter oder Hals zu weisen. Der Schenkel als Mittel der Verständigung war wichtig für den Soldaten, der im Kampf sein Pferd zu kontrollieren hatte. Daher war der Sporen nicht nur als Mittel zum Antreiben gedacht, sondern auch als Lenkhilfe.

Unterschiedliche Bereiche des Pferdekörpers sind unterschiedlich empfindlich. Der Bereich an den Seiten des Bauches, wo der Schenkel zumeist Kontakt hat, ist gut ausgestattet mit Nervenenden, und dadurch, dass der Reiter den Kontakt hier auf einem relativ begrenzten Bereich ausübt, wird das Pferd in dieser Gegend besonders sensibel. Der Reiter muss deshalb vermeiden, den Schenkel zu oft übertrieben vor- und zurückzubewegen. Solche Übertreibungen sind nur zulässig, wenn das Pferd nicht richtig reagiert. Wird die Schenkelhilfe immer im selben Bereich angewendet, reagiert das Pferd allmählich immer feiner darauf.

Bei der Gewöhnung an die Schenkelhilfe kann es zu unmittelbaren Reaktionen kommen wie einer Anspannung der Haut. Aber der Reiter muss immer von einer Verzögerung zwischen Berührung und Reaktion, also der Bewegung, ausgehen. Denn das Signal des Reiters über die Berührung mit dem Schenkel muss zunächst von der Haut zum Gehirn und wieder zurück gehen über die motorischen Nerven in den entsprechenden Muskel, der das Ergebnis produzieren soll. Für eine positive Antwort bedankt sich der Reiter mit einem entspannten Sitz. Manchmal reagiert das Pferd jedoch auf die falsche Weise, entweder zu schwach oder zu heftig oder es geht zum Beispiel vorwärts statt seitwärts. Dann wiederholt der Reiter die ursprüngliche Hilfe, gegebenenfalls leicht verstärkt. Allmählich sollte die Reaktion des Pferdes schneller kommen, weil es die Hilfe erwartet, und schließlich wird daraus ein konditionierter Reflex. Aber man darf von dem Pferd niemals erwarten, dass es unmittelbar im Moment der Hilfengebung reagiert, allenfalls im nächsten Schritt, Tritt, Sprung, nachdem die Hilfe gegeben wurde.

Beständiges Training wird allmählich die konditionierten Reflexe auf die verschiedenen Hilfen schulen, aber am Anfang der Ausbildung lernt das Pferd die gewünschte Reaktion eher durch Zufall und über eine Versuch-und-Irrtum-Methode. Die genaue Stelle am Pferdekörper, wo die Berührung erfolgt, die Art und Weise, wie der Reiter die Hilfe gibt, auch hinsichtlich Schnelligkeit, Timing, Rhythmus und Richtung des Drucks wird unterschiedliche Reaktionen und Antworten hervorrufen.

Eine verzögerte Reaktion ist normal.

Auch wenn das Pferd die richtige Antwort „kennt“, kann es im Fall einer Widersetzlichkeit sowohl die natürlichen als auch die konditionierten Reflexe blockieren. Die innere Bereitschaft des Pferdes ist ausschlaggebend für die Reaktion auf jede Schenkelhilfe, und die hängt ab von zahlreichen inneren und äußeren Einflüssen. Das Pferd kann absichtlich gegen den Schenkel gehen, ihn ignorieren, davor weglaufen oder genau richtig reagieren. Außerdem zeigen Pferde unterschiedliche Arten von Reaktionen auf Berührung. Sie springen davor weg, andere schlagen aus und wieder andere bewegen sich in aller Langsamkeit davon weg, manchmal eine ganze Sekunde oder mehr. Niemals reagieren zwei Pferde genau gleich, aber das Ziel muss immer sein, die Reaktion auf eine möglichst leichte Berührung mit Schenkel oder Hand hervorzurufen.

Sporen für fortgeschrittene Pferde, die Gerte für junge Pferde

Ein Reiter und Ausbilder darf keine Angst davor haben zu experimentieren, um die Wirkung verschiedener Stimuli auszuprobieren, Gerte und Sporen eingeschlossen. Es gilt herauszufinden, was die natürlichen Reflexe unterstützt und was eher hinderlich ist. Ich habe festgestellt, dass die meisten jungen Pferde und ganz besonders Stuten sich beim Gebrauch der Sporen festmachen und dagegen auflehnen. Ich habe volles Verständnis für sie, weil ich mir vorstellen kann, wie es sich anfühlt, in die Seite gebohrt zu werden, wenn man empfindlich oder kitzlig ist. Sporen wirken, sobald das Pferd die reflexartige Antwort auf die Berührung entwickelt hat, und beschleunigen die Reaktion auf eine leichtere Berührung. Ich rate meinen Schülern weitaus häufiger, die Sporen abzulegen, als welche anzulegen. Es ist besser, sie für später aufzubewahren.

Eine Berührung genügt

Immer nur eine Berührung während jeden Schrittes/Trittes/Sprunges, sei es mit Schenkel oder Gerte, Sporen, Kreuz- oder Zügelhilfe. Jede Berührung, ob am Körper oder im Maul, ist eine Aktion. Das Pferd kann immer nur reagieren nach der Berührung. Ein anhaltender Druck oder mehrfache Berührung über ein Vibrieren mit dem Schenkel oder der Hand kann die Hilfe nur abstumpfen und die Antwort des Pferdes weiter hinauszögern. Eine Berührung sollte höchstens bei jedem zweiten Schritt wiederholt werden. Häufigere Aktion greift in die Verantwortung des Pferdes zur Selbsthaltung ein.

Kommunikation mit dem Pferd ist gleichbedeutend mit dem Einschalten eines Radios oder Musikgerätes, das immer die passende Musik zu dem Rhythmus und dem Tempo unserer Bewegungen spielt. Die Lautstärke kann man bis zu einem Flüstern senken auf einem Pferd, das in Selbsthaltung und aufmerksam und willig geht. Aber wenn das Pferd die falsche Antwort gibt oder gar nicht auf unseren Schenkel oder die Hand reagiert, dann muss man den Apparat aufdrehen, notfalls auch ziemlich abrupt. Wenn dann die richtige Antwort erfolgt, kann die Lautstärke wieder heruntergedreht werden bis fast gegen null. Aber das Radio sollte niemals ausgeschaltet werden. Den Rhythmus, den der Reiter seinem Pferd vermitteln will, muss er ständig in seinem Kopf haben. Dann gelingt auch das Timing der Hilfen besser.

Radio immer anlassen

Kommunikation durch Berührung mit Schenkel, Gerte und Sporen

Berührung mit Schenkel, Gerte oder Sporen schafft ...

1. Energie

Um das Pferd energischer zu machen, werden die Schenkel entweder gleichzeitig oder einseitig angelegt. Die „volle Dröhnung“, d.h. beide Schenkel gleichzeitig einzusetzen, bewahre ich mir immer für den Ernstfall auf, besonders wenn ich keine Gerte dabeihabe oder wenn ich Sporen bei einem ausgebildeten Pferd einsetze, das mit deren Wirkung vertraut ist. Ich gebe den energischen Antrieb am häufigsten mit dem inneren Schenkel oder mit der Gerte, sodass die Wirkung auf das innere Hinterbein zielt. Gelegentlich ist es auch richtig, das äußere Bein oder die Gerte an der Schulter zu benutzen, wenn das Pferd in der Wendung oder auf dem Zirkel nach außen drängt, anstatt vorwärtszugehen.

Um das Pferd aufmerksamer und fleißiger zu machen, ist es besser, einmal mehr die Gerte einzusetzen. Die Gerte in Verbindung mit dem Schenkeleinsatz und der passenden Körpersprache ist eher eine Erinnerung als eine Bestrafung. Sie sagt dem Pferd „Geh vorwärts“ oder „Nicht langsamer werden“. Wer immer zuerst den Schenkel und danach erst die Gerte einsetzt, bringt das Pferd dazu, die Gerte als Strafe zu empfinden und nicht als Verdeutlichung der Körpersprache. Wie der Schenkel ist die Gerte eine Unterstützung der Körpersprache. Sie hat dazu den Vorteil, dass sie schneller und schärfer wirkt und man die Hilfe nicht so lange einsetzt wie über den Schenkel, zumal dabei oft die Ferse hochgezogen wird und der Unterschenkel verrutscht. Pferde reagieren unterschiedlich auf Schenkel, Gerte und Sporen, und es ist immer gut auszuprobieren, was am besten auf dem Weg zum

Ziel wirkt, nämlich mit möglichst leichter Einwirkung auszukommen. Das fördert schließlich ein Pferd in verbesserter Selbsthaltung anstelle von einem, das bei jedem zweiten Schritt eine neue Aufforderung braucht.

2. Reaktion auf seitwärts weisende Hilfen

Durch gezielte Anregung eines Hinter- oder Vorderbeins wird eine Seitwärtsbewegung dieses Beins gefordert, um damit eine Wendung oder eine Seitwärtsbewegung einzuleiten. Hier wird der einseitige Schenkel eingesetzt. Das ist ein Teil der seitlichen Nachgiebigkeit.

Die Wirkung des Schenkeleinsatzes hängt ab von drei Faktoren, die miteinander zusammenhängen: *Lage/Richtung, Dauer/Stärke und zeitliche Abstimmung (Timing)*.

Die Lage des Schenkels

Die neutrale Position des Schenkels wird bestimmt über den Punkt, an dem der Steigbügel senkrecht vom Schloss herabhängt. Bevor der Schenkel Druck ausübt, wird das Knie angespannt über ein Heben der Fußspitze. Um die Hinterhand anzuregen, darf der Unterschenkel nur leicht nach hinten rutschen, eher über ein „Öffnen" der Hüfte oder Loslassen des Knies als über ein Zurücknehmen des Schenkels. Um die Vorhand anzuregen, wird der Schenkel nur wenig weiter vorne angelegt, indem die Hüfte „geschlossen" und das Knie, ohne zu klemmen, an dieser Seite leicht angehoben wird. Wird stattdessen der Unterschenkel nach vorn geschoben, spreizt er sich leicht vom Pferdekörper ab. Im Galopp sitzt der Reiter auf der inneren Seite des Sattels mit der äußeren Schulter zurück und der inneren Hüfte vor. Das Bein hängt von der Hüfte herab, sodass damit das innere Bein leicht vor dem äußeren liegt. Wer die innere Ferse nach vorn zu schieben versucht, verliert damit eher den Kontakt zum Pferdeleib.

Richtung des Drucks

Ein Pferd kann die Richtung des Drucks gegen seine Haut erspüren. Der Schenkeldruck sollte zur Aktivierung vorwärts eingesetzt werden, in neutraler Stellung für eine ausschließlich seitwärts bestimmte Hilfe und rückwärts nur beim Rückwärtsrichten. Um den Druck Richtung Vorhand zu bringen, zum Beispiel bei der Pirouette, schließt der Reiter die Hüfte und hebt seitlich leicht das niemals klemmende Knie, während die Fußspitze angehoben bleibt, um das Knie in Spannung zu halten. Um den Druck Richtung Hinterhand zu leiten, zum Beispiel beim Schenkelweichen, öffnet der Reiter die Hüfte und dreht Knie und Fuß leicht nach außen. Den Unterschenkel zurückzunehmen über eine Anspannung der Achillessehne und ein Hochziehen der Ferse ist zu vermeiden.

Dauer und Stärke des Drucks

Das Pferd kann eine Fliege spüren.

Der leichteste Druck soll genügen, um die Sensibilität des Pferdes für die Schenkelhilfen zu steigern. Es gibt keine Grenze für ein Minimum, aber es gibt sehr wohl eine Grenze für das Maximum. Manchmal ist es notwendig, den Schenkel kräftig einzusetzen, um die Aufmerksamkeit des Pferdes zu wecken, aber dann muss die Dauer der Einwirkung umso kürzer sein, daher die Wirksamkeit der Gerte als unterstützende Hilfe. Der Einsatz der Sporen muss immer schnell sein. Es ist besser, die Hilfe in steigender Stärke zu wiederholen, als den Druck durchzuhalten. Die Schenkelhilfe darf nicht länger als einen Schritt/Tritt/Sprung anhalten. Oft sieht man Reiter, die immer stärkeren und anhaltenden Druck ausüben, aber das schwächt nur die Reaktion des Pferdes.

Zeitliche Abstimmung
Die Schenkelhilfe sollte immer im Rhythmus der Gangart erfolgen und dann eingesetzt werden, wenn das Pferdebein, das man beeinflussen will, kurz vor dem Abheben vom Boden ist. Wenn das Pferdebein bereits in der Luft ist, verliert die Hilfe ihre Wirkung. Das Timing ist besonders bei deutlichen Hilfen mit Schenkel, Gerte oder Sporen entscheidend. Ziel ist es, eine reflexartige Antwort auf die Stimulierung zu erzielen. Kommt die Hilfe zum falschen Zeitpunkt, wird der Bewegungsablauf abgeblockt.

Bei jeder Schenkel-, Gerten- oder Sporenhilfe muss der Reiter:
- *deutlich machen, was das Pferd tun soll,*
- *vorbereitet sein in seinem Sitz und ihn regelmäßig korrigieren,*
- *differenzieren in seinen Schenkelhilfen,*
- *den richtigen Zeitpunkt wählen,*
- *die Schenkelhilfe gemäß der Reaktion des Pferdes verändern und gegebenenfalls Gerte oder Sporen einsetzen,*
- *die Schenkelhilfe abstimmen mit der einleitenden Sitzposition, den Gewichtshilfen und Zügelhilfen.*

Das Pferd muss:
- *reagieren – jede Reaktion ist besser als gar keine bei einem jungen oder unausgebildeten Pferd,*
- *antworten in der korrekten Weise auf eine korrekt gegebene Anweisung,*
- *die Aktion beibehalten, bis eine neue Aufgabe gestellt wird, d.h. so lange, bis der Reiter seinen Sitz verändert.*

Kommunikation durch Berührung über den Zügel

Die Signale, die an das Pferd über den inneren und äußeren Zügel gehen (beides bezieht sich auf die Stellung des Pferdes, nicht auf die Position in der Bahn), lassen sich dreifach unterscheiden:

1. *Begrenzende Zügelhilfen* (annehmende und nachgebende Zügelhilfen und anstehende Zügel) veranlassen das Pferd abzuwarten und unterstützen die entsprechende Körpersprache. Als Grundregel gilt: Sie werden gegeben über den äußeren Zügel (siehe auch Abschnitt über Paraden).

2. *Richtungsweisende Zügelhilfen* (direkte oder indirekte Zügelhilfen) unterstützen die Schenkelhilfen und die Körpersprache des Reiters in Wendungen. Sie lassen sich kombinieren mit annehmenden und nachgebenden Zügelhilfen am selben Zügel, um bestimmte Bewegungsabläufe beim Pferd zu erfragen, die besonders bei der Seitwärtsarbeit hilfreich sind. Die Antwort auf diese Hilfe wird als Zügeleinwirkung bezeichnet.

3. *Haltungweisende Zügelhilfen* beziehen sich auf die Regulierung der Zügellänge und beeinflussen die Biegung des Halses im Genick des Pferdes und die Abstellung des Halses an seinem Ansatz vor dem Widerrist. Sie haben den gleichen Effekt wie unterschiedlich lang verschnallte seitliche Ausbinder.

Die Zügelhilfen zeigen das gewünschte Ergebnis nur dann, wenn das Pferd genügend Schwung oder Fleiß zeigt – nicht zu verwechseln mit Geschwindigkeit. Obwohl sie eine reflexartige Antwort vom Pferd erfragen, gilt hier das Gleiche wie für jeden Bewegungsablauf: Das Pferd kann ihm nachgeben oder ihn blockieren.

Wie bei den Schenkelhilfen sollte auch am Zügel ein Minimum genügen, um die gewünschte Wirkung zu erzielen, auch wenn es bei der Ausbildung manchmal notwendig sein mag, die Hilfe zu übertreiben, um das Signal zu betonen. Wenn die Hilfe übertrieben gegeben werden muss, ist es umso wichtiger, dass der Sitz und die Schenkelhilfen unmissverständlich sind. Oberstes Ziel ist es, die Zügelhilfe als Unterstützung für Körperhaltung und Schenkelhilfen zu geben, ohne eine sichtbare Bewegung im Arm.

Für alle Zügelhilfen:

Immer

- *Wiederholen der Hilfe im Rhythmus der Gangart, d.h. Schritt, Trab oder Galopp. Kein Durchhalten.*
- *Unterstützen der Körpersprache und Schenkelhilfen. Niemals an deren Stelle.*
- *Vorbereitung im Sitz vor Anwendung der Zügelhilfe. Eine falsche Sitzposition kann die Handeinwirkung aufheben.*
- *Arm und Hand bewegen sich vorwärts, aufwärts und nach außen.*

Niemals

- *Ziehen nach unten, rückwärts oder über den Hals,*
- *Gegensätzliches verlangen über widersprüchliche Hilfen am entgegengesetzten Zügel.*

1. Begrenzende Zügelhilfen

Die **annehmende und nachgebende Zügelhilfe** ist eine momentane begrenzende Zügelhilfe zur Unterstützung der Körpersprache. Beim Reiten in beständiger Anlehnung verursacht die Zügelhilfe einen momentanen Anstieg des Drucks auf das Maul, der nur einen Schritt/Tritt/Sprung anhalten sollte. Sie ist ein mehr oder weniger starkes Signal an das Pferd über sein Maul, das die Aufmerksamkeit des Pferdes wecken und seinen Respekt für die Körpersprache des Reiters einfordern soll. Beim Dirigieren des Pferdes vom Boden wird diese Zügelhilfe übermittelt über Kappzaum, Halfter oder Gebiss.

Das Ideal ist erreicht, wenn das Pferd auf die Körpersprache mit nur ganz leichter Unterstützung durch den Zügel reagiert und trotzdem die Anlehnung an die Reiterhand über den Zügel annimmt. Wenn die Anlehnung so akzeptiert wird, erzeugt die Körpersprache des Reiters im Zusammenwirken mit halben Paraden eine Begrenzung der Vorwärtsbewegung des Pferdes entweder über eine Verlangsamung des Rhythmus oder Verkürzung der Schritte/Tritte/Sprünge.

Rhythmus verlangsamen oder Tritte verkürzen

Der Reiter hat im Voraus zu entscheiden, ob er den Rhythmus verlangsamen oder die Schritte/Tritte/Sprünge verkürzen will oder eine Kombination aus beidem anstrebt. Seine Körpersprache wird leicht unterschiedlich ausfallen, je nachdem was das Ziel ist. Der Reiter erreicht den verlangsamten Rhythmus, indem er sich selbst auf diesen neuen Takt einstellt und dann danach reitet, sei es im Schritt, Trab oder Galopp. Die Zügelhilfen unterstützen seine Körpersprache auf diesem Wege und fordern das Pferd auf, sich darauf einzustellen.

Einen kürzeren Tritt erreicht der Reiter, indem er die annehmenden und nachgebenden Zügelhilfen einsetzt, während er den bestehenden Rhythmus beibehält. Die folgende vortreibende Aktion des Gesäßes beeinflusst die Länge der Tritte, während Gerte oder Sporen aktivieren. Um die Tritte zu verkürzen, müssen annehmende und nachgebende Zügelhilfen am äußeren Zügel gegeben werden, während der innere Hinterfuß am Boden aufsetzt. Gleichzeitig muss der Reiter aufhören, mit dem Gesäß zu treiben.

(Anmerkung: Einwirkung des Gesäßes ist ohne Kreuzanspannung nicht möglich, aber in der Auffassung von Chris Bartle ist das „deutsche Kreuzanspannen" oft mit zu viel Kraftaufwand verbunden. Aufhören zu treiben ist gleichbedeutend mit einem stilleren Sitz.)

Pferde reagieren verschieden auf zunehmenden Druck im Maul. Bei einer sehr harten oder scharfen Zügelhilfe reicht die Bandbreite von nahezu gar keiner Reaktion bis zu heftigem Kopfschlagen mit Feststellen des Genicks oder Aufreißen des Mauls. Die Wirkung kann sich zeigen über sofortiges Stoppen bis hin zu einem Weglaufen aus Angst. Was das Pferd tut und wie schnell es sich zu der jeweiligen Reaktion entschließt, hängt von seiner Sensibilität ab und inwieweit es seine Aufgabe verstanden hat, mithin von seinem Ausbildungsstand. Von einem jungen oder noch grünen Pferd darf man nicht erwarten, dass es korrekt auf eine scharfe Zügelhilfe reagiert. Sehr wahrscheinlich wird es sich erschrecken, mit dem Kopf schlagen oder nach vorn stürmen. Von einem ausgebildeten Pferd, das nur unaufmerksam oder faul ist, darf man hingegen erwarten, dass es auf die scharfe Zügelhilfe reagiert, weil es weiß, was sie bedeutet.

Reaktion und Wirkung sind bei jedem Pferd anders.

Nur selten dürfen Zügelhilfen entschlossen oder unnachgiebig sein. Der Reiter muss immer auf eine möglichst sanfte Hilfe zielen. Das Ausmaß der Aktion muss vielmehr der jeweiligen Situation angemessen sein und der „Lautstärke" des Kommandos durch den Reiter angepasst. Der Reiter braucht eine klare Vorstellung von seinem Ziel und genug Entschlossenheit, um sie durchzusetzen. Die korrekte Zielsetzung in Kombination mit dem korrekten Sitz und der korrekten Körpersprache sind der Schlüssel. Es kann nicht oft genug betont werden, dass der Zweck jeder Zügelhilfe eine Schulung oder Erinnerung an das Pferd ist, auf die Körpersprache des Reiters zu reagieren. Sie kann keine Wirkung haben, wenn sie nur für sich allein gegeben wird.

Es mag notwendig sein, die Aktion im Rhythmus zu wiederholen, bis das Pferd genügend Reaktion zeigt, aber dadurch, dass wir uns auf nur einen Schritt/Tritt/Sprung beschränken, vermeiden wir ein Festziehen und dass das Pferd erst einen echten Grund hat, sich festzubeißen. Das Äußerste ist eine Zügelhilfe innerhalb jedes zweiten Schrittes/Trittes/Sprunges. Dabei ist zu bedenken, dass von einem jungen oder unerfahrenen Pferd keine sofortige Reaktion erwartet werden darf.

Die annehmende und nachgebende Zügelhilfe

soll

- *nicht länger dauern als über einen Schritt/Tritt/Sprung,*
- *am äußeren Zügel und in Abstimmung mit der Unterstützungsphase gegeben werden, d.h. zu dem Zeitpunkt, wenn der innere Hinterfuß hingesetzt wird,*
- *ohne Zug nach rückwärts angewandt werden,*
- *niemals nach unten gegen die Laden gegeben werden,*
- *nicht mit einem Zügel über den Mähnenkamm gedrückt werden.*

Hand ohne Bein, Bein ohne Hand

Wenn die Körpersprache korrekt ist, dann wird das Pferd höchstwahrscheinlich über ein Innehalten oder eine Verlangsamung seiner Vorwärtsbewegung reagieren, und sei das erst mit einem oder zwei Tritten Verzögerung. Tut es das nicht, dann muss der Reiter allmählich deutlichere Zügelhilfen im Einklang mit dem Takt der Bewegung und in Kombination mit einer deutlicheren Körpersprache, unter Umständen auch mit dem Gebrauch der Stimme geben.

Die Stärke der Zügelhilfe wird gemessen an ihrer Deutlichkeit. Sie kann variieren zwischen einem sanften Zittern und einem „Arrêt" („Zügelruck"). Ziel ist, die Aufmerksamkeit des Pferdes zu gewinnen. Was bei dem einen Pferd funktioniert, kann bei dem

Der anstehende Zügel

anderen völlig wirkungslos sein, und der Ausbilder muss hier experimentieren. Die Aktion kann entweder ein Flüstern sein oder ein Anschreien des Pferdes, um es zu einer Reaktion zu veranlassen, aber wie beim Menschen gilt hier auch: Ständiges Schreien verursacht Taubheit. Wer ein Flüstern hört, wird instinktiv veranlasst, genauer hinzuhören. Und ein unerwartetes Anschreien sichert unmittelbare Aufmerksamkeit.

Die *annehmenden und nachgebenden Zügelhilfen* können unterstützt werden durch andere Aktionen, sei es Schenkel, Gerte oder Sporen im Hinblick auf die aktivierende Wirkung auf die Hinterhand, aber das darf niemals zum gleichen Moment wie die Zügelhilfe erfolgen. Als Teenager in Frankreich habe ich einen Satz gelernt, der mir immer wieder in den Sinn kommt: „Schenkel ohne Hand, Hand ohne Schenkel." Nach meiner Erfahrung sollten die annehmende und nachgebende Zügelhilfe und der Schenkeldruck nicht zur gleichen Zeit erfolgen, außer bei einem weiter ausgebildeten Pferd, bei dem die Kombination aus beidem zum rechten Zeitpunkt ein vermehrtes Engagement der Hinterhand und damit zunehmende Versammlung schafft. Aber diese Gleichzeitigkeit verringert den Schwung des Pferdes und muss deshalb sparsam angewandt werden.

Der *anstehende Zügel* kann bei der Ausbildung junger oder nervöser Pferde gebraucht werden, aber er darf nicht mit „Im-Maul-Hängen" verwechselt werden. Der wesentliche Unterschied zwischen Halten und Hängen liegt darin, dass das Halten sich ableitet aus der Körpersprache des Reiters und bisweilen unterstützt wird durch ein Absetzen einer Faust am Halsansatz. Es stammt nicht allein aus dem Arm des Reiters. Das nicht ausgebildete Pferd wird Zügelhilfen zunächst nicht verstehen und darüber aufgeregt und schneller werden. Der anstehende Zügel kommt auch in späteren Stadien der Ausbildung zum Einsatz. Bei einem Rennpferd oder einem Vielseitigkeitspferd ist es nötig, im Renngalopp den Zügel durchzuhalten, um die Geschwindigkeit beizubehalten und dem Pferd zu helfen, seinen Kopf und Hals zu stabilisieren. Das verbessert seine Fähigkeit zu galoppieren.

2. Richtungweisende Zügelhilfen

Richtungweisende Zügelhilfen braucht man zur Unterstützung der Einleitenden Sitzposition sowohl in Wendungen als auch, um das Pferd auf einer geraden Linie zu halten. Sie werden auch gebraucht als Unterstützung des Schenkels und der Einwirkung bei der Arbeit in seitlicher Richtung. Ein gründliches Verständnis der Zügelwirkung gehört zum Handwerkszeug jedes Reiters; und es ist wichtig, einige Zeit darauf zu verwenden, die Zügelhilfen zu perfektionieren und die Auswirkungen zu erkennen.

Die französische Reitweise misst der Zügelwirkung größere Bedeutung zu als die deutsche oder schwedische Tradition. Ich halte sie für sehr nützliche unterstützende Hilfen, wenn nicht gar für die wichtigsten. Oft sieht man Reiter, deren richtungweisende Zügelhilfen im kompletten Gegensatz zu allen ihren anderen Hilfen stehen, weil sie sich über die Wirkung nicht im Klaren sind.

Die richtungweisenden Zügelhilfen haben den Vorteil, „natürlich" zu sein, d.h., das Pferd versteht sie leicht und folgt ihnen dementsprechend schnell.

Der **direct (opening) rein*** wird eingesetzt über eine Drehung des Armes (die Finger der Faust zeigen nach oben) und leicht abgewandt vom Pferdehals, so wie beim Umblättern eines Buches.

Die Auswirkung ist eine Führung der Pferdeschulter in Richtung des geöffneten Zügels.

- Das Ausmaß des Kontakts zum Maul soll sich dabei nicht ändern.
- Der Ellbogen bleibt an der Seite des Reiters, an oder vor seiner Hüfte.
- Es ist eine sehr grundlegende Zügelwirkung, die zumeist bei jungen Pferden angewandt wird. Benutzt man sie hauptsächlich als Hilfe zum Wenden, liegt darin die Gefahr, dass das Pferd auf die Vorhand kommt.
- Es ist eine sehr sichere Zügelhilfe. Pferde, die dazu neigen, in Wendungen zu bocken oder sich zu widersetzen, wendet man am besten mit dieser Hilfe, die wiederholt und deutlich gegeben wird.

Der direct (opening) rein*

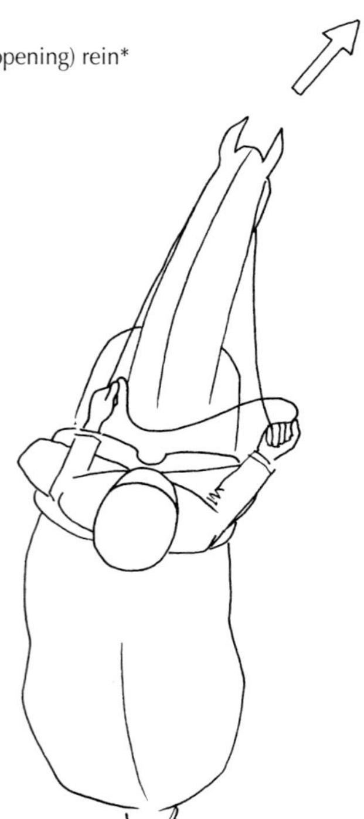

*Siehe Seite 13 „Begriffliche Erklärungen"

Der **indirect (neck) rein*** wird angewandt über eine Drehung des Armes, bei der aber gleichzeitig der Zügel am Hals angelegt und leicht nach oben geführt wird, so als wolle man mit dem Zügel den Hals des Pferdes in Richtung zum entgegengesetzten Ohr streicheln.

Die Auswirkung ist ein Führen oder Schubsen der Schulter in die entgegengesetzte Richtung der Zügelhilfe.

- Der Zügelkontakt zum Maul bleibt dabei gleich.
- Die Reiterhand soll niemals über den Hals kommen.
- Der indirekte Zügel (indirect rein) kann unterstützt werden über den direkten Zügel (direct rein) auf der anderen Seite, besonders wenn das Pferd erst lernt, auf den indirekten Zügel (indirect rein) zu reagieren.
- Diese Zügelhilfe sollte sehr sparsam verwendet werden. Nach meiner Erfahrung als Ausbilder wird sie besonders von den Reitern viel zu häufig gebraucht, die keine Reaktion auf die Schenkeleinwirkung auf die Vorhand erzielen.

Der **direct rein of opposition*** wird auf die gleiche Art und Weise gebraucht wie der einfache direkte Zügel (direct rein), aber unter annehmenden und nachgebenden Zügelhilfen, wenn die Hand vom Hals genommen wird.

Die Auswirkung liegt darin, dass das Pferd den Hinterfuß (auf der Seite der Zügelhilfe) anhebt und unter seinen Körper tritt. Die Wirkung lässt sich vergleichen mit dem Ansetzen der Hinterradbremse eines Fahrrades, wenn man um eine Kurve fährt.

- Die Zügelhilfe soll nur einen Tritt dauern. Falls nötig kann sie bei jedem zweiten Schritt wiederholt werden.

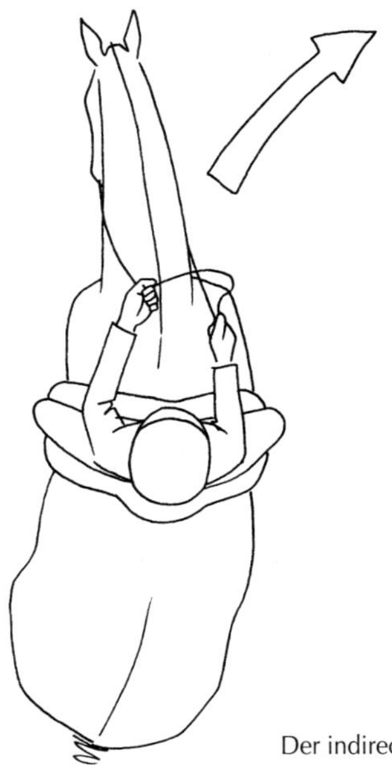

Der indirect rein*

- Das Timing der Hilfengebung ist wichtig. Die annehmende und nachgebende Zügelhilfe wird gegeben, eben bevor das Hinterbein derselben Seite den Boden verlässt, damit der Hinterfuß in diesem Tritt eher angehoben wird.
- Dazu muss das Pferd genügend Schwung haben.
- Diese Zügelhilfe muss unterstützt werden durch Kontakt zum Maul, aber nicht Zug, am entgegengesetzten Zügel.

Der **indirect rein of opposition*** wird auf die gleiche Weise gebraucht wie der einfache indirekte Zügel, aber gleichzeitig mit annehmenden und nachgebenden Zügelhilfen, wenn die Hand in Richtung Hals genommen wird. Die Paraden zielen auf die Pferdehüfte auf der anderen Seite.

Die Auswirkung dieser Zügelhilfe liegt in einer plötzlicheren Wendung der Vorhand über einen momentanen Stopp in der Vorwärtsbewegung.

- Die Zügelhilfe soll nur einen Tritt dauern und falls nötig wiederholt werden.
- Die Hand kann in Richtung Widerrist oder Hals geführt werden, aber sie sollte nicht den Mähnenkamm kreuzen, weil damit eher Zug ausgeübt als Zügelhilfen gegeben werden.
- Die Zügelhilfe muss unterstützt werden über Kontakt am entgegengesetzten Zügel.
- Die Wirkung ist abhängig vom ausreichenden Schwung des Pferdes.
- Die Hilfe sollte gegeben werden, wenn das Vorderbein auf der gleichen Seite vorgeht.

3. Haltungweisende Zügelhilfen

Die angemessene Einstellung der Zügellänge ist ein wichtiger Teil in der Vorbereitung des Reiters auf eine Lektion oder einen Sprung. Abhängig von dem gewünschten Ziel kann von dem Pferd seitliche Stellung im Genick, vermehrte oder verringerte Biegung im Hals oder eine Veränderung in der Aufrichtung verlangt werden.

Um eine korrekte seitliche Stellung des Genicks nach innen, mit oder ohne Biegung am Halsansatz zu erreichen, muss der innere Zügel ein wenig kürzer eingestellt sein als der äußere, aber der innere Ellbogen des Reiters muss an oder vor der inneren Hüfte bleiben. Die äußere Hand und der Arm müssen so weit nachgeben, dass am äußeren Zügel das gleiche Maß an Kontakt erhalten bleibt.

Bietet das Pferd die seitliche Stellung willig an, dann wird der Kontakt auf den Zügel beidseitig gleich bleiben. Ist das Pferd unwillig, mag der Kontakt innen zeitweilig stärker sein, bis das Pferd überzeugt worden ist, seitlich nachzugeben. Bei Widerstand dürfen die innere Hand und der Arm nicht nach hinten ziehen oder unten drücken, sondern müssen wie ein seitlicher Ausbinder anstehen. Der Ellbogen wird am Oberkörper eben vor der Hüfte des Reiters angelehnt oder sogar am Pferdehals, während Schenkelhilfen und andere Einwirkung in Kombination mit den entsprechenden Übungen das Pferd dahin bringen, die Biegung zu akzeptieren.

Besser als mehr Kraft am inneren Zügel ist das Reiten gymnastischer Übungen, die später beschrieben werden. Denn mehr Druck auf dem inneren Zügel weckt normalerweise nur noch mehr Widerstand.

1. Für *seitliche Stellung* im Genick mit minimaler Biegung am Halsansatz wird der innere Zügel leicht angehoben und nah am Hals angelegt so wie ein indirekter Zügel (indirect rein). Der äußere Zügel steht an und begrenzt die Abstellung am Halsansatz.

2. Für *mehr Aufrichtung* wird der Unterarm nur für einen kurzen Moment angehoben, während der Ellbogen nah am Oberkörper bleibt, sodass die Zügelhilfe die Körpersprache und den Sitz unterstützt. Das Pferd soll sich durch den Widerrist und Halsansatz aufrichten und sein Genick anheben. **TIPP:** Das gilt insbesondere für eine Turnierprüfung.

3. Für eine *tiefere Einstellung mit gewölbtem Hals* geht der Arm vor in Richtung Pferdemaul, sodass das Pferd sich nach vorn strecken kann. Der Ellbogen bleibt relativ dicht am Körper, um diesen zu unterstützen falls das Pferd zu viel Zügel nehmen will. Für eine tiefere Einstellung bei gedehntem Hals wird der ganze Arm mit dem Ellbogen nach vorn geführt, um die maximale Streckung zu erlauben. Dazu reitet der Reiter im leichten Sitz oder im Leichttraben.

Seitliche Stellung

Hals in Aufrichtung: Ferro unter Coby van Baalen

Gedehnter und gewölbter Hals: Gigolo unter Isabell Werth

Kommunikation über Geräusch

Die Stimme hat zweifachen Nutzen:

1. Das Pferd reagiert auf Geräusche. Scharfe Laute wie ein Schnalzen mit der Zunge schaffen Fleiß, während eine gedehnte, besänftigende Stimme dem Pferd Sicherheit gibt und es beruhigt.

2. Der Gebrauch von Kommandos beim Reiten kann die Körpersprache des Reiters positiv beeinflussen. Als meine kleine Tochter mit ihrem Pferd Probleme beim Durchreiten von Ecken hatte, habe ich ihr geraten, dem Pferd laut den Befehl „Geh in die Ecke" zu geben. Während sie das also rief, reagierte sie selbst automatisch mit mehr Überzeugung in ihrer Körpersprache über Schenkel, Gewicht und äußeren Zügel und erreichte dadurch was sie wollte, nämlich das Pferd daran zu hindern, die Ecken abzuschneiden. Ihr erschien es so, als reagiere das Pferd auf ihr Kommando, aber in Wirklichkeit brachte ihre entschlossenere Einwirkung das gewünschte Ergebnis und vielleicht wurde das Pferd durch ihre Stimme auch einfach aufmerksamer für ihre Hilfen.

3. Mentale Voraussetzungen (Selbstkontrolle, Selbstvertrauen, Fokus, Zielsetzung, Selbsteinschätzung, Durchhaltevermögen)

Die Psychologie im Sport ist lange anerkannt als ebenso wichtiger Schlüssel zum Erfolg wie technische Fertigkeiten oder Fitness. Es gibt Reiter und Ausbilder, die Naturtalente sind, nicht nur hinsichtlich ihrer körperlichen Leistungsfähigkeit und ihrer Lernfähigkeit durch Nachmachen oder Experimentieren, sondern auch durch ihre Fähigkeit, ihre Gefühle im Griff zu behalten und auch unter dem Druck des Wettkampfes oder in der Ausbildung des Pferdes immer die richtige Entscheidung zu treffen.

Sich Ziele setzen und sie immer wieder zu überprüfen sind die Schlüsselfunktionen in der Ausbildung von Pferd und Reiter. Ein Reiter ohne Ehrgeiz kann großes Vergnügen und Befriedigung erreichen, wenn er mit seinem Pferd in der Ausbildung und beim Reiten das höchste Niveau erreicht, zu dem beide fähig sind. Die Probleme treten auf, wenn Reiter und Ausbilder Ziele setzen, die unerreichbar sind, sei es für den Reiter oder für das Pferd. Zwar heißt es, wer nach den Sternen greift, wird schließlich über sich selbst hinauswachsen, aber die meisten Pferde, ganz zu schweigen von ihren Reitern, stoßen irgendwann an ihre Grenzen. Werden sie überschritten, gibt es Schwierigkeiten hinsichtlich Vertrauen und Selbstbeherrschung. Der im Wettkampf erfolgreiche Reiter braucht mentales Durchhaltevermögen mehr als alles andere, um die unvermeidlichen Enttäuschungen zu verarbeiten und weiter entschlossen an dem Lernprozess zu arbeiten, den Pferde uns vorgeben.

4. Gefühl und Erfahrung
(Bewegung, Musik, Rhythmus, Timing, Ausbildungsziele)

Gefühl ist ein bedeutendes Attribut des erfolgreichen Reiters. In diesem Zusammenhang steht Gefühl für zwei Dinge: zum einen für das Fühlen im Wortsinn, also die Fähigkeit, entspannt und bewusst die Bewegungen des Pferdes wahrzunehmen.

Zum anderen steht Gefühl für Erfahrung und Phantasie in Richtung Bewegung, Rhythmus, Musik und Tanz. Manche Menschen können sich vorstellen, ein Pferd zu sein. Zweifellos kann das jemand, der mit Pferden aufgewachsen ist und früh mit dem Reiten begonnen hat, besser als jemand, der erst später in seinem Leben zum Pferd gefunden hat und nicht so oft Gelegenheit zum Reiten hat. Je länger die Zeit zurückliegt, in der Pferde ein natürlicher Bestandteil unseres Alltags waren, und je weiter wir im Technologie-Zeitalter vorankommen, desto schwieriger wird dieses Fühlen. Die moderne Arbeitswelt bindet uns an Schreibtisch oder an eine Maschine, erst denkend, dann handelnd. Daher ist es schwierig, unsere Körpergefühle wahrzunehmen und über unseren Körper, das Kreuz und die Schenkel zu kommunizieren. Der moderne Reiter muss Wissen und Verständnis für die Zusammenhänge mitbringen, aber das muss ergänzt werden durch Erfahrungen, die aus Versuchen und Experimenten stammen.

Man kann auch allzu viel analysieren und darüber das Gefühl für die Bewegung verlieren. Am Ende gibt es keinen Ersatz für Erfahrung, aber eine gute Vorstellungskraft hilft immer. Wer einen Weg beschreibt, wie der Reiter sich mit seinem Pferd verständigen und es ausbilden kann, der kann nicht jede Veränderung oder Nuance in einem Buch darlegen. Aber ich kann einen Rahmen für das anbieten, was meistens funktioniert. Auf dieser Grundlage kann der Reiter seine eigene Erfahrung und sein Gefühl entwickeln, die trotzdem Platz für individuelle Lösungen lassen. ■

Das Pferd

KAPITEL 4

Bisher haben wir beleuchtet, wie sich der Reiter wirkungsvoll mit seinem Pferd verständigen kann. Auch wurde erklärt, wie das Pferd dazu erzogen werden kann, die gewünschten Reaktionen als Antwort auf die Körpersprache, die Einleitende Sitzposition und die Berührungen des Reiters zu zeigen. Dieser Erziehungsprozess ist fortwährend. Er läuft während der Ausbildung und des Trainings ab und hat zum Ziel, die Verständigung so weit wie möglich zu verfeinern. Diese Arbeit ist niemals abgeschlossen. Das Ideal ist ein Pferd, das instinktiv weiß, was der Reiter will, ohne ihm vorzugreifen, das aufmerksam und in guter Selbsthaltung in der Lage ist, selbst die Initiative zu ergreifen, wenn es notwendig sein sollte, zum Beispiel beim Springen.

In diesem Teil des Buches geht es um Gebrauch und Entwicklung eines Verständigungssystems, mit dem das Pferd geschult wird, eine Haltung und Arbeitsweise anzunehmen, die es bequemer zu reiten und darüber hinaus erfolgreicher im Sport macht. In der Ausbildung muss jederzeit die Reaktion des Pferdes und seine Antwort auf die Verständigung beobachtet und verbessert werden. Die zwei Aspekte der Ausbildung, nämlich Schulung und Gymnastizierung, sind untrennbar miteinander verknüpft. Gemeinsam mit zunehmender Reife und der körperlichen Entwicklung durch Arbeit führen sie zu einer mentalen Entwicklung des Pferdes hin zu mehr Ruhe und Vertrauen in die eigene Leistungsfähigkeit und zum Reiter.

Der Trainingsplan

Die Ausbildung des Pferdes erstreckt sich über drei Stufen, die durchaus mit der Erziehung eines Kindes vergleichbar sind – über Kinderstube, Grundschule, weiterführende Schule. Diese Phasen der Ausbildung sind im Grundsatz gleich für jedes Pferd. Dennoch kann es jederzeit notwendig werden, einen Schritt zurückzugehen, weil fast alle Probleme, die im Lauf der Ausbildung auftauchen, sich aus Problemen einer weiter zurückliegenden Stufe der Erziehung ergeben haben. Erfahrene Reiter und Ausbilder sagen oft, dass gute Ergebnisse immer aus einer Konzentration auf Grundlagen zurückzuführen sind.

Die Reihenfolge der Prioritäten in der Ausbildung

Die Reihenfolge der Prioritäten ist schon vor dem Einstieg in den Kindergarten wichtig. Die Reaktion des Pferdes und seine Antwort an den Reiter oder Führer steht immer an erster Stelle. Wenn das Pferd keinen Respekt hat und nicht auf unsere Kommunikation reagiert, dann können wir es nicht ausbilden. Wird ein Element in der Ausbildung vernachlässigt, werden daraus irgendwann Probleme entstehen, die früher oder später gelöst werden müssen.

Im Kindergarten und dann in der Grundschule ist die Dressurausbildung die Grundlage für die Ausbildung zum Springen, aber andererseits bilden die Springübungen eine andere Form der Gymnastik, die wiederum den Dressurgrundlagen des Pferdes zugute kommen.

1. Kindergarten

Das junge Pferd muss lernen:

- Respekt – Akzeptanz der Rangordnung
- Antworten auf die Körpersprache, Berührung und Stimme des Menschen
- Vertrauen zum Menschen, zu seiner Umgebung und seiner Ausrüstung
- Vertrauen zum Reiter und Akzeptanz des Reiters auf seinem Rücken
- Vorwärtsgehen mit Fleiß und Selbstvertrauen
- Verstehen und Annehmen einer Kontrolle durch den Reiter. Auf gerader Linie bleiben, langsamer werden, anhalten und sich wenden lassen

2. Grundschule

Über gymnastische Übungen muss das Pferd lernen, zuerst seitwärts nachzugeben, dann in Längsrichtung und so Folgendes zu entwickeln:

- Gleichmaß und Takt innerhalb der Gangart
- Losgelassenheit und Verbindung über den Rücken, d.h. Haltung
- Gleichmäßige Anlehnung
- Geraderichtung
- Selbstvertrauen bei einfachen Sprüngen

3. Weiterführende Schule

Die Vorbildung in der Grundschule ist die Grundlage für die Arbeit in Versammlung. Daraus ergeben sich ein verbessertes Gleichgewicht und damit bessere Lenkbarkeit, ausdrucksvollere Gänge und Entwicklung der Springtechnik. Das Pferd lernt das Folgende zu verbessern:

- Gleichgewicht auf gerader und gebogener Linie auf ein und zwei Hufschlägen
- Schwung
- Elastizität der Bewegung
- Versammlung/Verstärkung
- Springtechnik
- Geschicklichkeit beim Springen auch bei erhöhten technischen Anforderungen.

Vertrauensvolles Vorwärts
Kontrolle (in Tempo und Richtung)
Seitliche Biegsamkeit ➤ **Längs gerichtete Nachgiebigkeit** ➤ Gleichmaß und Takt und Verbindung über den Rücken und Anlehnung und Geraderichtung

Längs gerichtete Nachgiebigkeit
und Geraderichtung und
körperliche Kräftigung ➤ **Gleichgewicht, auf gerader und gebogener Linie** ➤ Schwung und Elastizität der Bewegung und Versammlung und Verstärkung

Die Schritte der Ausbildung – **Kindergarten**

Phase 1

Umgang und Einreiten	Die richtigen Übungen
„Zähmung" und Akzeptanz der Rangordnung	„Join Up" – Vor- und Zurücktreten
Erkennen von Vorwärtsmotivation durch Berührung am Körper des Pferdes Begrenzung der Bewegung über Zügel und Stimme (erst über Kappzaum, dann Gebiss) Seitwärts weisende Berührungen **Insgesamt:** Verstehen der Körpersprache bei Bodenarbeit	Führen, Arbeit an der Hand und einfaches Longieren am Kappzaum ohne Ausbinder
Vertrautmachen des Pferdes mit seiner Ausrüstung (Sattel, Trense, Decken usw.)	Erst im Stall und später beim Führen und Longieren
Entwicklung von Vertrauen und Gleichgewicht des Pferdes beim Tragen eines Reiters, Gewöhnung an seine Gegenwart und Kontaktnahme von oben	Aufsteigen und das Pferd an Bewegung auf seinem Rücken gewöhnen, Schritt und später Trab unter dem Reiter

Phase 2

Fleiß/Energie und Kontrolle

Fleiß
Das Pferd gewöhnt sich daran, vertrauensvoll vorwärts zu gehen in Reaktion auf die Körpersprache des Reiters und die motivierende Wirkung von Schenkel und Gerte beim Reiten. Es soll freudig mitarbeiten.

Frisch vorwärts reiten, hauptsächlich in Schritt und Trab, aber auch im Galopp und wenn möglich außerhalb der Reitbahn im Gelände. Ausnutzen des Herdentriebes durch Reiten in der Gruppe, sowohl hinter als auch vor einem anderen Pferd oder zumindest nebeneinander.

Kontrolle

Halten
Das Pferd lernt auf die Körpersprache des Reiters zu reagieren, unterstützt durch begrenzende Aktion der Hand über den Zügel. Die begrenzende Aktion der Hand ist in dem Stadium, bis das Pferd nachgibt, eher der anstehende Zügel als die annehmenden und nachgebenden Zügelhilfen und sie darf auch von der Stimme unterstützt werden.

Übergänge zwischen den Gangarten. Dabei ist darauf zu achten, dass die Übergänge in eine niedrigere Gangart als Antwort auf die Körpersprache und die Zügelhilfe erfolgen und nicht, weil das Pferd aufhört, vorwärtsgehen zu wollen. Das Pferd soll die Vorwärtsbewegung im Übergang beibehalten. Bei eifrigen Pferden kommt es zuerst darauf an, den Takt zu erhalten.

Wenden
Das Pferd lernt auf die Weisung des Zügels zu achten in Verbindung mit der einleitenden Sitzposition des Reiters zur Einleitung der Wendung.

Die Wendungen und Zirkel sollten so weit wie möglich Teil einer „Reise" sein anstelle von endlosen Kreisen. Das Pferd soll ermuntert werden geradeaus zu bleiben, entweder durch Reiten auf einem Hufschlag oder entlang einer Bande. Beim Ritt in offenem Gelände sollte ein erfahrenes Pferd das jüngere begleiten.

Geradeaus
Das Pferd lernt als Reaktion auf einen mittigen Sitz des Reiters geradeaus zu gehen, unterstützt von Führung über den Zügel. Die Geraderichtung des Pferdes ist in diesem Stadium nicht die Hauptsache.

Die Schritte der Ausbildung – Grundschule

Ziel	Übungen
Dressurausbildung	
Wendung aus der Hinterhand durch Engagement der Hinterbeine als Antwort auf seitwärts weisende Schenkelhilfe	Vorhandwendung
Begrenzung der Schulter als Antwort auf die seitwärts weisende Schenkelhilfe	Viereck verkleinern und vergrößern, Zickzack
Seitliche Nachgiebigkeit als Vorstufe zur längs gerichteten Nachgiebigkeit	Reiten von Wendungen, Kombination aus Vorhandwendung und Übergängen (Trab-Schritt-Trab)
• Verbindung über den Rücken	Lang und „tief/rund" (wenn sinnvoll) und tief reiten, ohne Zwang
• Takt und Gleichmaß der Gänge	Seitengänge auf der Diagonalen und auf dem Zirkel (in der Korridorübung, s.u.)
• Gleichmäßige Anlehnung • Geraderichtung – „In der Linie" und „auf der Spur" – Verbesserung des Gleichgewichts auf gebogenen Linien	Übergänge (Trab-Galopp-Trab) auf dem Zirkel und aus dem Schenkelweichen
Erkennung der Sitzhilfe für Wendungen und Übergänge vom und zum Galopp	Die „Zonen-Übung (s.u.) (Schritt-Trab-Schritt) zur Entwicklung des Mitteltrabs, Reaktion auf Körpersprache unterstützt von Schenkel- und Zügelhilfen
Übergänge zwischen den Gangarten bei Erhaltung des Taktes	Halten üben
Vermehrtes Engagement der Hinterhand und dadurch verbesserte längs gerichtete Nachgiebigkeit	Rückwärtsrichten
Elastizität in der Bewegung entwickeln	Außengalopp, langsam beginnen auf flachen Bögen und allmählich steigern bis auf eine Zirkellinie
Fähigkeit des Pferdes entwickeln, die Vordergliedmaßen zur Seite und wieder zurück zuführen	Länge der Galoppsprünge variieren und dazu die Sprünge zählen zwischen Markierungen oder den Hindernissen
	Longieren mit Ausbindern
Mitteltrab und Mittelgalopp entwickeln	Arbeit bergauf und bergab an einer leichten Steigung – Mitteltrab bergauf entwickeln, Versammlung bergab
• Erkennung der Körpersprache	
• Allmähliche Verlängerung der Schritt-, Tritt- und Sprunglänge bei gleichbleibendem Takt	
Springausbildung	
In Ruhe fleißig und gerade vorwärts über kleine Hindernisse	Stangentreten
• Takt beibehalten bei gleichbleibender Tritt-/Schrittlänge vorher und hinterher • Zunächst aus dem Trab, dann aus dem Galopp • Leichte gleichmäßige Anlehnung	Im Galopp über Stangen und kleine Hindernisse, unterschiedliche Hindernisteile verwenden und Üben an Trainingstagen und auf unterschiedlichen Springplätzen, um dem Pferd Erfahrung zu vermitteln, einfache Reihen durch Stangen auf dem Boden oder Stangen vor kleinen Hindernissen bilden, aufgestellt jeweils in passender Distanz
Gewöhnung an unterschiedliche Farben, Hindernisse und Gegebenheiten, die richtige Technik am Sprung, d.h. über den Rücken und locker in der Schulter	Falls notwendig, Fänge oder Führungsstangen verwenden, um die Geraderichtung zu sichern

Die Schritte der Ausbildung – weiterführende Schule

Ziel	Übungen
Dressurausbildung	
Selbsthaltung Seitenbiegung Gleichgewicht und Gänge verbessern Übergänge zum und vom Mitteltrab bei gleichbleibendem Takt Reaktion auf die Körpersprache des Reiters verfeinern Geraderichtung im Galopp weiter verbessern Übergänge zum und vom Mittelgalopp	Weiterentwicklung der Übungen aus der Grundausbildung, ganz besonders: • Schenkelweichen • Die „Korridor"-Übung • „Zonen"-Übung • Rückwärtsrichten • Außengalopp Variationen in der Länge des Galoppsprungs unter Beibehaltung des Taktes, Überprüfung durch Zählen der Sprünge auf einer festgelegten Linie
Versammlung entwickeln – Schwung und Ausdruck der Gänge verbessern Gleichgewicht verbessern Leichtigkeit der Vorhand und Selbsthaltung verbessern	Wichtige versammelnde Übungen: Schulterherein, Schritt-Pirouetten, Volten Übergänge Trab-Halten-Trab, Schritt-Galopp-Schritt Weiterführende Übungen: Travers, Renvers, Traversale, Piaffetritte Verstärkte Gangarten und damit verbundene Übergänge, fliegende Wechsel
Springausbildung	
Verbesserung der Reaktion auf Körpersprache und Sitz des Reiters	Übergänge zwischen den Sprüngen
Distanzen	Achten reiten
Absprung aus engeren Wendungen	Aufgaben zur Schulung der Bascule, u.a. bei In-Outs und anspruchsvolleren Springreihen
Verbesserung der Technik Erfahrung und Selbstvertrauen entwickeln	Allmähliche Steigerung in Höhe und Weite der Hindernisse bei Trainingswettbewerben

Kindergarten

Dieser Zeitraum in der Erziehung des Pferdes erstreckt sich von der Geburt bis zum Beginn der Arbeit, wenn das Pferd lernt, unter leichter Kontrolle vorwärtszugehen, wenn auch noch in seinem eigenen Stil. Dazu gehören einige grundlegende Voraussetzungen, die in der Aus- und Weiterbildung eines Pferdes wichtig sind, und sogar bei einem älteren Pferd kann es manchmal notwendig sein, bis in diese Kinderstube zurückzugehen, wenn die Grundlagen nicht gut genug gefestigt wurden oder im Laufe der Zeit verschüttet worden sind. Insbesondere bei einem älteren Pferd, bei dem sich Gewohnheiten festgesetzt haben, aber für gewöhnlich sind es die grundsätzlichsten Probleme, die später einem Fortschritt in der Ausbildung und einer Sportlaufbahn am ehesten im Wege stehen.

1. Respekt – Akzeptanz der Rangordnung

Ein winziges Fohlen ist klein genug, um von einem Menschen getragen zu werden, aber schon bald wird es größer und stärker als jeder Mensch, und deshalb muss es von klein auf seinen Platz in der Rangordnung akzeptieren. Das erleichtert die Ausbildung des Pferdes.

Heute werden viele Pferde in einer Umgebung aufgezogen, die nicht der Natur entspricht, ob in einem professionellen Zuchtbetrieb oder einem kleinen Privatstall. In der Natur ist das Pferd Teil einer Herde, die aus einem Leithengst und einigen Stuten mit Anhang verschiedenen Alters besteht. In der Gruppe unterhalb des Leithengstes existiert eine Hierarchie. Diese Rangfolge oder „Hackordnung" wird zwischen den Mitgliedern dieser Gruppe festgelegt, und sie lernen, miteinander umzugehen und ihren eigenen Platz und den Rang anderer Pferde zu akzeptieren. Die Hierarchie bestimmt sich sowohl aus der Stärke der Persönlichkeit und dem Mut des einzelnen Pferdes als auch über einen natürlichen Respekt vor altersentsprechender Überlegenheit, die sich aus dem Alter und der Dauer der Zugehörigkeit zur Herde ergibt.

In unserem Umgang mit dem Pferd müssen wir die Rangordnung zwischen uns und dem Pferd festlegen. Seit einiger Zeit wird über den Prozess des Anreitens viel diskutiert. Monty Roberts hat gezeigt, wie wir ein Pferd überzeugen können, freiwillig den Menschen auf dem Boden als Führer anzuerkennen, anstatt es mit Gewalt dazu zu zwingen. Er benutzt den Ausdruck „Join Up", wenn es darum geht, das Pferd dazu zu bringen, bei seinem Führer zu bleiben und die Rangordnung anzuerkennen, anstatt den Menschen umzurennen oder von ihm wegzulaufen.

Die Grundlage dieses Systems ist ein der Natur entsprechender Umgang. Das Pferd lernt die Beziehung zum Ausbilder als Partnerschaft zu begreifen, bei dem es den Platz des Junior-Partners einnimmt. In der Natur wird die Beziehung bestimmt von dem Leithengst der Herde, der unablässig alle anderen Mitglieder der Herde scheucht, ganz besonders die Stuten. Schon bald treffen diese die Entscheidung, sich der Herde anzuschließen („Join Up") und seine Vorherrschaft zu akzeptieren, denn alles andere würde noch weit mehr Anstrengung erfordern. Der wesentliche Punkt ist, dass die Mitglieder der Gruppe sich schließlich selbst zu dem Join Up entschließen. Sie werden dazu nicht gezwungen. Sie werden weder aneinandergekettet, gefesselt noch in irgendeiner anderen Form gegängelt.

Viele Pferde werden gefühllos angeritten und obwohl sie schließlich den Reiter auf ihrem Rücken akzeptieren, haben sie sich ihm nicht angeschlossen. Ich habe festgestellt, dass – egal welchen Alters – diejenigen Pferde, die sich gegen begrenzende Hilfen wehren, diejenigen sind, die sich nicht angeschlossen haben, sich nicht für das Join Up entschieden haben. Man kann Pferde dazu bringen, zurückhaltende Hilfen zu erkennen und sie anzunehmen, aber wenn sie diese nicht bereitwillig akzeptieren, werden sie die Körpersprache weniger gut beantworten und die Zügelhilfen müssen häufiger eingesetzt werden.

2. Antworten auf die Körpersprache, Berührung und Stimme des Menschen

Im natürlichen Umfeld der Herde lernt das Pferd den Platz eines dominanteren oder älteren Mitgliedes der Herde zu respektieren. Mit anderen Worten: Zeigt es keinen Respekt, dann setzt es von anderen Pferden eine volle Breitseite mit den Hinterhufen. Es ist immer faszinierend, eine Gruppe von wilden oder halbwilden Pferden oder sogar die Tiere auf der Weide eines größeren Gestüts zu beobachten. Pferde entwickeln einen Reflex auszuweichen, wenn sich ein ranghöheres Tier nähert. Auf gleiche Weise lernt das Pferd vorwärtszugehen oder sich von seinem Führer zu entfernen.

Das Pferd, das sich vollständig angeschlossen hat, wird willig neben seinem Führer hergehen, und wenn er stehen bleibt, wird das Pferd neben ihm stehen bleiben. Je weniger der Führende mit dem Führseil begrenzen muss, umso besser. Ein manierliches, ruhiges, junges Pferd, das an der Hand geführt wird, reagiert auf die Körpersprache seines Führers. Ein Pferd muss genauso wie ein Kind gute Manieren erlernen. Aber junge Pferde können sich aufregen oder abgelenkt werden, und deshalb mag es notwendig sein, dass der Führstrick die Körpersprache ergänzen muss. Genauso mag es notwendig sein, dass das Pferd mit der Gerte zum Vorwärtsgehen motiviert werden muss.

Im Grundsatz besteht kaum ein Unterschied darin, Hunde an die Leine und Pferde an das Führseil zu gewöhnen. Es ist eher eine Frage des Maßes. Die Zügelhilfe über einen Zug am Seil oder das Gebiss muss schnell und deutlich genug erfolgen, damit sie eine Reaktion hervorruft. Für sich allein genommen wird sie nicht ausreichen. Sie muss jeweils unterstützt werden von der Körpersprache und vielleicht auch von der Stimme. Die Langzeitwirkung dieser Ausbildung hängt ab von der Bestimmtheit und der Konsequenz, mit der ein Erzieher vorgeht.

Sobald das Pferd gelernt hat, auf die Körpersprache, Berührung und Stimme seines Führers zu reagieren, wird es umso schneller einen konditionierten Reflex darauf entwickeln.

Junge Pferde erkennen die Rangordnung.

Ein Pferd, welches sich willig anschließt, wird gern mit seinem Führer gehen.

3. Vertrauen zum Menschen, zu seiner Umgebung und seiner Ausrüstung

Neben dem Respekt sollte das Pferd auch Vertrauen zu seinem Führer entwickeln. Es muss außerdem Vertrauen zu seiner Umgebung und der Ausrüstung bei der Ausbildung und Pflege finden. Dazu gehören Decken, Sattel, Zügel, Bügel usw. Eines der Hauptanliegen ist die Akzeptanz des Drucks von (Longier-)Gurt und Sattel auf dem Rücken. Es ist ein natürlicher Reflex des Pferdes, seine Rückenmuskeln gegen den Druck anzuspannen und zu bocken oder auszuschlagen und damit das vermeintliche Raubtier auf seinem Rücken abzuwehren.

Jedes Pferd ist anders in seiner natürlichen Nervosität oder Reaktion auf seine Umgebung. Zum Beispiel werden manche Pferde niemals ruhig und gelassen genug, um sie ohne den Einsatz von Beruhigungsmitteln scheren zu können. Wahrscheinlich ist es so, dass man das Pferd an die Scherwerkzeuge gewöhnen könnte, wenn man nur genug Zeit darauf verwenden würde.

Das Vertrauen, welches das Pferd im Umgang fasst, darf niemals in einen Mangel an Respekt ausarten. Das junge Pferd in der Herde gewinnt Vertrauen über das Wissen um seine Position in der Herde und alles ist friedlich und entspannt. So lange, bis ein Neuling in die Herde kommt und die Auseinandersetzung um die Rangfolge erneut beginnt. Das Pferd hat keine Angst vor seinen Artgenossen, aber es behält den Respekt vor ihnen. So muss das Verhältnis auch zum Menschen sein.

4. Vertrauen und Akzeptanz des Reiters auf seinem Rücken

Die Entwicklung von Vertrauen des Pferdes und seine Akzeptanz des Reiters auf seinem Rücken ist eine Fortsetzung der vorangegangenen Arbeit am Boden, als das Pferd gelernt hat, sich an seinen Führer zu gewöhnen und ihm zu vertrauen und seine Ausrüstung zu akzeptieren, besonders den Longiergurt und später den Sattel. Es muss sich auch an einen Menschen gewöhnen, der sich auf ihm bewegt, und an Berührungen an Körperstellen, die außerhalb seines Blickfeldes liegen.

Es besteht kein direkter Zusammenhang zwischen der Leichtigkeit, mit der das Pferd Vertrauen fasst und sich an den Reiter gewöhnt, und der Lernfähigkeit in der Ausbildung für den Sport. Es versteht sich von selbst, dass ein gelassenes Pferd, welches von Geburt an gut erzogen und behandelt wurde, bereitwillig einen Reiter auf seinem Rücken akzeptieren sollte. Das bedeutet jedoch nicht, dass dieses Pferd leichter zu schulen sein wird als eines, das bisher kaum angefasst worden ist.

5. Vorwärtsgehen mit Fleiß und Selbstvertrauen

Ohne Energie, die sich in einem Vorwärtsdrang äußert, ist das Pferd so lernfähig wie eine Statue. Sobald wir Fleiß erzeugt haben, können wir auch Reaktionen in unserer Verständigung mit dem Pferd erwarten. Es gibt keine Garantie, dass das junge Pferd und erst recht nicht das erfahrene, gut ausgebildete Pferd seinen Fleiß automatisch in eine Vorwärtsbewegung bündelt. Deshalb ist es das nächste Ziel der Ausbildung, diese Kraft nach vorwärts zu kanalisieren und ihre Geschwindigkeit und Richtung zu kontrollieren. Sobald das Pferd unter leichter Kontrolle nach vorwärts orientiert ist, können wir daran gehen, gleichmäßige Gänge im Takt zu erhalten und die Haltung, das Gleichgewicht und die Geraderichtung des Pferdes zu entwickeln.

Das richtige Maß an Energie oder Vorwärtsdrang zu jedem Zeitpunkt zu entwickeln ist die erste Priorität in der Ausbildung. Ein Pferd kann zu viel Energie haben oder zu wenig, abhängig von der Aufgabe, die ihm gestellt wird, und vom Stand seiner Ausbildung. Überschüssige oder nervöse Energie kann aus Übermut stammen und einem Gefühl des Wohlbefindens oder sie kann herrühren aus Furcht und dem Wunsch wegzulaufen. Ein frisches übermütiges Pferd will seinen Reiter nicht hören, während ein verängstigtes oder angespanntes Pferd die Signale nicht hören kann oder sich weigert, sie zu verstehen. Ein langweiliges oder faules Pferd hingegen wird sich keine Mühe geben, hinzuhören oder zu verstehen.

Jedes Pferd ist anders. So wie Menschen sind manche von ihrer Anlage fleißiger als andere, manche sind faul, manche introvertiert, manche extrovertiert. Ich habe Pferde kennen, gelernt, die zuerst faul waren und dann fleißig wurden und auch umgekehrt. Mit zunehmender Erfahrung wird ein Reiter die Einstellung seines Pferdes besser beurteilen können und entsprechend reagieren. Für mich ist es immer angenehmer, eher zu viel Fleiß zu haben als zu wenig. Jeder Reiter muss das Pferd finden, das in Temperament und Arbeitswillen zu ihm passt.

Ist ein Pferd zu fleißig, kann man es nicht dazu bringen, sich zu entspannen. Es ist am besten, Auseinandersetzungen zu vermeiden, deshalb muss man ihm erlauben, in irgendeiner Form „Dampf abzulassen". Longieren auf sicherem Untergrund oder dem Pferd beim Freilaufen Gelegenheit zu geben sich auszutoben, kann viele frustrierende Stunden im Sattel ersparen. Je fitter ein Pferd ist und je mehr Kraft es hat, desto länger kann es dauern, bis man einen Zustand erreicht, in dem man mit dem Pferd „sprechen" kann.

Man kann ein Pferd zum Wasser führen, aber saufen muss es selbst.

Temperament oder Angst können ebenfalls den Fleiß des Pferdes beeinflussen. Die jungen Pferde mit einem angeborenen nervösen Fleiß brauchen manchmal lange Zeit, bis sie gelassen werden. Damit meine ich Monate, wenn nicht Jahre. Oft sind sie die Stars der Zukunft, weil sie natürlichen Fleiß besitzen, aber es kann Zeit kosten, diesen Fleiß in die richtige Bahn zu lenken.

Der Reiter muss immer mehr Zeit haben als sein Pferd.

Das junge ängstliche Pferd wird zu Anfang den Eindruck machen als sei es zu fleißig, weil es vor dem Reiter und seiner Umgebung davonlaufen will. Ein ruhiger, entspannter, geduldiger Reiter wird das verängstigte Pferd schließlich dazu bringen, sich zu entspannen und ihm zu vertrauen. Es geht darum, mit diesem Pferd weiterzuarbeiten und darauf zu warten, bis es sich entspannt. Ein erfahrener Reiter kann den Unterschied zwischen Übermut und Furcht oder Temperament am Gesichtsausdruck des Pferdes ablesen. Die Augen, Ohren und Nüstern sprechen ihre Sprache. Der Erfolg kommt vielleicht nicht dieses Mal und auch nicht beim nächsten oder übernächsten Reiten, aber derjenige, der unbeirrt in der gleichen geduldigen, ruhigen und doch disziplinierten Art weiterreitet, der wird schließlich Erfolg haben. Ungeduld bei der Arbeit mit einem Pferd zahlt sich niemals aus.

Das Pferd muss die Körpersprache und die Berührung mit Schenkel, Gerte oder Sporen als Signal erkennen, vorwärtszugehen oder Energie freizusetzen. Reagiert es nicht auf unsere Körpersprache oder die Berührung mit dem Schenkel, dann „ängstigen" wir es bis zu einem gewissen Grad mit der Gerte, die das Pferd überrascht und dazu bringt, vorwärtszuspringen. Der Gebrauch von Gerte und Schenkel zur gleichen Zeit wird schließlich eine reflexartige Antwort auf die Körpersprache und die Berührung mit dem Schenkel erzeugen. Abhängig von der Reaktion des Pferdes ist es richtig, die unterstützenden Hilfen zu kombinieren, um die gewünschte Antwort zu erhalten. Der Ausbilder muss die Fähigkeit entwickeln, die Reaktion zu erkennen und die angemessenen unterstützenden Hilfen anzuwenden. (Siehe auch das vorhergehende Kapitel „Kommunikation durch Berührung ...".)

Das Pferd lernt allmählich, dass die gewünschte Reaktion die bequemere ist. Fleißig vorwärtszugehen wird schließlich zur konditionierten reflexartigen Antwort auf die Körpersprache. Das Pferd sollte so ausgebildet sein, so lange vorwärtszugehen, bis eine verlangsamende Hilfe erfolgt. Fleißig und aktiv vorwärtszugehen sollte zur Gewohnheit werden – das fällt in den Aufgabenbereich des Pferdes.

Das Pferd motivieren

Rekelt man sich lässig in seinem Lehnsessel vor dem Fernsehgerät, hat der Körper keinerlei Spannung. Ein Turner speichert hingegen bei seiner Darbietung in jeder Faser seines Körpers Energie. Ein Reiter muss den Zusammenhang erkennen, der zwischen seinem Sitz und Gleichgewicht und der Motivation und dem Vorwärtsdrang seines Pferdes besteht. Man

Lernen vorwärtszugehen mit Fleiß und Selbstvertrauen.

darf vom Pferd keinen Energieschub erwarten, wenn man selbst lose und wackelig sitzt. Genauso wenig wird ein angespannter Reiter ein aufgeregtes Pferd mit seinem Sitz beruhigen können. Ein Reiter, der dauernd unausbalanciert und hinter der Bewegung sitzt, wird ebenso Schwierigkeiten haben, sein Pferd zu treiben, weil er mit seiner Körpersprache dauernd widersprüchliche Signale an das Pferd sendet.

Fleiß beginnt im Kopf des Reiters.

Ein Reiter ohne eigene Energie kann sein Pferd nicht motivieren. Der Reiter muss den Willen haben, ein fleißiges Pferd vor sich zu haben. Manche Menschen gehen und bewegen sich langsam und so bewegt sich dann auch ihr Pferd. Das genaue Ausmaß des Vorwärtsdranges hängt davon ab, wie weit der Reiter sich in der Kontrolle des Pferdes sicher fühlt. Wer da Zweifel hat, wird immer diese Unsicherheit über die Körpersprache an sein Pferd weitervermitteln. Alle Hilfen sind etwas verlangsamt und stumpfer und das Pferd kann ahnen, dass sein Reiter zögert, es vorwärtsgehen zu lassen.

Ich finde, es hilft immer, sich entweder laut oder nur über die innere Stimme vorzusagen „Hop-zwei-drei-vier" im Trab und „Ta-tatamm", „Ta-ta-tamm" im Galopp oder andere motivierende Ausdrücke zu verwenden. Damit übersetzt man vitalisierende Gedanken in seine Körpersprache und somit auch dem Pferd. Zur gleichen Zeit werden Takt und Gleichmaß der Schritte/Tritte/Sprünge betont. Wenn das Pferd in seiner Arbeit fleißiger werden soll, dann sage ich meinen Schülern immer, sie sollen ihr Pferd „aufregen", anstatt dass ich „mehr Schenkel" fordere.

Ein gelangweilter Mensch ist selten vital.

Eine ganze Reihe äußerer Faktoren beeinflusst die innere Einstellung und den Fleiß des Pferdes. Zu diesen Faktoren gehören **die Art der Arbeit: Dressur, Springen, Galopparbeit; die Umgebung: Halle, Außenplatz, Turnierplatz und die Gesellschaft: andere Pferde, andere Tiere** – man stelle sich nur vor, was passieren könnte, wenn hinter der nächsten Ecke ein Känguru hervorspringt. Abwechslung in der Arbeit und am Arbeitsplatz helfen, ein Pferd motiviert zu halten. Andererseits ist ein Pferd, das zu aufgeregt ist, um sich auf seine Arbeit zu konzentrieren, oft besser in einer ruhigeren Umgebung aufgehoben, zumindest am Anfang, bis es dann aufnahmefähig für Kommunikation geworden ist.

Es ist wichtig, den Unterschied zwischen Schrittlänge und Fleiß zu erkennen. Versammlung verlangt vom Pferd Fleiß innerhalb kürzerer Schritte/Tritte/Sprünge. Verstärkung verlangt Fleiß innerhalb längerer Schritte/ Tritte/ Sprünge. Zwischen einzelnen Sprüngen im Galopp will der Reiter manchmal die Sprunglänge verkürzen, ohne im Fleiß nachzulassen, und manchmal soll das Pferd auch aus einem längeren Galoppsprung abspringen. Schnelle Hilfen des Schenkels, manchmal unterstützt über Gerte oder Sporen, regen das Pferd zu mehr Fleiß in seinen Sprüngen an. Im Schritt wird ein Pferd mit Fleiß seinen Hinterfuß anheben und aktiver nach vorne nehmen, nicht ohne dabei unbedingt auch die Schrittlänge zu vergrößern. Eine vortreibende oder schiebende Hilfe aus dem Kreuz verlängert den Schritt und schickt das Pferd nach vorne, aber es wird den Schritt nicht zwangsläufig fleißiger machen, es sei denn Schenkel oder Gerte kommen zur Unterstützung hinzu.

Schenkel für Fleiß, Kreuz für Schrittlänge

Es liegt in der Verantwortung des Reiters, den Fleiß, den das Pferd anbietet, ständig zu kontrollieren. Der Umfang der Kontrolle ist von Pferd zu Pferd unterschiedlich und auch abhängig von der Lektion und vom Alter und Ausbildungsstand des Pferdes. Bei ungenügendem Fleiß muss der Reiter das Pferd anregen, mehr zu geben, aber er darf nicht die Aufgabe des Pferdes übernehmen. Das Gleiche gilt für die Schrittlänge. Das Äußerste, was man selbst bei dem faulsten aller Pferde anwenden sollte, ist eine Erinnerung bei jedem zweiten Schritt.

So wie ein Leichtathletik-Trainer, Fitness-Lehrer oder der Fußball-Coach seine Schüler und Spieler motiviert, so muss auch ein Reiter sein Pferd zu Fleiß anhalten, aber er muss das schaffen, ohne lähmende Spannung zu erzeugen oder sich in den Verantwortungsbereich des Pferdes einzumischen. Nicht jedes Pferd reagiert gleich auf jeden Reiz, deshalb muss der Reiter experimentieren, um herauszufinden, was bei seinem Pferd am besten wirkt.

6. Verstehen und Annehmen einer Kontrolle durch den Reiter

Ein Pferd sollte schon als Fohlen lernen, auf einschränkende, begrenzende Hilfe zu reagieren. In dieser Phase und in den Jahren, bevor es unter dem Sattel gearbeitet wird, kann es die Körpersprache seines Führers erkennen und akzeptieren, unterstützt von Hilfen, die an seinem Kopf wirken über das Führseil oder über den Zügel, wenn das Pferd mit Trense geführt wird. Sobald es diesen Respekt zeigt, ist es relativ einfach, einem Pferd beizubringen, auf die Hilfen zu reagieren, die über den Zügel auf sein Maul einwirken. Der einzige Unterschied ist, dass das Maul weitaus empfindlicher ist als der Nasenrücken.

Sobald wir ein Pferd haben, das Fleiß entwickelt hat, müssen wir darangehen das Tempo zu regulieren und einen gleichmäßigen Takt zu erarbeiten, indem wir das Pferd lehren, auf begrenzende Hilfen wie halbe Paraden zu reagieren. Kontrolle des Tempos heißt letztlich, in der Lage zu sein, ein Pferd anzuhalten, auch wenn es bei einem aufgeregten Pferd nicht immer möglich sein wird, es auch zum Stillstehen zu bringen. Man muss immer unterscheiden zwischen Kontrolle und Ruhe. Es ist durchaus möglich, das eine ohne das andere zu haben.

Tempo = Takt x Schrittlänge

Tempo ergibt sich aus der Gangart (Schritt, Trab oder Galopp) in Kombination mit dem Takt und der Schritt-/Tritt- und Sprunglänge innerhalb dieser Gangart. Um das Tempo innerhalb der Gangart zu kontrollieren, kann man entweder den Takt verlangsamen oder die Schrittlänge anpassen, so wie man in einem Auto die Bremse treten und/oder einen Gang herunterschalten kann. Ein Autofahrer wechselt die Gänge vom vierten in den dritten und schließlich in den zweiten Gang vor der Einfahrt in eine enge Kurve, und auf ähnliche Weise muss auch der Reiter vor einer Wendung die Schritte des Pferdes verkürzen bei gleichbleibendem Fleiß nach vorne. Das versteht man unter Versammlung. Eines der Endziele in der Ausbildung eines Pferdes ist es, dem Pferd beizubringen, die Körpersprache umzusetzen und seine Schritt-/Tritt- und Sprunglänge auf Kommando anzupassen, also zu verlängern oder zu verkürzen.

Im frühen Stadium der Ausbildung, im Kindergarten, ist die Gangart unmittelbar mit Geschwindigkeit verbunden. Manche Pferde fallen von selbst aus dem Schritt in den Trab oder vom Trab in den Galopp, anstatt ihre Schritte/Tritte zu verlängern. Ich habe mit Trabern gearbeitet, die außerordentlich schnell traben können, bevor sie zu galoppieren anfangen! Das Verständnis für die Hilfengebung und die Hilfen zum Übergang in die nächsthöhere Gangart kommen als nächste Stufe in der Ausbildung.

In der Grundschule ist das Pferd noch nicht in der Lage, sich zu versammeln. Damit ist auch das Maß der Wendungen, die man im Trab oder Galopp ausführen kann, eingeschränkt. Die Zirkelgröße in Dressurprüfungen verringert sich allmählich, je weiter das Pferd ausgebildet ist, und so vergrößert sich auch das Maß, in dem in einer Aufgabe die Ecken ausgeritten werden. Das Gleiche gilt auch für das Springen. Ein Pferd kann keine engen Wendungen auf dem Anritt zu einem Hindernis bewältigen oder mit Distanzen in Kombinationen fertig werden, so lange es nicht gelernt hat, seine Geschwindigkeit durch Verkürzung des Galoppsprunges zu kontrollieren, ohne dabei gleichzeitig auch an Fleiß zu verlieren und in den Trab zu fallen.

Der Gebrauch des Gebisses in der Verständigung mit dem Pferd

Es kann eine Weile dauern, bis ein Pferd sich entspannt und das Gebiss in seinem Maul akzeptiert. Jedes Pferd ist anders in seiner Empfindsamkeit, und man kann kein Pferd zwingen, das Gebiss zu akzeptieren. Jeder Versuch, das über Zwang zu erreichen, zum Beispiel durch ein Engerschnallen des Nasenriemens, wird mehr Probleme schaffen als lösen, weil das Pferd dann durch Festhalten der Kiefernmuskeln versucht, den Zwang abzuwenden. Ich habe festgestellt, dass viele Probleme aus einem Widerstand gegen den Nasenriemen stammen, sei es eine Weigerung des Pferdes vorwärtszugehen und die Anlehnung anzunehmen oder sei es Unbeständigkeit in der Kopfhaltung oder Verstellen.

Es ist schon viel geredet und geschrieben worden über verschiedene Gebisse. Pferde haben unterschiedlich geformte Mäuler und davon kann es abhängen, wie gut sie ein Gebiss annehmen, aber ich denke, dass viel zu viel Betonung auf das Gebiss gelegt wird und viel zu wenig auf die Verantwortung der Reiterhand, über den Zügel zu kommunizieren. Am wichtigsten ist es, dass das Gebiss dem Pferd in der Größe passt. Ist es zu klein, dann drückt es, und ist es zu groß, dann hängt es zu tief im Pferdemaul, und ein Nussknackereffekt verursacht Unbehagen. Ein Olivenkopfgebiss ist geeignet für junge Pferde beim Anreiten, weil das Gebiss nicht durchs Maul rutschen kann. Sein Nachteil ist, dass es das Pferd manchmal dazu bringt, sich daraufzulehnen. Die einfach- oder doppelt gebrochene Wassertrense ist meine erste Wahl, obwohl bei einigen empfindlichen Mäulern, die den Kontakt nicht so leicht annehmen wollen, ein Olivenkopfgebiss besser wirkt.

Wird das Gebiss zum ersten Mal eingelegt, wird das Pferd zunächst versuchen, damit zu spielen. Ein Metallstück im Maul ist unnatürlich für ein Pferd. Es ist wichtig, dass das Gebiss hoch genug verschnallt ist, damit es bequem in den Maulwinkeln anliegt. Hängt es zu tief, so wird das Pferd vermutlich zu viel Spiel haben und schließlich sogar seine Zunge über das Gebiss bringen. Hängt es zu hoch, dann verursacht das Gebiss unangenehmen Druck in den Maulwinkeln. Allmählich wird das Pferd den angemessenen Druck in den Maulwinkeln akzeptieren und schließlich sollte das Gebiss so verschnallt sein, dass sich eine einzelne Falte in den Maulwinkeln bildet.

Gerade Linie: Ellbogen – Hand – Pferdemaul

Die verschiedenen Bereiche des Pferdemauls sind unterschiedlich empfindlich. Der Maulwinkel ist meistens der Platz, wo das Pferd am bequemsten den Druck des Gebisses und die Zügelhilfen vertragen kann. Druck auf den Kieferknochen und die Zunge ist weit weniger angenehm. Viele Pferde verabscheuen es, wenn ihre Zunge zwischen Gebiss und Unterkieferknochen eingezwängt wird, und sie versuchen dann, die Zunge zurückzuziehen und über das Gebiss zu legen. Daraus ergibt sich das Prinzip in der Dressur, dass die Hand immer auf oder über der Linie zwischen Ellbogen und Pferdemaul stehen sollte.

Annahme des Gebisses und die Auswirkung auf die Haltung

Das junge Pferd, das gerade angeritten worden ist, wird natürlich eine Weile brauchen, bis es das Gebiss in seinem Maul akzeptiert. Viele Reiter machen den Fehler und versuchen gewaltsam den Kopf des Pferdes nach unten zu drücken, indem sie Druck auf die Laden des Mauls ausüben. Das veranlasst das Pferd, die Kiefermuskeln anzuspannen und damit auch die oberen Halsmuskeln (siehe auch Kapitel „Wissen über Biomechanik"). Davon wird alles nur noch schlimmer.

Es ist ganz normal, dass Pferd und Reiter mehr Maulkontakt an einem einseitigen Zügel haben – meistens ist das der linke. Zu dem ungleichmäßigen Kontakt kommt es, wenn das Pferd halbe Paraden oder Hilfen zur Wendung ignoriert oder sich widersetzt und damit den Reiter veranlasst, zu viel am inneren Zügel zu ziehen. Das wiederum führt zu ungleichem Zusammenziehen der oberen Halsmuskeln und schließlich zu einer schiefen Kopfhaltung. Einige Pferde kommen dem Kontakt entgegen, andere stemmen sich dagegen. Ein deutlich sichtbares Fehlerzeichen ist das schief aus dem Maul gezogene Gebiss. Eine Korrektur muss über sehr gleichmäßigem Kontakt erfolgen, bei dem das Pferd schließlich freiwillig die korrekte Nachgiebigkeit als Reaktion auf die Körpersprache des Reiters anbietet.

Pferde mit langem oberem Halsmuskel, die nicht zu eng in den Ganaschen sind, neigen dazu, den Kopf hinter der Senkrechten zu tragen, entweder weil sie den Kontakt nicht akzeptieren („hinter dem Gebiss" sind) oder weil der Reiter es ihnen erlaubt, sich auf den Zügel zu lehnen.

Anlehnung ist vergleichbar mit dem Segel auf einem Boot in gleichmäßiger sanfter Brise.

Die Anlehnung funktioniert ähnlich wie eine Telefonleitung: Sie ist das Mittel, über das wir Signale an das Pferd versenden können. Je beständiger und gleichmäßiger der Kontakt, desto klarer sind die Signale. Die Verantwortung für einen gleichmäßigen Kontakt teilen sich beide Beteiligten. Wenn das Pferd das Gebiss akzeptiert und freiwillig fleißig vorwärts, auf der von uns gewählten Linie geht, dann kann man die Anlehnung mit einem Segelboot in freundlicher, gleichmäßiger Brise vergleichen. Genug, um die Segel gestrafft zu halten und das Boot voranzubringen, aber nicht zu stark, um unbequem in der Hand oder in den Armen zu sein. Kommt der Wind böig und nicht genau von hinten, dann flappt das Segel – das Pferd lässt das Gebiss fallen. Es ist die Aufgabe des Reiters, über Erhaltung des Gleichgewichts einen gleichmäßigen Kontakt zu bewahren, ohne Zug auf Schultern, Arme und Ellbogen. Das entspannte Ellbogengelenk ist das erste Mittel, über das der Reiter eine elastische und daher beständige Verbindung erhalten kann.

Die Anlehnung kann zu stramm werden entweder weil das Pferd zu stark vorwärtsdrängt und der Reiter im Maul hängt, anstatt in der angemessenen Stärke die annehmenden und nachgebenden Zügelhilfen zu wiederholen, oder wenn das Pferd sich auf der Suche nach Unterstützung im Gleichgewicht oder der Haltung auf das Gebiss legt. Im Training sollte der Reiter immer versuchen, eine zu starke Anlehnung zu vermeiden, weil er damit dem Pferd dessen Aufgabe abnimmt, sich selbst zu tragen und das richtige Tempo beizubehalten.

Wenn der Reiter sich bemüht, den gleichmäßigen Kontakt zum Maul zu erhalten, dann ist es schließlich Sache des Pferdes, diese Anlehnung anzunehmen. Manche Pferde, die übermäßig empfindlich im Maul sind, brauchen dazu eine Weile. Sie sind zumeist zögerlich, jedwede Art von Kontakt anzunehmen, und wenn sie es dann tun, dann ist die Anlehnung ruckend. Bei solchen Pferden benutze ich manchmal elastische Zügel. Das Gummimaterial erhält jederzeit den Kontakt zum Maulwinkel und schließlich lernt das Pferd sich daran zu gewöhnen. Es gibt Materialien von unterschiedlicher Elastizität, abhängig von der Empfindlichkeit des Pferdes.

Manche Pferde, zum Beispiel ehemalige Rennpferde, sind nie mit dem Ziel geritten worden, sie zu irgendeiner Anlehnung zu bringen. Diese Pferde haben die unterschiedlichsten Maulprobleme, verursacht von der Hand ihrer Jockeys und der natürlichen Erregbarkeit. Der wichtigste Punkt kann nie genug betont werden: Wir können Pferde nicht dazu zwingen, die Anlehnung anzunehmen. Wir können nur darauf warten, bis sie das tun. Die meisten Pferde werden schließlich dazu bereit sein, wenn wir die Zügel richtig handhaben und die Zügelhilfen korrekt anwenden. Wenn das Pferd aufgetrenst willig in seiner Box stehen bleibt und nicht dauernd gegen das Gebiss kämpft, dann gibt es keinen Grund, warum es das nicht schließlich auch unter dem Reiter tun sollte.

Das junge Pferd geradeaus reiten

Ein gerade erst angerittenes oder noch sehr unerfahrenes Pferd geradeaus zu reiten, ist relativ einfach, wenn sich Pferd und Reiter einig über die einzuschlagende Richtung sind, z.B. zurück zum heimatlichen Stall. Es ist jedoch weniger einfach, wenn das Pferd in eine andere Richtung bewegt wird. Wenn es sich überhaupt sofort in die andere Richtung in Bewegung setzt, in die es eigentlich gar nicht will, dann schwankt es nach beiden Seiten oder es drängt mit konstantem Links- oder Rechtsdrall

Das junge Pferd lehren, gerade vorwärtszugehen.

Breite Zügelführung gibt dem Pferd einen Rahmen aus Zügeln und Schenkeln.

voran, abhängig davon, in welcher Richtung der heimatliche Stall liegt.

Der Reiter hat in seiner Hilfengebung sehr deutlich und klar in der Körpersprache zu sein, um das Pferd dazu zu bewegen, vorwärtszugehen. Er muss die Richtung über ein Abstellen des Zügels an der Seite korrigieren, die Unterstützung braucht, um das Pferd gerade zu halten. Dazu gehört auch manchmal ein Abstellen der Hände nach beiden Seiten und das Reiten mit sehr breiter Zügelführung, um mit den Zügeln und den Schenkeln einen Rahmen oder Korridor zu bilden, in dem das Pferd sich bewegen kann. Jedes Pferd ist anders in seiner Bereitschaft vorwärtszugehen, aber die beste Möglichkeit, einem Pferd den geraden Weg nach vorn zu weisen, ist normalerweise hinter einem Führpferd oder mittels eines Helfers, der vom Boden mit einer Longierpeitsche unterstützt.

Die Richtung kontrollieren

Im Kindergarten und in der Grundschule lernt das Pferd auf richtungsweisende Zügelhilfen zu reagieren. Je weiter die Ausbildung voranschreitet, desto weniger spielt der Zügel bei der Richtungsgebung eine Rolle. Vermehrt übernehmen der Sitz des Reiters und seine Körpersprache, unterstützt von Schenkel und annehmenden und nachgebenden Zügelhilfen, die Aufgabe, das Pferd zu wenden oder auf gerader Linie zu halten.

Bevor wir daran gehen, einem Pferd beizubringen, was wir für eine korrekte Wendung halten, müssen wir uns darüber klar werden, wie sich ein Pferd von Natur aus in einer Kurve bewegt, und wir müssen Zweck und Ziel der Wendung in Betracht ziehen. Erst dann können wir eine Wendung lehren, die sowohl den Zweck erfüllt als auch zum Ziel führt. Ich unterscheide ganz bewusst zwischen diesen beiden Begriffen.

Der Zweck kann ganz offensichtlich sein, nämlich einer vorgegebenen Linie zu folgen, sei es einem Pfad in der Natur oder einer Linie im Parcours oder auf dem Geländekurs oder sei es bestimmten Hufschlagfiguren wie Zirkeln oder Schlangenlinien.

Das Ziel besteht aus zwei miteinander verbunden Teilen – während der Wendung und nach der Wendung. Bei der Wendung zu einem Sprung geht es in erster Linie darum, was nach der Wendung passiert – auch wenn die Art der Wendung die Manier beeinflusst, in der das Pferd den folgenden Sprung nimmt. Beim Reiten von Zirkeln in der dressurmäßigen Arbeit geht es in erster Linie darum, wie sich das Pferd auf der Wendung bewegt.

Im Kindergarten zählt, noch ausschließlich, auf der gewählten Linie zu bleiben. Es ist zu früh, sich darum zu kümmern, wie das Pferd in der Wendung geht, bevor es nicht verstanden hat, willig der vorgegebenen Linie zu folgen. Das Ziel wird so wichtig wie der Zweck, wenn das Pferd in die Grundschule gewechselt hat und anfängt zu lernen, auf die Reiterhilfen zu reagieren. Die Hilfen zeigen ihm eine ganz bestimmte Art des Wendens, anstatt einfach nur umzudrehen und in eine andere Richtung weiterzugehen.

Wie wendet das Pferd in der Natur?

Menschen stehen aufrecht und gehen oder laufen nur auf zwei Beinen, können sich deshalb auf zwei Arten umdrehen. Wenn wir uns langsam umdrehen, beim Laufen auf der Stelle oder im Gehen, dann tun wir das über ein Kreisen des inneren Beines aus der Hüfte nach außen in die Richtung, in die wir weitergehen wollen. Dann treten wir nach vorn und mit dem anderen Bein herum. Beim Laufen in höherem Tempo lehnen wir uns in die Wendung.

Das Pferd steht auf vier Beinen und ist deshalb in der Lage, sich auf vier verschiedene Arten umzudrehen. Es kann sich um seine Mitte, um die Vorhand oder um die Hinterhand und es kann sich über eine Neigung in die Wendung drehen. Drei Faktoren haben Einfluss auf die Art, wie sich das Pferd in der Natur umdreht: die Schnelligkeit der Drehung, die Grundgeschwindigkeit und die Enge der Wendung. Um sich sehr schnell in enger Wendung zu drehen, zum Beispiel wenn es scheut oder kreiselt, sitzt das Pferd für einen Moment auf den Hinterbeinen und dreht die Vorhand um die Hinterhand. Um sich langsam und nahezu auf der Stelle zu drehen, zum Beispiel in seiner Box, wird das Pferd sich entweder auf der Vor- oder auf der Hinterhand drehen oder eine Kombination aus beidem zeigen. Je schneller es sich in einer relativ engen Wendung bewegt, zum Beispiel in einer engen Kurve auf der Rennbahn, desto mehr wird es sich in die Kurve lehnen, so wie ein Fahrradfahrer.

Das Ziel in der Ausbildung hängt weitgehend davon ab, für welche Disziplin das Pferd vorbereitet wird. Ein Cuttingpferd muss sich sehr schnell drehen und nahezu auf der Stelle, genau wie ein Polopony. Ein Rennpferd bewegt sich in hohem Tempo, aber die verlangten Wendungen sind nicht sehr eng. Das Dressurpferd muss lernen, sich auf der Stelle zu drehen, zum Beispiel in der Galopp-Pirouette, und es soll das relativ langsam tun und dabei noch graziös und athletisch aussehen, während das Springpferd manchmal sehr enge Wendungen relativ schnell nehmen soll, entweder in langsamem oder in sehr schnellem Tempo. Das Pferd, das im Stechen oder in einem Cross-Country-Kurs die Bestzeit schafft, ist eines, welches seine Galoppsprünge verkürzen kann, um jederzeit die engste Wendung zu gehen, und dann in der Geschwindigkeit zulegen kann, um die nächstfolgende Wendung in höherem Tempo zu nehmen, und dabei nichts von der Qualität seines Galoppsprungs für den nächsten Sprung einbüßt.

Abwenden vom richtungsweisenden/ geöffneten Zügel (direct opening rein)

Erste Anforderung an ein junges oder unausgebildetes Pferd ist der einfache Richtungswechsel und das Auf-gerader-Linie-Bleiben danach. Wie das Pferd wendet, ist weniger wichtig. Jedes junge Pferd wendet leicht unterschiedlich nach rechts oder links. So wie es bei den Menschen Rechts- oder Linkshänder gibt, so haben auch Pferde eine Vorliebe für die Wendung zu der einen oder der anderen Seite.

Vor der Wendung muss der Reiter sich im Sitz vorbereiten und das Tempo des Pferdes auf die zu erwartende Wendung einstellen. Dann führt er das Pferd mit seiner Körpersprache, unterstützt durch die richtungsweisende/öffnende Zügelhilfe in die Wendung. (Siehe Kapitel „Kommunikation durch Berührung über den Zügel".) Das Pferd muss dazu gebracht werden, seinen Fleiß zu erhalten und mit gleichbleibender Energie durch die Wendung und wieder herauszugehen. Zögert das Pferd, den Anweisungen des Reiters zu folgen, so ist ein noch deutlicherer richtungsweisender/geöffneter Zügel in Verbindung mit verstärkter Körpersprache, mehr Schenkel und eventuell auch der Gerte notwendig, um die Vorwärtsbewegung auf der gewünschten Linie zu erhalten. Wenn das Pferd zu schnell abwendet, das heißt „in die Wendung hineinfällt", muss es vermehrt über den äußeren, geöffneten Zügel kontrolliert werden anstatt über den inneren, am Hals anliegenden Zügel. Manche Pferde versuchen zu beschleunigen, um die Wendung zu vermeiden, oder wenden zu schnell und „kommen herein" und andere versuchen der Wendung zu entgehen indem sie ihr Tempo verringern. Wie beim Autofahren hat auch hier die Kontrolle der Geschwindigkeit erste Priorität, bevor man eine Reaktion auf die Zügelhilfe erwarten kann.

Das Pferd hat seine Kindergarten- oder Vorschul-Ausbildung abgeschlossen, wenn es mehr oder weniger fleißig und vertrauensvoll auf gerader Linie geradeaus geht, verlangsamende Hilfen akzeptiert und sich auf einfache Hilfen am äußeren Zügel abwenden lässt. An der Geraderichtung der natürlichen Schiefe des Pferdes wird in der nächsten Stufe der Ausbildung gearbeitet – in der Grundschule.

Grundschule

Die nächste Stufe

Dressurmäßige Arbeit

In der nächsten Stufe der Ausbildung, in der Grundschule, geht es darum, das Pferd zu einem angenehmeren Reitpferd zu machen und es auf Turniere vorzubereiten. In der Dressur bezeichnet man das häufig als Grundausbildung, beim Springen nennt man es die Arbeit auf der Ebene. Die gymnastischen Übungen in der Grundschule dienen dazu, das Pferd weiter mit unserer Kommunikation vertraut zu machen und es darüber hinaus dazu zu bringen, Haltung, Gleichgewicht und Geraderichtung in gleichmäßigen und taktmäßigen Gängen anzubieten, die dann wiederum die Grundlage für die fortgeschrittene Arbeit in der weiterführenden Schule bilden.

Gleichmaß

Das Gleichmaß und die Korrektheit der Schritte, Tritte und Sprünge sind eines von mehreren Merkmalen für die Qualität der Gänge, aber sie haben im Training die absolut höchste Priorität. Gleichmaß bedeutet, dass der Schritt vier gleichmäßige Schläge hat, dass der Trab gleich ist auf beiden Diagonalen und dass der Galopp aus einem gleichmäßigen Dreitakt besteht mit einem kurzen Moment der Verzögerung, wenn alle vier Beine über dem Boden schweben. Nicht alle Pferde haben von Natur aus korrekte Gänge, und selbst wenn man mit korrekten Gängen beginnt, so bleibt weiter die Herausforderung, das Gleichmaß in der Ausbildung zu erhalten und noch zu verbessern.

Das Gleichmaß im Trab ist am einfachsten zu erkennen. Ein Pferd, das im Trab ungleich geht, ist lahm oder es scheint zumindest lahm. Macht das Pferd einen gesunden Eindruck und ist es im Trab an der Longe ohne Reiter im Gleichmaß, sogar auf hartem Boden, wird es aber ungleich, sobald es geritten wird, zeigt sich ein Ausbildungsproblem, das Zügellahmheit genannt wird. Es hängt meistens mit der Haltung des Pferdes und der Verbindung über den Rücken zusammen und spiegelt sich in unbeständiger Anlehnung und Unruhe in der Kopf- und Halshaltung wider. In den meisten Fällen sind Pferde, die zügellahm erscheinen, wirklich lahm; der Grund für die Lahmheit ist jedoch schwer zu entdecken.

Das Gleichmaß im Schritt ist sehr wichtig für das Pferd im Dressurviereck, aber weniger für ein Springpferd. Manche Rassen, zum Beispiel das Vollblut, zeigen einen angeborenen guten Schritt, andere weniger. Der gute Schritt ist für die meisten erfahrenen Ausbilder auch ein Hinweis auf einen guten Galopp. Manche jungen Pferde mit eindrucksvollem, mächtigem Trab, haben oft Schwierigkeiten im Schritt mit einer Tendenz zum Passgang. Wer sich ein Bild vom Passgang machen will, braucht sich nur einen Hund an der Leine anzusehen.

Galopp in passartiger Fußfolge

Das Gleichmaß im Galopp kann verloren gehen, wenn die Anforderungen an die Versammlung erhöht werden. Der Moment der Verzögerung wird kürzer oder geht ganz verloren und führt dann zu einem Vierschlag im Galopp. Normalerweise wird das diagonale Beinpaar, also inneres Hinter- und äußeres Vorderbein, gleichzeitig auf dem Boden aufgesetzt, aber beim Vierschlag berührt das „faule" Hinterbein den Boden zu früh und nicht weit genug unter dem Schwerpunkt. Das Gegenteil, ganz besonders wenn das äußere Vorderbein früher abgesetzt wird als das innere Hinterbein, führt zu einem „gleichseitigen" oder passartigen Galopp. Das Pferd scheint im Passgang zu sein. Meistens zeigt sich das beim äußeren gleichseitigen Beinpaar, aber in schweren Fällen auch bei beiden. Im Extrem sieht es bei derart galoppierenden Pferden so aus, als ob das führende Vorderbein sich gleichzeitig mit dem inneren Hinterbein niedersenkt und das äußere Vorderbein gleichzeitig mit dem äußeren Hinterbein. Der Galopp sieht aus, als kullere er von einer Seite zur anderen. Er fühlt sich auch so an und das Sitzen ist außerordentlich unbequem.

Takt

Sobald das Pferd gelernt hat, gleichmäßig vorwärtszugehen, wird die Festlegung eines Taktes innerhalb der Gangart zum Hauptanliegen. Jedes Pferd hat einen Takt, der zu seiner Größe und seinem Typ passt. Es ist klar, dass ein Pony kürzere Schritte, Tritte, Sprünge und einen schnelleren Rhythmus hat als ein Pferd und natürlich gibt es auch Unterschiede zwischen einem kleineren und einem größeren Pferd. Es ist unmöglich zu sagen, was genau der richtige Takt für jedes Pferd ist. Mit fortschreitender Ausbildung ermöglichen es die zunehmende Elastizität und der Fleiß in der Bewegung, dass das Pferd einen leicht verlangsamten Takt durch mehr Kadenz in den Tritten annimmt. Der Reiter muss hier darauf achten, dass es nicht zu einem unnatürlich langsamen Takt kommt. Das passiert, wenn ein Pferd das Vorwärtsgehen vermeidet und sich lieber über eine erhöhte Kadenz mit den Vorderbeinen abstößt, statt das Engagement der Hinterbeine zu verstärken. Das nennt man einen schwebenden Trab.

Das Ziel ist die Erhaltung des gleichen Taktes, sowohl in der Versammlung als auch im Arbeits-, Mittel- und starken Tempo genauso wie in den Übergängen zwischen den Gangarten. Obwohl das sehr schwer zu erreichen ist, bleibt es doch das höchste Ziel in der Dressurausbildung. Eine Verfehlung provoziert solche Richterkommentare wie „Taktverlust", „eilend" usw.

Gleichgewicht – Längsrichtung und seitlich

Die Grundausbildung lehrt das Pferd allmählich, ein besseres Gleichgewicht zu halten, längs gerichtet und seitlich. Das Gleichgewicht muss eine unabhängige Balance sein. Es ist die Aufgabe des Pferdes, sein Gleichgewicht in Wendungen und auf dem Zirkel zu erhalten, ganz egal, wie klein sie auch sein mögen.

Fortgeschrittene Dressuraufgaben verlangen, dass das Pferd alle Wendungen und Lektionen in unabhängiger Balance oder „in Selbsthaltung" erfüllt. Das Springpferd muss dazu noch in der Lage sein, enge Wendungen im Gleichgewicht zu vollführen, um Zeit zu sparen und dabei dennoch die Qualität des Galoppsprunges für einen guten Absprung zu erhalten. Unabhängiges Gleichgewicht ist ebenfalls lebenswichtig für ein Vielseitigkeits- oder Hindernisrennpferd, auch wenn die Wendungen hier nicht so eng angelegt sind.

Das junge oder untrainierte Pferd findet sein längs gerichtetes Gleichgewicht oft „auf der Vorhand". Die dressurmäßige Arbeit hilft ihm, das Gleichgewicht zu suchen, und später bei fortschreitendem Training lernt das Pferd in der Versammlung das Gewicht mehr auf der Hinterhand zu tragen. Versammlung wird nicht nur vom besser ausgebildeten Dressurpferd verlangt, sondern auch im Springen. Der Hauptunterschied liegt darin, dass die Versammlung beim Dressurpferd eine anhaltende ist, während sie vom Springpferd nur für den Moment verlangt wird, so wie beim Anspannen einer Sprungfeder. Das Vielseitigkeitspferd muss vor den anspruchsvolleren, mehr „technischen" Hindernissen ebenfalls versammelt sein, aber im Allgemeinen reicht ihm ein gutes Gleichgewicht, um mit den unterschiedlichen Anforderungen seiner Disziplin fertig zu werden.

Das seitliche Gleichgewicht ermöglicht dem Pferd, auf der Spur zu bleiben, sei es auf geraden Linien oder in der Wendung. Wenn es sein seitliches Gleichgewicht verliert, sagt man von einem Pferd, es „fällt hinein oder heraus“ (beispielsweise in die Wendung oder aus der Wendung). Der Schlüssel zum seitlichen Gleichgewicht sind Haltung und Geraderichtung und die Unterstützung durch die Hinterbeine unter dem Schwerpunkt. Ein Pferd mit relativ schmalem Gebäude wie einige Vollblüter, bei denen das Fundament „eng“ ist, wo also die Hufe enger zusammenstehen, wird mehr Schwierigkeiten haben, seine natürliche seitliche Balance zu halten als ein Pferd mit breiterem Fundament.

Geraderichtung

Alle Pferde sind von Natur aus schief. Diese Schiefe zeigt sich wie bei den Menschen, von denen die meisten Rechtshänder sind. Die Stellung im Genick neigt meistens eher nach rechts, die Biegung am Halsansatz zeigt nach links und die Vor- und Hinterhand weichen leicht nach rechts aus. Bevor es relativ gerade gerichtet ist, reitet sich manches Pferd eher wie eine Schlange! Es ist ziemlich einfach, ein Auto in die gewünschte Richtung zu lenken, weil das Fahrzeug in sich gerade bleibt, aber bei einem Pferd kann der Kopf nach außen zeigen, sein Hals nach innen gebogen sein, die Schulter weicht aus und die Hinterhand kommt herein. Beobachten Sie einen Hund, der seines Weges geht, und Sie werden sehen, dass er oft leicht seitlich versetzt trabt. Ein Pferd hat von Natur aus die gleiche Schiefe, aber zeigt sie manchmal weniger ausgeprägt.

In waagerechtem Gleichgewicht

Auf der Vorhand

Die natürliche Schiefe des Pferdes

Eines der Ausbildungsziele ist es, das Pferd gerade zu richten, sodass es bei der Ausführung von Wendungen und Zirkeln welcher Art auch immer sowohl „in der Linie"* als auch „auf der Spur"* bleibt. Auf der Spur bedeutet, das Pferd bleibt auf dem vom Reiter gewählten Weg, so wie ein Rallye-Fahrzeug durch die Kurve fegt. Solange das Auto auf der Straße bleibt, auch wenn es sich auf rutschiger Oberfläche dabei seitwärts bewegt, ist es weiter auf der Spur. Wenn es die Straße verlässt und im Graben endet, dann ist es definitiv von seiner Spur abgekommen, so wie ein Pferd, das nach außen wegdrängt oder bei einer Wendung hereinkommt oder gar hinfällt. In Dressuraufgaben sieht man manchmal Pferde, die auf gerader Linie seitwärts wie bei Seitengängen gehen oder gerade auf einem Zirkel, aber damit immer noch „auf der Spur" sind. Ein aufgeregtes Springpferd nähert sich dem Hindernis manchmal in Seitenrichtung, aber solange es zum Sprung kommt, ist es ebenfalls immer noch „auf der Spur"

„In der Linie" bedeutet, das Pferd ist gerade in seinem ganzen Körper. Kopf, Hals, Widerrist, Rumpf, Hüften und der Schweif sollen alle „in der Linie" oder in einer Reihe sein. Das trifft auf der Geraden ebenso zu wie in der Wendung. Bei Dressuraufgaben ist eine der Anforderungen an einen gut ausgeführten Zirkel, dass das Pferd gleichmäßige Biegung zeigt. Das bedeutet, das Pferd ist „in der Linie". Dazu gehört, dass die seitliche Stellung im Genick der Richtung der Biegung entspricht und in Relation zur Größe des Kreises steht. Ich benutze oft das Bild eines Zuges mit sechs Wagen (Kopf, Hals, Widerrist, Rumpf, Hüfte und Schweif). Solange die Lokomotive und die Anhänger auch in einer Kurve nicht entgleisen, ist der Zug in der Linie oder in einer Reihe. So wie eine Truppe aus sechs Soldaten hintereinander her marschiert und wenn einer der Soldaten aus der Reihe tanzt, ihm sein Feldwebel befiehlt, wieder ins Glied zu treten, sich wieder „in der Linie" einzureihen.

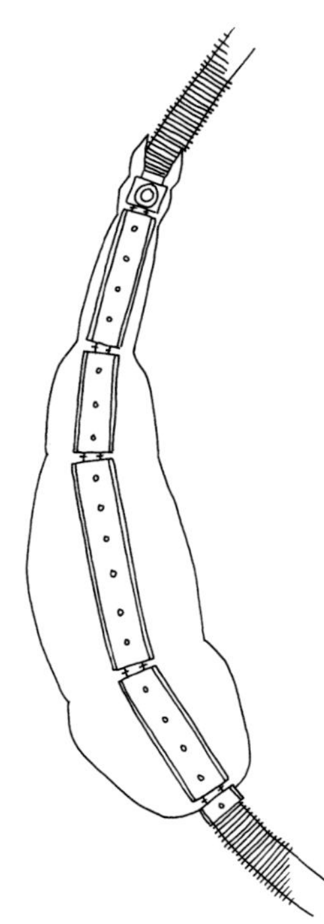

Für die Geraderichtung müssen alle Teile des Pferdekörpers auf der Spur und in der Linie sein, so wie die Anhänger eines Zuges.

Haltung

Das Wort „Seitenbild" wird benutzt, wenn wir von der Haltung des Pferdes sprechen. Für die Reiter mit Ambitionen in der Dressur hat das Seitenbild eine hohe Bedeutung. Ein Großteil der Noten bewertet die Qualität des Seitenbildes. Die gute Haltung ist die Grundlage für gute Leistung, sowohl in der Dressur als auch beim Springen. Sie ermöglicht die Realisierung des sportlichen Potenzials des Pferdes im Hinblick auf Gänge und Ausdruck der Bewegung als auch in Genauigkeit und Höhe der Sprünge. Die Haltung in höherer Dressur unterscheidet sich von der für das Springen oder für anspruchsvolles Geländereiten, aber es gibt Gemeinsamkeiten.

*Siehe Seite 13 „Begriffliche Erklärungen"

Der Begriff „Seitenbild" beschwört für manche Reiter das Bild eines Pferdes mit der Nase an der Senkrechten. Aber wer beim Seitenbild nur daran denkt, wie das Pferd seinen Kopf und den Hals trägt, der übersieht andere wichtige Aspekte bei der Haltung, ganz besonders die engagierten Hinterbeine und noch wichtiger den Pferderücken in gedehnter, aufgewölbter Anspannung, der den Reiter trägt und eine belastbare Verbindung zwischen der Hinter- und der Vorhand darstellt. Die Geraderichtung des Pferdes ist ebenfalls ein wichtiger Teil einer guten Haltung.

Für die Betrachtung des Seitenbildes lässt sich das Pferd in drei Bereiche unterteilen: Vorhand, Mittelhand (Rücken), Hinterhand. So wie das Pferd die Muskelgruppen in einem der drei Bereiche benutzt, hat das Auswirkungen auf die Muskelgruppen in den anderen beiden. Es folgt eine Zusammenfassung der Schlussfolgerungen, die sich aus dem Studium der Biomechanik aus dem vorangegangenen Kapitel ziehen lassen.

<u>Korrekte Haltung verlangt das Folgende:</u>

Vorhand (Kopf, Hals und Schultern)
- Annehmen der Anlehnung mit entspannten Kiefernmuskeln.
- Entspannte und, relativ gesehen, gut gedehnte obere Halsmuskeln, die den Kopf des Pferdes in Richtung einer senkrechten Linie fallen lassen, sofern das Gebäude dies zulässt (längs gerichtete Nachgiebigkeit, Beizäumung).
- Dehnung und Stärkung der Muskeln am Halsansatz, die den Hals aufwärts- und vorwärtsheben und damit die Vorhand stützen. In der Dressur spricht man von Aufrichtung = erhobener und gewölbter Hals.

Häufige Fehler: über dem Gebiss, gegen die Hand, hinter dem Gebiss, überstreckt, kurz/eng im Hals, schiefe Kopfhaltung

Mittelhand/Rücken
- Der Zug des erhobenen Halses nach vorn in Kombination mit den aktiven, engagierten Hinterbeinen hilft, den Rücken zu heben und die Last des Reiters zu tragen.
- Die Entwicklung und das Zusammenspiel der Rückenmuskeln verleiht dieser „Brücke" Belastbarkeit, trägt den Reiter und verbindet die Hinterhand mit der Vorhand. Das ist die Grundlage für eine gute Haltung.

Häufige Fehler: hohl, weggestreckt, schief, fest im Rücken

Hinterhand
- Die Hinterbeine schwingen gut unter den Körper, sodass die Muskeln der Hinterhand in die entgegengesetzte Richtung zu den Halsmuskeln ziehen und damit wie die Seile einer Hängebrücke wirken. Sie unterstützen den Rücken des Pferdes und erleichtern ihm damit die Last des Reiters.
- Die Muskeln der Hinterhand sind in der Lage, einen Großteil des Gewichts des Pferdes in anhaltender Versammlung zu tragen und vermitteln dem Spring- und Geländepferd die vorschiebende Kraft.

Häufige Fehler: ohne Verbindung, hinten breit, nach hinten weggestreckt, passiv, faul

Der Rädervergleich

Stellen Sie sich zwei Fahrradräder vor, die oben über ein Seil verbunden sind. An der Vorhand bilden die Zügel Speichen des Vorderrades und hinten stellen die Hinterbeine des Pferdes die Speichen des Hinterrades dar. Das Vorderrad dreht sich nach vorne und zieht die Halsmuskeln mit sich, während das Hinterrad sich in die entgegengesetzte Richtung bewegt und die Muskeln der Hinterhand bewegt. Zusammen üben beide Muskelgruppen einen gleich starken und gegensätzlichen Zug auf die elastischen Rückenmuskeln aus und unterstützen damit den Rücken.

Das Pferd überstreckt sich und fällt auf die Vorhand, wenn das Vorderrad sich schneller dreht als das Hinterrad. Wenn das geschieht, muss das Hinterbein aktiviert werden und die Hand sich senken, um die Pferdenase vorwärtszu-„drehen". Im Gegensatz dazu kommt das Pferd über das Gebiss, verkürzt die Halsmuskeln und streckt die Nase nach vorn. In diesem Fall nimmt der Reiter die Hände höher, um das Vorderrad nach vorwärts zu drehen, und „zieht" das Pferd nach vorne und unten in die Anlehnung hinein. Gleichzeitig wird das „Hinterrad" nach vorne aktiviert und mithilfe von Schenkel, Gerte oder Sporen unter den Körper gebracht, damit es einen gleichmäßigen Zug über die Rückenmuskeln des Pferdes ausübt.

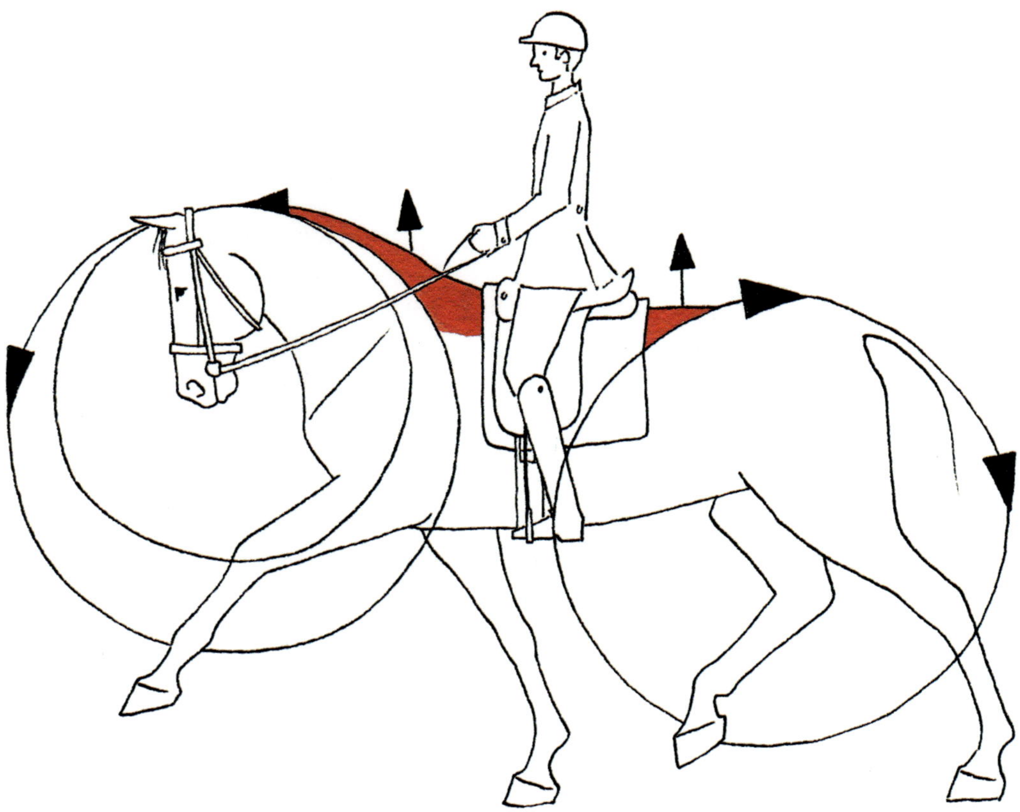

Entwicklung von Haltung, Geraderichtung und Gleichgewicht

Bevor gymnastische Übungen wirksam eingesetzt werden können, muss das Pferd lernen, als Reaktion auf die Einleitende Sitzposition des Reiters, seine Körpersprache und unterstützt von den Schenkelhilfen, genauer zu wenden. Die Zügelhilfe wird weniger wichtig als Gewicht und Schenkel, außer bei der Regulierung der Vorwärtsbewegung über halbe Paraden. Das Traumziel ist es, sein Pferd entweder auf der Vorhand, der Hinterhand oder auf einem sehr kleinen Zirkel mit den Zügeln in einer Hand und ganz leichter Anlehnung wenden zu können. Indem wir dem Pferd beibringen, sich so wenden zu lassen, schaffen wir die Grundlagen für die gymnastischen Übungen, mit denen sich die Haltung des Pferdes, sein Gleichgewicht und die Gänge entwickeln und verbessern lassen.

Die Einleitende Sitzposition ist die Vorbereitung für alle Wendungen, Übergänge und Seitengänge.

Einleitende Sitzposition

Die Einleitende Sitzposition zur Einwirkung für Wendungen und Biegungen gilt für alle Seitengänge und funktioniert so:

1. **Zur inneren Seite des Sattels sitzen** mit vermehrtem Gewicht im inneren Bügel (siehe auch seitliches Gleichgewicht). Die Bewegungsverlagerung auf die Innenseite des Sattels und die Belastung des inneren Steigbügels erleichtern den Sitz des Reiters in dem Moment, wenn das Hinterbein unter den Pferdekörper tritt, und geben damit dem Pferd Gelegenheit, seinen Rücken zu wölben. Sie verhindern auch, dass der Sattel nach außen rutscht.
   Wenn Sie zur inneren Seite des Sattels sitzen, sollten Sie fühlen, dass der äußere Gesäßknochen sich nahe der Mittellinie des Sattels befindet und den Großteil des Gewichts trägt. Viele Reiter machen den Fehler, sich über die innere Hüfte zu lehnen, anstatt auf der Innenseite des Sattels zu sitzen. Dazu kommt oft ein Hochziehen von innerem Knie und Absatz. Bei korrekter Bewegung wird der innere Gesäßknochen direkter über dem Steigbügel sein. Das ermöglicht, das innere Bein gut nach unten zu strecken/das Pferd zu umfassen. Zu viel Druck auf den Absatz wird jedoch dazu führen, dass der Unterschenkel vom Pferd abgespreizt wird. Das Gewicht des Beins sollte eher auf dem Fußballen ruhen als zu weit in Richtung Absatz gelenkt werden. Eine gute Übung, die man ohne Pferd machen kann, ist das Sitzen auf einer Sessellehne vor einem Spiegel bei gut aufgerichteter Haltung. Fühlen Sie, wie sich Ihr Gewicht verteilt zwischen den Gesäßknochen auf der Sessellehne und dem Fuß auf dem Boden, der Ihre Hüfte unterstützt.

2. **Verkürzen des inneren Zügels** und Bewegung des inneren Arms in die geplante Richtung der Wendung, damit der Ellbogen des Reiters nicht hinter den Oberkörper rutscht, wenn das Pferd in der Wendung die seitliche Stellung nach innen anbietet. (Siehe auch Kapitel „Kommunikation durch Berührung über den Zügel".)

3. **Öffnen/entspannen des Hüftgelenks,** ganz besonders auf der inneren Seite, und die Steigbügelriemen auf beiden Seiten weiter lotrecht fallen lassen. Wer das tut, ist in der Lage, die Schenkelhilfe innen aus der

Hüfte zu geben und mit dem äußeren Schenkel den Kontakt zum Pferd zu erhalten, ohne den Absatz nach oben zu ziehen. Es hilft auch, sich vorzustellen, die Zehen und das Knie außen anzuheben, um das Gewicht aus dem äußeren Steigbügel zu nehmen und in den inneren zu verlagern.

Wenn der Reiter sich diese Sitzhaltung angewöhnt, wird sie schließlich zu einem Automatismus, der innerhalb der Bewegung häufig wiederholt werden kann, um die Einwirkung zu erhalten und mit dem Pferd zu kommunizieren.

Grundlegende gymnastische Übungen

Die zwei wichtigsten Lektionen, die ein Pferd lernen muss, um in Reaktion auf die Sitzhaltung des Reiters und seine Körpersprache zu wenden, sind die Vorhand- und die Hinterhandwendung. Sobald das Pferd diese Übungen verstanden hat, kann man zu anderen Lektionen übergehen.

Übung 1 ➤ Vorhandwendung

Die Ziele

- Das Pferd lehren abzuwenden als Antwort auf Sitzhaltung und seitliche Schenkelhilfe anstatt auf Zügelhilfe.
- Das Pferd auffordern, das innere Hinterbein zu aktivieren und den Rücken zu heben, den Hals vorwärtszudehnen und in eine leichte Anlehnung hineinzuwölben und dabei seitliche Stellung im Genick nach innen zu zeigen.

Die Übung

Das Pferd soll um einen imaginären Pfahl herum wenden, so, als ob es dort mit einem sehr kurzen Strick angebunden wäre. Es soll sich nicht auf dem inneren Vorderbein drehen, sondern stattdessen den Schritt beibehalten. Das innere Hinterbein soll immer vor das äußere Hinterbein treten und es soll mehr oder weniger mittig zwischen den Hufabdrücken der Vorderbeine abgesetzt werden. Wie weit das Pferd mit dem inneren Hinterbein kreuzt, hängt davon ab, wie eng die Wendung ist. Um eine Vorstellung von dem zu bekommen, was das Pferd tun soll, kann man eine Schubkarre voll Wasser auf einem sehr engen Kreis fahren und versuchen, dabei keinen Tropfen Wasser zu verschütten. Sie werden sehen, wie Sie mit

Wendung um die Vorhand

dem „inneren" Bein überkreuzen müssen. Wenn Sie Wasser verschütten, liegt das daran, dass Sie sich gedreht haben wie ein Pferd, das nicht im Gleichgewicht ist.

Die Hinterbeine sollen mit Fleiß angehoben werden, aber ohne den Takt des Schrittes zu beschleunigen. Verräterisches Zeichen dafür, dass das Pferd gezögert hat oder zu faul war, seine Hinterbeine flott zu heben, sind die Schleifspuren der Hinterbeine im Sand des Vierecks. Wird das Hinterbein gehoben, noch bevor es ganz gestreckt ist, und weit nach vorwärts-seitwärts untergesetzt, dann ist das Pferd veranlasst, den Rücken aufzuwölben und nach vorne an den äußeren Zügel heranzutreten und somit die seitliche Stellung im Genick nach innen anzubieten. Der äußere Zügel gibt halbe Paraden, aber immer nur dann, wenn das äußere Vorderbein den Boden berührt. Sobald das innere Hinterbein kreuzt, muss der äußere Zügel nachgeben und dem äußeren Vorderbein erlauben nach vorne und leicht seitwärts zu treten und somit weiter um den imaginären Pfahl herumzutreten. Blockiert der äußere Zügel zu lange, versucht das Pferd rückwärts zu treten oder es zeigt anderen Widerstand.

Tipps für den Reiter

- Einleitende Sitzposition wie bei allen Seitwärtsgängen – siehe oben.
- Um das Pferd am Platz zu halten, werden die annehmenden und nachgebenden Hilfen am äußeren Zügel in dem Moment gegeben, wenn sich die äußere Schulter des Pferdes zurückbewegt.
- Der äußere Zügel kontrolliert auch die Biegung am Halsansatz. Zu Beginn der Vorhandwendung ist der Hals gerade und die Stellung im Genick kann sogar leicht nach außen weisen. Sobald das Pferd mit dem inneren Hinterbein kreuzt, wird es die Stellung nach innen annehmen, sofern die äußere Reiterhand das erlaubt.
- Druck des inneren Schenkels bzw. der Gerte zu dem Zeitpunkt, wenn das innere Hinterbein angehoben wird, um das innere Hinterbein zum Übertreten zu veranlassen. Zu starken und anhaltenden Druck vermeiden.
- Der innere Zügel soll die Anlehnung erhalten und kann unterstützend wirken über eine richtungsweisende Zügelhilfe (direct opening rein) oder sogar über einen richtungsweisenden Zügel mit annehmenden und nachgebenden Zügelhilfen (direct opening rein of opposition). Am allerwichtigsten: Nicht das innere Vorderbein über einen Zug nach rückwärts blockieren.
- Die äußere Hüfte und das Knie müssen entspannt bleiben, damit der äußere Schenkel am Gurt weiter Kontakt mit dem Pferdeleib hat. Das ist wichtig, um das äußere Vorderbein anzuregen und es nach vorne und vor das innere Vorderbein treten zu lassen anstatt nur nach außen. Ein häufig zu beobachtender Fehler: Der Reiter versteift sich und schiebt sein äußeres Bein nach vorne und weg vom Pferd, wenn er mit dem inneren Schenkel Druck ausübt. Damit bringt man das Pferd zum Ausfallen.
- Das Gewicht leicht anheben, sobald der innere Hinterhuf sich hebt, um dem Pferd zu erlauben, den Rücken zu wölben. Das ist auch der richtige Zeitpunkt für eine Korrektur des Sitzes auf der inneren Sattelhälfte, falls notwendig.

Häufige Probleme

Das Pferd lehnt sich gegen den Druck von Schenkel oder Gerte, anstatt ihm zu weichen.

- Über Bodenarbeit bringt man dem Pferd bei, den Schenkeldruck zu respektieren.
  Es kann auch helfen, den Schenkeldruck

über annehmende und nachgebende Zügelhilfen am inneren richtungsweisenden Zügel („direct rein of opposition") zu unterstützen.

Das Pferd biegt sich im Hals zu stark nach innen und geht vorwärts oder seitwärts und ignoriert dabei die äußeren Zügelhilfen.

- Sofort anhalten, bevor Schenkel oder Gerte erneut eingesetzt werden.
- Am äußeren Zügel die Biegung des Halses begrenzen.
- Rückwärtsziehen am inneren Zügel vermeiden.
- Über Arbeit an der Hand dem Pferd beibringen, der Berührung der Gerte zu weichen, bevor es später unter dem Sattel lernt, die Gerte als Unterstützung aufzufassen.

Das Pferd stellt das äußere Hinterbein als Reaktion auf die Schenkelhilfe heraus, um ein Engagement des inneren Hinterbeins zu vermeiden.

- Es könnte sein, dass der Reiter inkorrekt auf der äußeren Hälfte des Sattels sitzt und/oder nicht genug mit dem äußeren Schenkel unterstützt, um die Vorwärtsbewegung zu erhalten.
- Möglicherweise blockiert der Reiter die Bewegung über Zug am äußeren Zügel.
- Widerstand des Pferdes, das innere Hinterbein zu belasten. Es mag notwendig sein, das Pferd an der Hand zu arbeiten und unter dem Sattel die Schenkelhilfe mit der Gerte zu unterstützen.

Die Aktivierung der Hinterbeine über die Vorhandwendung ist eine notwendige, aber allein nicht ausreichende Grundlage für die Schaffung von Gleichgewicht und Versammlung.

- Obwohl die Vorhandwendung das Hinterbein unter den Pferdekörper bringt, kann sie gleichzeitig das Pferd auf die Vorhand bringen und Anlass geben, über die äußere Schulter auszuweichen. Es sollte nicht zu lange dauern, bis der Reiter mit dem äußeren Schenkel auch die Vorhand des Pferdes adressiert. Erst wenn das Pferd bei der Hinterhandwendung auch die Vorhand um die Hinterhand treten lassen kann, werden längs gerichtetes und seitliches Gleichgewicht verbessert.

Übung 2 ➤ Hinterhandwendung

Die Ziele

- Das Pferd lehren, als Antwort auf die Einleitende Sitzposition und hier auf äußeren Schenkel anstatt auf Zügelhilfe abzuwenden.
- Verbesserung des seitlichen Gleichgewichts in der Wendung und der Geraderichtung durch Kontrolle der Schulter.
- Das Pferd lehren, sich an den äußeren Zügel in dem Moment heranzudehnen, wo das äußere Vorderbein vor dem Rumpf kreuzt, und damit Verbesserung der seitlichen Stellung nach innen erzielen.

Die Übung

Die Hinterhandwendung fordert vom Pferd abwechselnd das Kreuzen des äußeren Vorderbeins vor dem inneren Vorderbein und dann das Wegsetzen des inneren Vorderbeins. Dabei treten die Hinterbeine im Rhythmus mit, entweder auf der Stelle oder einem sehr kleinen Kreis, aber niemals rückwärts. Damit die Übung gut gelingt, muss das Pferd das innere Hinterbein unter dem Körper behalten, es soll weiter aktiv bleiben. Deshalb sollte

Wendung um die Hinterhand

diese Übung erst dann versucht werden, wenn das Pferd die Vorhandwendung verstanden hat und ausführen kann.

Die Wendung auf der Hinterhand ist die Basis für die Pirouette. In der echten Pirouette, so wie sie fortgeschrittene Dressurpferde zeigen, ist die Versammlung höher (siehe das Kapitel 5 „Versammlung", Seite 171 ff.) und die Hinterbeine sollen sich am Fleck bewegen.

Tipps für den Reiter

- Die Einleitendende Sitzposition entspricht bei der Hinterhandwendung den Seitengängen: nach innen sitzen, inneren Zügel verkürzen und Hüfte entspannen.
- Es ist hilfreich, das Pferd über Engagement der Hinterhand über mindestens einen Schritt in Richtung Vorhandwendung vorzubereiten. Das führt dazu, dass das Pferd die seitliche Stellung nach innen anbietet. Wenn das geschieht, ist das Pferd bereit für die Wendung auf der Hinterhand.
- Halbe Paraden am äußeren Zügel geben, wenn das äußere Vorderbein abgesetzt wird. Sie verkürzen den Schritt und kontrollieren den Vorwärtsdrang und damit die Größe der Hinterhandwendung.
- Berührung des äußeren Schenkels am Gurt, Absatz und Knie anliegend und leicht angehoben in dem Moment, wenn das äußere Vorderbein vom Boden abfußt. Gleichzeitig gibt der äußere Zügel leicht in der Anlehnung nach. Darüber hinaus wird das äußere Vorderbein aufgefordert, in Richtung der Wendung vor dem Rumpf zu kreuzen.
- Falls notwendig, Druck des inneren Schenkels in unterschiedlicher Stärke, um das innere Hinterbein aktiv zu halten und zum Mittreten entweder nach vorn oder auf der Stelle zu bewegen, anstatt dass es einfach nur vom Körper abgestellt wird.
- Den inneren Zügel nach oben in Richtung Hals als indirekten Zügel ohne Widerstand führen. Damit wird das Pferd ermutigt, die Stellung nach innen beizubehalten, und die Bewegung wird nicht blockiert.

Häufige Probleme

Das Pferd verliert die seitliche Stellung und lehnt sich gegen die Anlehnung am inneren Zügel.

- „Zurückschalten“ in der Anforderung und erst mindestens einen Schritt als Wendung auf der Vorhand ausführen, bis die seitliche Stellung wieder hergestellt ist.
- Den Sitz überprüfen, ganz besonders auf die Belastung der inneren Sitzhälfte. (Es passiert häufig, dass der Reiter nach den ersten Schritten in der Wendung nach außen rutscht.) Sicherstellen, dass dem Pferd genügend Platz unter dem Gesäßknochen bleibt. Dazu muss das Gewicht zwischen dem inneren Steigbügel und dem äußeren Gesäßknochen verteilt sein.
- Sicherstellen, dass der äußere Zügel in Abstimmung mit dem äußeren Vorderbein eingesetzt wird und die Hinterhandwendung erlaubt. Oft machen Reiter den Fehler, eine „indirect rein of opposition“ einzusetzen, um die Vorhand herumzubringen, in Verbindung mit einem äußeren Schenkel, der die Hinterhand anstelle der Vorhand bewegt.

Das Pferd tritt rückwärts oder kreuzt nicht mit dem äußeren Vorderbein.

- Nachgeben mit der äußeren Hand, zeitgleich mit dem Druck des äußeren Schenkels.

Das Pferd weicht mit der Hinterhand aus.

- Der innere Ellbogen darf nicht rückwärts ziehen und hinter die Hüfte kommen.
- Der innere Zügel muss weiter am Hals anliegen und darf nicht abgestellt werden als direct rein oder direct rein of opposition.
- Die annehmenden und nachgebenden Zügelhilfen sollten am äußeren Zügel in Richtung der äußeren Hüfte gegeben werden (als direct rein of opposition) und nicht vor dem Körper kreuzen. Sie sollten gegeben werden im Takt mit der äußeren Pferdeschulter, wenn sie zurückkommt.

Nützliche Übungen zum besseren Verständnis von Vor- und Hinterhandwendung

1. Das Quadrat für die Arbeit an der Vorhandwendung:

Legen Sie ein Quadrat aus vier Stangen auf den Boden mit einem Ständer oder Kegel als deutlichen Mittelpunkt. Ein Helfer „öffnet“ das Quadrat durch Wegrollen einer Stange. Lassen Sie das Pferd hineintreten und den Helfer das Quadrat wieder schließen. Innerhalb des Quadrats ist es das Ziel, den Mittelposten zu umrunden, ohne am inneren Zügel zu ziehen, und damit das Pferd zu übertriebener Innenstellung zu bringen. Wer das schafft ohne den Mittelpfosten zu berühren oder das Viereck zu verlassen und ohne den Hals des Pferdes abzustellen, hat eine korrekte Wendung auf der Vorhand gezeigt. Eine weitere Steigerung ist die Ausführung der Übung mit den Zügeln in einer Hand.

2. Rauten reiten:

Eine oder zwei Schritte um die Vorhand oder um die Hinterhand wenden und dann weiter vorwärtsreiten, sobald das Pferd abwendet.

3. Zickzack:

Ein oder zwei Tritte um die Vorhand oder um die Hinterhand wenden, einige Schritte vorwärtsreiten, den Sitz verändern und die Wendung um die Vor- oder der Hinterhand zur anderen Seite vorbereiten.

Wendung im Quadrat (1) Rauten reiten (2) Zickzack (3)

Mehr Grundlagenübungen

Sobald das Pferd bei diesen einfachen, aber zu Beginn doch sehr komplexen Übungen begriffen hat, was es mit der Sitzhaltung, den Zügeln (bei halben Paraden, richtungsweisende oder haltungsgebende Hilfen) und den Schenkeln, der Gerte und den Sporen (als vorwärtsmotivierende und seitwärtstreibende Hilfe) auf sich hat, kann der Reiter sich dieses grundlegende Verständnis zunutze machen und seine Einwirkung in Wendungen, auf kreisförmigen Linien und bei Übergängen zunächst von Gangart zu Gangart und später dann innerhalb der Gangarten verbessern. Der erste Schritt in der Ausbildung ist Erziehung, und so wie bei einem Kind darf man voraussetzen, dass es eine Sache verstanden hat und sich daran erinnert, wenn man sie ihm oft genug gezeigt und Gelegenheit zum Üben gegeben hat. Ob das Pferd jeden Tag immer gleichbleibend auf die Einleitende Sitzposition und Schenkel- und Zügelhilfen reagiert, hängt von einer Anzahl verschiedener Faktoren ab – von Motivation, Selbstvertrauen, Freiheit von Schmerz, der Klarheit des Signals und der inneren Einstellung des Reiters. Jetzt erreichen wir das Stadium der Ausbildung, in dem alle Übungen dazu dienen, die Durchlässigkeit des Pferdes zu verbessern und die Einwirkung zu verfeinern.

Innerhalb der Grundausbildung verfestigen die Grundlagenübungen nicht nur das Verständnis und die Anerkennung der Körpersprache und der Schenkel- und Zügelhilfen, sondern bringen das Pferd auch in die Haltung, Geraderichtung und ins Gleichgewicht, über die sich die Qualität der Gänge verbessert. Qualität misst sich an Gleichmaß, Takt und Schwung, die Freiheit und Ausdruck der Bewegungen prägen. Die weiterführenden Übungen entwickeln die Fähigkeit des Pferdes, seine Schritte/Tritte/Sprünge im Takt zu versammeln (zu verkürzen) oder zu verstärken (zu verlängern).

Die Übungen erweitern die Bandbreite der Bewegung des Pferdes und liefern Zielvorgaben für die Ausbildung oder dienen der Überprüfung der Ausbildung in Dressurprüfungen. Beide Übungsgruppen sind für das Springpferd so bedeutsam wie für das Dressurpferd. Bei Dressuraufgaben sind die Lektionen nicht nur Übungen zur Ausbildung, sondern auch das Mittel, über die eine Ausführung bewertet wird. Beim Springen sind die dressurmäßigen Übungen auf ebenem Hufschlag das Mittel zum Zweck, das Pferd mit der bestmöglichen Aussicht an den Sprung zu bringen und diesen auch erfolgreich überwinden zu können.

Zu einem späteren Zeitpunkt zeigt das Dressurpferd auch anspruchsvollere Lektionen wie Passage und Galopp-Pirouetten, die ein großes Maß an anhaltender Versammlung verlangen. Das Hauptanliegen von Passage und Pirouette ist die stolze Darstellung der Schönheit des Pferdes und der Fähigkeiten seines Ausbilders und Reiters, sei es im Wettkampf oder bei Schauvorführungen. Einem Vielseitigkeits- oder Springpferd diese Übungen beizubringen ist vermutlich kontraproduktiv im Hinblick auf seine Leistungen als Springer und Galoppierer.

Trotzdem bleibt die eigene Phantasie das einzige Limit bei den Grundlagenübungen und den möglichen Kombinationen, die sich daraus bilden lassen. Alles, was ein Pferd theoretisch zeigen könnte, darf man fairerweise auch abfragen, solange der Reiter abwägt, ob die körperlichen Anforderungen in Relation zu den Möglichkeiten des Pferdes und seiner Kondition, seinem Ausbildungsstand und seinem Selbstvertrauen stehen. Zum Beispiel wird beim Außengalopp in einer Dressurprüfung eine leichte Stellung in Richtung des vorspringenden Beines gefordert, aber im Training kann es auch nützlich sein zu überprüfen, ob das Pferd die seitliche Stellung auch in die andere Richtung anbietet, ohne einen unbeabsichtigten Galoppwechsel zu springen. Es sollte möglich sein – deshalb kann man es auch abfragen.

Die Übungen sind auch Teil eines Konditionsprogramms, das Hand in Hand geht mit der Erziehung und der Gymnastizierung. Zusätzlich zu dem Ausbildungsprogramm auf ebenem Hufschlag werden Stärke und Kraft des Pferdes und damit indirekt auch sein Selbstvertrauen durch Springübungen und Reiten im Gelände einschließlich der Arbeit an Steigungen weiter gefördert. Die Kräftigung der Muskeln und die allgemeine Verbesserung der Fitness des Pferdes hierdurch werden oft übersehen, ganz besonders von reinen Dressurreitern.

Konditionierung ist ein Prozess der allmählich ansteigenden Belastung, gefolgt von Erholung. Ohne Anforderungen erfährt das Pferd keine Belastung und damit auch keine Konditionierung. Andererseits wird das Pferd nicht bereit sein mitzuarbeiten, wenn die Belastungen zu groß sind oder zu lange andauern und letztlich Verletzungsgefahr besteht. Es muss Ausgewogenheit herrschen, und bei dem Streben danach wird man einen Tag zu viel von seinem Pferd verlangen und dann wieder zu wenig, aber solange der Reiter diese Forderung nach Ausgewogenheit im Sinn behält, werden sich die Anforderungen im Ganzen gesehen auch ausgleichen.

Es ist hilfreich, die Übungen in ihre einzelnen Bestandteile zu zerlegen. Manche Pferde werden versuchen, zu schnell zu reagieren, andere sind zu langsam in ihrer Reaktion. Selbst wenn der Reiter weiß, was er will, so muss er sich doch vorbereiten und Schritt für Schritt die Übung entwickeln, damit dem Pferd verständlich wird, was es soll.

Die gymnastizierenden Übungen müssen immer genau geritten werden. Nur wer seine Zirkel, Volten, Wendungen genau zu reiten versucht, der benutzt auch die Schenkel- und Zügelhilfen korrekt, um seinen Sitz und seine Körpersprache zu betonen. Oft sieht man Reiter beim Training scheinbar planlos in der Bahn herumreiten. Auf diese Weise reiten sie nur nach ihrem Gefühl anstatt in einer Kombination aus Sehen und Gefühl. Das Pferd soll immer auf der Spur und in der Linie sein, aber es kann nur auf der Spur sein, wenn man weiß, wo man überhaupt hin will!

Übung 3 ➤ Kombination aus Vorhandwendung mit Zirkeln und Übergängen (Schritt–Trab–Schritt)

Das Ziel

- Seitliche und längs gerichtete Nachgiebigkeit und Anlehnung erreichen.
- Die Qualität der Übergänge verbessern.
- Achten und Schlangenlinien verbessern

Die Übung

Nutzen Sie die Vorhandwendung, um seitliche und längs gerichtete Nachgiebigkeit vor dem Übergang zum Trab zu erreichen. Abwenden auf einen Zirkel von 20 Meter Durchmesser, Übergang zum Schritt, gefolgt von einer Vorhandwendung nach außen und dann zurück zum Trab auf der anderen Hand. Diese Übung ist die Grundlage für einen ausbalancierten Handwechsel im Trab, so wie ihn eine Acht oder eine Schlangenlinie erfordert.

TIPPS FÜR DEN REITER

- *Sitzen Sie im Sattel vermehrt auf der Seite, die zur inneren Seite wird, bevor die Vorhandwendung beginnt.*
  Vor dem Reiten einer Acht oder einer Schlangenlinie muss die Gewichtsverlagerung vor dem Richtungswechsel erfolgen, um dem Pferd Zeit zu geben, auf die Veränderungen im Sitz zu reagieren. Der äußere Zügel gewährt dann die Veränderung der seitlichen Stellung und erlaubt die Einleitung der neuen Wendung – in dieser Reihenfolge. Wenn das Pferd die veränderte Sitzhaltung nicht erkennt oder nicht reagiert, muss der neue innere Schenkel eingesetzt werden. Falls notwendig, durchparieren zum Schritt und seitliche Nachgiebigkeit über eine Wendung auf der Vorhand erreichen, bevor man im Trab weiterreitet.

- *Innerer Schenkel an äußeren Zügel*
  Dieser Ausdruck bedeutet, dass der neue innere Schenkel das neue innere Hinterbein in der Vorhandwendung anregt, an die annehmende und nachgebende Zügelhilfen gebende äußere Hand heranzutreten und die seitliche Stellung nach innen zu verändern. Der äußere Zügel ist damit die aktive „Signalleitung" während der Wendung und auf dem Zirkel. Er unterstützt die Körpersprache über annehmende und nachgebende Zügelhilfen in verwahrender Position. Die Intensität der halben Paraden ist veränderlich, und manchmal muss der äußere Zügel auch wie ein Ausbinder durchhalten, um den äußeren Schenkel zu unterstützen.

- *Der Wechsel in der seitlichen Stellung in der Vorhandwendung erfolgt, nachdem die Wendung begonnen worden ist, nicht vorher.*
  Das ist der Unterschied zu dem Wechsel in der seitlichen Stellung bei einer Acht oder in einer Schlangenlinie, bei dem das Pferd die Veränderung in der Sitzhaltung und den neuen inneren Schenkel bereits v o r dem Beginn des Richtungswechsels erkennt.

- *Richtiges Timing beim Übergang vom Schritt in den Trab*
  Der erste Trabtritt soll sich ergeben, sobald die äußere Schulter des Pferdes vorgeht. Dieser Moment ist für den Reiter einfacher zu erkennen als die Vorwärtsbewegung des inneren Hinterbeins. Wenn das Pferd vorwärts „zieht", in die Anlehnung hinein, dann war es der richtige Moment. Kommt das Pferd beim ersten Trabtritt über das Gebiss, dann ist die Wahrscheinlichkeit groß, dass das Timing für den ersten Tritt falsch war.

- *Richtiges Timing beim Übergang vom Trab zum Schritt*
  Die annehmenden und nachgebenden Zügelhilfen am äußeren Zügel werden gegeben, sobald die äußere Pferdeschulter zurückkommt, aber der erste Schritt-Tritt wird dann beim nächsten Schritt erfolgen, wenn das innere Hinterbein bzw. das äußere Vorderbein nach vorne kommen und die äußere Hand dieser Bewegung folgt. Auf diese Weise wölbt das Pferd den Rücken auf, anstatt hohl zu werden. Zu diesem Zeitpunkt empfehle ich das Durchparieren aus dem Leichttraben und nicht aus dem Aussitzen, mit dem Ziel, beim Aufstehen in den Schritt zu fallen und nicht in die Phase des Hinsetzens; vorausgesetzt, der Reiter trabt auf dem richtigen Fuß (nämlich Sitzen, wenn die äußere Schulter zurückkommt und das innere Hinterbein trägt). Diese Vorgehensweise hilft bei der Abstimmung des Timing

und regt das Pferd an, den Rücken beim Übergang in die niedrigere Gangart aufzuwölben (siehe auch Übungen 9 und 10, die „Zonen"übung).

- *An „Auf-der-Spur" und „In-der-Linie" und an genaues Reiten denken.*
  Am Ende der Vorhandwendung sicherstellen, dass der äußere Schenkel die Vorhand kontrolliert, um das Pferd an einem Ausweichen über die Schulter zu hindern. Der äußere Zügel kontrolliert ebenfalls das Ausweichen über die Schulter. Bald kann die Vorhandwendung nach außen auf dem Zirkel verändert werden in eine Hinterhandwendung während der zweiten Hälfte der Wendung. Nach den ersten zwei oder drei Schritten der Vorhandwendung wird der neue äußere Schenkel deutlicher. Er bringt das Gewicht des Pferdes vermehrt auf die Hinterhand und kontrolliert die Schulter.

Häufige Probleme

Das Pferd ignoriert den äußeren Schenkel und versucht, auf dem Zirkel über die äußere Schulter auszuweichen.

- Wiederholung des Überganges zum Schritt und erneuter Ansatz einer Vorhandwendung nach außen. Das hilft, dem Pferd beizubringen, den äußeren Schenkel zu respektieren, der es auffordert, auf der Spur und in der Linie zu bleiben.

Übung 4 ➤ Schenkelweichen auf der Diagonalen

Das Ziel

- Seitliche Nachgiebigkeit erreichen.
- Anlehnung am äußeren Zügel schaffen.
- Dem Pferd beibringen, mit dem inneren Hinterbein zu tragen, anstatt sich damit nur nach vorn abzustoßen.

Seitengänge sind eine gymnastizierende und lösende Übung, die sich logisch aus dem Begreifen der Vorhandwendung, halben Paraden und direkten Zügelhilfen des Pferdes ergibt. Schenkelweichen ist eine relativ einfache Übung, die das Pferd leicht versteht und die ein erster Schritt zu anspruchsvolleren Aufgaben wie Schulterherein, Travers, Renvers und Traversale ist.

Schenkelweichen auf der Diagonalen

DIE ÜBUNG

- Das Pferd weicht dem Druck des Schenkels am Gurt und erhält dabei die relative Geraderichtung seines Körpers.
- Eine leichte seitliche Stellung im Genick weg von der Bewegungsrichtung.
- Man sagt, das Pferd sei auf zwei Hufschlägen.
- Das innere Hinterbein tritt vorwärts und kreuzt vor dem äußeren Hinterbein (es führt hin).
- Das äußere Vorderbein setzt sich in gleichem Maße vom Körper ab (es führt weg).
- Das äußere Hinterbein tritt eher vorwärts als seitwärts weg vom Körper.
- Das innere Vorderbein kreuzt vor dem äußeren Vorderbein.
- Das Gleichmaß der Schritte bleibt erhalten.

TIPPS FÜR DEN REITER

- Die Ecke so durchreiten wie für einen normalen Handwechsel auf der Diagonalen.
- Nach innen sitzen – äußerer Gesäßknochen in Richtung Sattelmitte.
- Den neuen inneren Zügel verkürzen. Der neue innere Zügel soll kurz sein, sodass der Ellbogen auf der neuen inneren Seite nicht hinter die Hüfte kommt, wenn das Pferd die seitliche Stellung wechselt, sobald es die Seitwärtsbewegung beginnt. Es hilft, den Arm nach außen zu drehen, weil damit der innere Ellbogen näher zum Oberkörper kommt, sodass die Zügelhilfe eine zweifache Aufgabe übernimmt. Sie ist richtungsweisende Hilfe, sobald die seitliche Bewegung beginnt (und fördert die seitliche Stellung in diese Richtung), und sie unterstützt als indirekter Zügel.
- Der innere Zügel kann auch als indirect rein of opposition wirken und unterstützt damit die Einwirkung des inneren Schenkels auf die Hinterhand.
- „Innere Hüfte öffnen". Der neue innere Schenkel bewirkt seitliche Berührung/ Druck am Gurt oder knapp dahinter, aber ohne den Absatz nach hinten zu schieben. Dazu darf das Knie leicht geöffnet werden.
- Die Seitwärtsbewegung über ein oder zwei Schritte einer Vorhandwendung beginnen lassen, um die Hinterhand hinter die Vorhand zu bringen, bis das Pferd nahezu parallel zur langen Seite geht und sich die seitliche Stellung hinüber zur anderen Seite verschiebt.
- Die äußere Schulter mit dem äußeren Schenkel am Gurt kontrollieren, während der äußere Zügel die Biegung am Halsansatz begrenzt, aber die Stellung „nach innen" erlaubt. Das fördert den weiteren Vorgriff des äußeren Vorderbeins, und das wiederum hilft dem inneren Hinterbein, weiter zu kreuzen.
- Der Takt darf auch mit dem Risiko eines Schwungverlusts etwas langsamer werden, damit das äußere Vorderbein weiter vorgreifen und das innere Hinterbein besser kreuzen kann.

Übung 5 ➤ Die „Korridor"übung

Schenkelweichen auf der Zirkellinie, nach innen und außen

- Stellen Sie sich einen Korridor vor, etwa 1 ½ Meter breit auf einem Zirkel von etwa 20 Meter Durchmesser. Das Pferd bewegt sich auf der Spur inmitten des Korridors.
- Die äußere Sitzhälfte belasten, äußeren Zügel verkürzen, dann Seitengänge nach innen auf der Zirkellinie, mit gerade so viel Stellung, um die innere Schulter des Pferdes an die „innere Wand" des Korridors zu bringen.

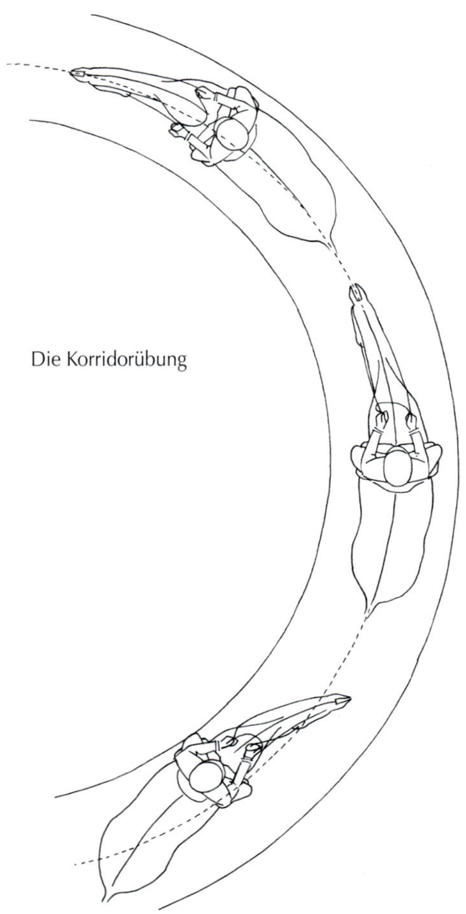

Die Korridorübung

- Das Pferd sollte dann seitliche Nachgiebigkeit und Stellung nach außen bieten und damit die äußere Schulter wieder in die Linie bringen. Sobald es das getan hat, auf dem Zirkel nach innen sitzen und Seitengänge zurück an die „äußere Wand" des Korridors verlangen.
- Die Zirkellinie von 20 Metern Durchmesser soll während der gesamten Übung sauber eingehalten werden.

Übung 6 ➤ Der Galopp und Übergänge: Trab–Galopp, Galopp–Trab

Sobald das Pferd im Trab hinsichtlich Takt, Gleichgewicht und Haltung relativ gefestigt ist, kann mit dieser Übung begonnen werden.

Die Ziele

- Die Wechsel der Gangarten sind im Takt, im Gleichgewicht und auf der Spur zu absolvieren, ohne dass das Pferd aufgrund der veränderten Sitzhaltung und Körpersprache des Reiters seine Haltung verändert.
- Takt, Gleichgewicht und Haltung im Galopp beibehalten – das Pferd soll in Selbsthaltung bleiben.
- Die Qualität des Galopps verbessern.
- Galoppieren auf der gewünschten Hand sowohl im Hand- als auch im Außengalopp, bevor das Pferd lernt, sich zu versammeln und seine Sprünge zu verkürzen, ohne dabei an Qualität des Galoppsprungs einzubüßen.

Vom Trab zum Galopp

Wenn der Trab einigermaßen korrekt ist, nimmt der Reiter die Sitzhaltung für den Galopp (auf der inneren Hand) ein. Dann wird das Pferd veranlasst, im Takt die Tritte zu verlängern, bis es angaloppiert, so wie es das auch auf der Weide tun würde. Das unausgebildete Pferd wird nicht sofort den Galopp annehmen, aber wenn der Reiter beharrlich in seiner Einleitenden Sitzposition und in der Körpersprache bleibt, wird ein williges Pferd schließlich lernen, die Galopphilfe schneller zu erkennen und anzugaloppieren, ohne zuerst die Trabtritte zu verlängern. Die Anlehnung soll dabei einigermaßen gleichmäßig bleiben, vorzugsweise mit etwas mehr Kontakt am äußeren Zügel. Das Pferd soll die gewünschte Hand annehmen gemäß der Einleitenden Sitzposition des Reiters, ohne seine Haltung sehr zu verändern. Trabt das Pferd lediglich schneller, wird es im Tempo über annehmende und nachgebende Zügelhilfen zurückgenommen.

Auch ein Pferd mit mehr Erfahrung wird bessere Übergänge in Reaktion auf Sitzhaltung und Körpersprache zeigen als nur allein auf Schenkelhilfe. Weit verbreitet ist die Lehre des Zurücknehmens des äußeren Schenkels als Hilfe zum Galopp. Daraus entstehen fast immer schlechte Übergänge, bei denen das Pferd während des Übergangs über das Gebiss kommt oder gegen die Hand geht. Die Ursache liegt darin, dass das Pferd den Galopp über Abstoßen des Vorderbeins oder des äußeren Hinterbeins beginnt und nicht über ein engagiertes inneres Hinterbein.

Die Einleitende Sitzposition

- In Richtung Innenseite des Sattels sitzen mit der inneren Hüfte leicht vorwärts.
- Inneren Zügel leicht verkürzen, sodass die innere Hand eben vor der äußeren steht.
- Äußere Schulter zurücknehmen.

Die Körpersprache

- Den Galopp einleiten über „Tritte“ in den inneren Steigbügel – ähnlich einem Kind, das mit seinem Steckenpferd im Garten herumhopst. Erwarten Sie eine Reaktion des Pferdes nicht gleich beim ersten Mal, aber wiederholen Sie diese Hilfe, bis es reagiert.

Häufige Probleme

Das Pferd „hüpft“ in den Galopp oder wirft Kopf und Hals hoch.

- Das Pferd verhält im Moment des Übergangs und benutzt Kopf und Hals, um seine Schultern in den Galopp zu heben, anstatt den Galopp von hinten zu beginnen. Man kann das Pferd dazu umerziehen, im Takt weiter vorwärtszugehen und anzugaloppieren. Dazu konzentriert sich der Reiter stark auf seine Einleitende Sitzposition und benutzt nur den Schenkel oder die Gerte auf der inneren Seite, um seine Körpersprache zu verstärken und das Pferd fleißiger zu machen. Das sollte als Motivation genügen, damit das Pferd die Trabtritte verlängert und schließlich angaloppiert.

Das Pferd springt immer im Außengalopp an.

- Der Reiter muss seine Sitzhaltung noch deutlicher einnehmen und auf den Moment warten, wenn das Pferd ihm das Gefühl gibt, eher in den Zirkel hineinzuwollen als nach außen wegzudriften. Erst dann kommt der „Tritt“ in den Bügel als Galopphilfe. Wenn das nicht funktioniert, weil das Pferd über die äußere Schulter ausweicht, kann man durchparieren zum Schritt, eine Vorhandwendung nach außen machen, danach sofort die Sitzposition zum Galopp einnehmen und erneut versuchen anzugaloppieren. Dabei muss man sehr sorgfältig darauf achten, dass das Pferd in Anlehnung an den äußeren Zügel bleibt, während der innere Zügel sich vom Hals öffnet. Eine andere Lösung bei sehr jungen Pferden ist das Reiten einer Acht. Für ein korrektes Angaloppieren auf der rechten Hand reitet man einen kleinen Zirkel auf der linken Hand, wechselt die Hand und lässt sofort danach im Rechtsgalopp anspringen.

Das Pferd rennt immer schneller im Trab, anstatt anzugaloppieren.

- Es kann helfen, in dem Moment mit der Gerte hinter dem Schenkel zu touchieren, wenn der innere Bügel ausgetreten und der innere Schenkel angelegt wird. Dazu kann man unterstützen über halbe Paraden am äußeren Zügel, um den gewünschten Takt zu betonten.

Das Pferd ist widersetzlich und geht nicht mehr vorwärts, wenn es angaloppieren soll.

- Das kann daran liegen, dass der Reiter zu viel Schenkeldruck gibt oder nur das äußere Bein als Hilfe zum Angaloppieren zurücknimmt. Es kann auch sein, dass das Pferd einfach nur faul ist. In diesem Fall ist die Vorwärtsbewegung die erste Priorität, egal ob im Trab oder Galopp. Wenn nötig, muss die Gerte die Körpersprache unterstützen und das Pferd zum Vorwärtsgehen bewegen.

Von Galopp zum Trab

Die Einwirkung

- Der Oberkörper richtet sich mehr auf in Vorbereitung auf den Übergang und die äußere Schulter geht vor.

Die Körpersprache

- Den Übergang über „Denken" im Trab-Rhythmus und leichtes Zurücknehmen des Oberkörpers einleiten. Das wird unterstützt über annehmende und nachgebende Hilfen am äußeren Zügel. Das Pferd sollte in dem Tritt nach der halben Parade traben, so wie es die äußere Hand erlaubt. Es wird veranlasst, den Übergang nach vorne in einem guten Trab-Takt anzulegen. Wird die Zügelhilfe für zwei oder mehr Sprünge durchgehalten, wird der Übergang abgehackter (siehe auch das Kapitel zu annehmenden und nachgebenden Zügelhilfen, Seite 61 ff.).

Wenn die Körpersprache des Reiters Trab ansagt, aber die Einleitende Sitzposition weiter Galopp anzeigt, wird das Pferd im Galopp bleiben und nur die Sprünge als Antwort auf die annehmenden und nachgebenden Zügelhilfen verkürzen. Das geschieht oft bei den erfahrenen Dressur- oder Springlehrpferden, die es einfacher finden im Galopp zu bleiben, anstatt den Übergang zurück zum Trab zu zeigen.

Hat sich der Reiter angewöhnt, ein schwaches oder faules Pferd bei jedem Galoppsprung mit Kreuz und Schenkel zu treiben, dann wird das Pferd davon abhängig, um im Galopp zu bleiben. Sehr oft begnügen sich diese Reiter damit, die treibende Kreuzhilfe einzustellen als Zeichen für den Übergang und erlauben dem Pferd, so in den Trab zu fallen. Das unterstützt nur die Angewohnheit des Pferdes, sich auf Kreuz und Schenkel des Reiters zu verlassen, anstatt in Selbsthaltung zu bleiben. Zumindest sollten sich diese Reiter darauf beschränken, nur bei jedem zweiten Galoppsprung Hilfen zu geben mit dem Ziel, das Pferd allmählich immer seltener zu erinnern. Bei diesen Pferden sollte der Schenkel, wenn nötig mit Unterstützung durch die Gerte, zum Zeitpunkt des Übergangs sehr aktiv sein, damit das Pferd wirklich „einen Gang herunterschaltet" in die andere Gangart, anstatt einfach nur aus dem Galopp zu fallen.

Häufige Probleme

Im Übergang sollte das Pferd vorwärts in die Anlehnung „hineinziehen" und damit ganz leicht seinen Rahmen verlängern. Falls das Pferd die Tendenz zeigt, zu weit nach vorne zu kommen und damit auf die Vorhand zu fallen und in den Trab hineinzulaufen (meistens Pferde mit einem längeren Hals), dann muss der Reiter energischer mit der Schenkelhilfe treiben und dabei über annehmende und nachgebende Zügelhilfen das Pferd auffordern, den Hals in dem Moment oben zu halten, bevor die Zügelhilfe den Trab erfragt.

Das Gegenteil ist ein Pferd, das den Hals in die Schultern hineinzieht und sich nach dem Übergang im Trab verhält (meistens Pferde mit kurzem Hals). Hier reitet der Reiter im Galopp mit Fleiß und treibendem innerem Schenkel vorwärts in die Anlehnung am äußeren Zügel hinein. Selbst wenn das Pferd dann dazu neigt in Außenstellung zu gehen, um der Anlehnung auszuweichen, sollte man weiter durchhalten, bis man spürt, wie das Pferd freiwillig nach vorn zieht. Damit verschiebt sich die Stellung wieder nach innen, falls der äußere Zügel das erlaubt. Nur wenn das Pferd so reagiert, soll es traben dürfen. Das Pferd muss auf die Idee kommen, die Innenstellung anzubieten und vorwärtszugehen. Der Reiter darf nicht am inneren Zügel ziehen. Pferde mit dieser Veranlagung zum „Verkriechen" sind schwerer zu korrigieren als solche, die sich zu sehr strecken.

Übung 6a ➤ Schenkelweichen mit Übergängen in den Galopp

Die Kombination aus Schenkelweichen auf der Diagonalen und Übergang in den Galopp am Ende der Diagonalen hilft sehr bei der Verbesserung der Übergänge in den Galopp und ist eine sehr gute lösende Übung für alle Pferde in der Ausbildung.

Das Schenkelweichen bereitet das Pferd gut vor, indem es das neue innere Hinterbein vor dem Angaloppieren aktiviert und, wenn es gut geritten wird, steht das Pferd am Ende der Diagonalen gut in Anlehnung am äußeren Zügel. Der Reiter sitzt bereits nach innen und braucht nur noch die äußere Schulter zurückzunehmen und in den Galoppsprung „hineinzutreten", so wie es vorangehend beschrieben wurde.

Das ist eine meiner bevorzugten Übungen. Ich reite für gewöhnlich einen Zirkel im Galopp am Ende des Vierecks, komme im Trab zurück zu C oder A, dann reite ich auf die nächste Diagonale, bereite das Schenkelweichen vor und gehe dann aus dem Schenkelweichen in den Galopp über, entweder an der Mittellinie oder etwas dahinter. Wenn ich galoppiere, bevor wir die andere Seite der Bahn erreichen, muss ich noch sorgfältiger die Anlehnung am äußeren Zügel erhalten und mit dem unterstützenden äußeren Schenkel das Pferde gerade und auf der Linie halten.

Übung 7 ➤ Außengalopp

Wenn das Pferd im Handgalopp im Takt bleibt und annehmbare Selbsthaltung behält, kann mit dem Außengalopp begonnen werden.

DAS ZIEL

- Verbesserung des Gleichgewichts und der Geraderichtung im Galopp.
- Engagement des inneren Hinterbeins entwickeln.
- Verbesserung der Selbsthaltung des Pferdes, bevor es fliegende Wechsel lernt.

DIE ÜBUNG

Das Pferd soll auf der Geraden oder auf dem Zirkel auf der äußeren Hand galoppieren. In der Natur macht das Pferd das oft über eine ganze Weile, aber es neigt zum Handwechsel, wenn es sich nicht länger im Gleichgewicht fühlt. Außengalopp ist zu unterscheiden von einem Kreuzgalopp. Unter Kreuzgalopp verstehen wir, dass das Pferd mit dem führenden Vorderbein zu einer Seite und dem führenden Hinterbein zur anderen springt. Ein Pferd beim Freilaufen in der Bahn oder auf der Weide wird in einer engen Wendung oder Ecke und darüber hinaus oft über einige Sprünge in den Kreuzgalopp kommen, selbst wenn es vorher im korrekten Handgalopp gewesen ist.

Das Pferd muss mit dem Außengalopp allmählich vertraut gemacht werden:

- Mit sanften Bögen weg von der langen Seite der Bahn beginnen.
- Im Handgalopp eine große Kehrtvolte (halber Zirkel) zurück zum Hufschlag reiten; dort weiter im Außengalopp, mit ausbalanciertem Übergang zurück zum Trab vor der nächsten Ecke.
- Den Außengalopp zunächst auf dem Zirkel von 20 Meter Durchmesser reiten und dann allmählich die Anforderungen steigern.
- Wenn das Pferd den Außengalopp auf dem 20-Meter-Zirkel meistert, kann man beginnen, auch Ecken nach der langen Seite im Außengalopp zu reiten. Dabei soll die Ecke nicht weiter ausgeritten werden als auf der Zirkellinie.
- Allmählich die Ecken tiefer ausreiten. Aber sich vorher genau über die Größe der Viertelvolte im Klaren sein, die man reiten will, 15, 10 oder 8 Meter im Durchmesser, um die Übung wirklich exakt zu reiten.
- Nicht zu lange im Außengalopp bleiben (bevor man in den Handgalopp zurückkommt), weil er dem Pferd zu viel Schwung nimmt und dazu führt, dass das Pferd mehr Unterstützung beim Reiter sucht.
- Eine sehr gute Übung für einen späteren Zeitpunkt, wenn das Pferd seine fortgeschrittene Ausbildung beginnt und im Hinblick auf Versammlung gearbeitet wird, ist eine Schlangenlinie entlang der Mittellinie mit fünf Bögen von jeweils drei Metern Abstand zur Mittellinie im 60-Meter-Viereck. Diese Übung muss sehr genau geritten werden, damit sie erfolgreich abgeschlossen wird und das Pferd fördert.

Im korrekten Außengalopp auf dem Dressurviereck:

- Das Pferd ist im ganzen Körper gerade gerichtet mit leichter Stellung zum führenden Bein. Das Pferd muss sowohl auf der Spur als auch in der Linie sein.
- Die Seite des führenden Beins wird weiter die „innere" genannt.
- Das Pferd geht aufrecht mit dem Gewicht gleichmäßig nach beiden Seiten verteilt.
- Die Hinterhufe folgen den Abdrücken der Vorderhufe.
- Der Galopp bleibt in Takt und Gleichmaß gleich wie der Handgalopp.
- Die Anlehnung ist gleichmäßig.
- Die Sprünge sind in Elastizität und Schwung gleich wie im Handgalopp.

Der korrekte Außengalopp

Tipps für den Reiter

Deutlich in der Sitzhaltung bleiben.

- Belastung der inneren Seite des Sattels, d.h. Sitzen zu der Seite, zu der das Pferd gestellt ist.
- Gleichmäßige Gewichtsverteilung in den Steigbügeln.
- Äußere Schulter zurücknehmen.
- Inneren Zügel so weit verkürzen, bis der innere Ellbogen vor oder an der Hüfte bleibt.
- Gleichmäßigen Schenkelkontakt zu beiden Seiten mit entspannter innerer Hüfte.

Deutlich in der Körpersprache bleiben.

- Folgen der Bewegung des führenden Beins mit der inneren Hüfte und dem Ellbogen.
- Lenken des Pferdes mit Gewicht und Schenkel, um es auf der Linie zu halten anstatt über Zügelhilfen. Der direct (opening) rein ist hilfreich, wenn er auf dem Zirkel leitet, während der Zügel auf der Seite des führenden Beins als indirect rein genutzt wird, ohne jedoch dabei die Anlehnung zu verstärken.
- Den Oberkörper in den Wendungen nach außen neigen, d.h. in Richtung zur Bande, nicht weg davon. Das hilft dem Pferd in seinem Gleichgewicht.

Häufige Probleme

Das Pferd zeigt einen fliegenden Wechsel.

- Freuen Sie sich, dass Ihr Pferd die natürliche Veranlagung dazu hat, und erst dann:
- deutlicher werden in der Einleitenden Sitzposition und Körpersprache.
- Anforderungen zurückschrauben.

Das Pferd geht im Kreuzgalopp.

Siehe oben, aber ohne die Freude!

Zu viel Biegung im Hals nach innen und fällt aus mit der Schulter.

- Die Biegung über den äußeren Zügel kontrollieren und im Training versuchen, allmählich eine seitliche Stellung und Nachgiebigkeit weg vom führenden Bein zu erreichen. Dabei muss sichergestellt sein, dass die innere Hand der Bewegung ausreichend folgt, während der äußere Zügel und der äußere Schenkel versuchen, die Schulter in der Linie zu halten.

Der Galoppsprung verliert an Qualität (Takt, Gleichmaß, Haltung, Schwung).

- Vermeiden, das Pferd über eine verstärkte Anlehnung zu „tragen". Dem Pferd die Verantwortung geben und es an seine Aufgabe erinnern. In der Ausbildung ist es besser, das Risiko einzugehen, dass das Pferd in den Trab fällt oder das Gleichgewicht im Galopp verliert. In dem Fall korrigiert man und beginnt neu. Falls notwendig, darf der Reiter in jedem zweiten Sprung das Pferd mit seinen Hilfen unterstützen. Aber auf lange Sicht muss Selbsthaltung das Ziel sein.
- Über Schenkeldruck, Gerte oder Sporen munter machen, aber ohne den Sprung mit der Gewichtshilfe zu verlängern. Die Gewichtshilfe wird nur genutzt, wenn das Pferd im Außengalopp den Sprung verkürzt.
- Das Pferd gerade richten und zu viel Biegung am Halsansatz vermeiden. Der Qualitätsverlust im Galoppsprung rührt oft daher, dass der Reiter versucht, einen fliegenden Wechsel zu verhindern, indem er zu stark in Richtung führendes Bein abstellt. Falls das Pferd zum Wechsel neigt, sollte der Reiter stattdessen in seiner Einwirkung mit Unterstützung durch den Schenkel deutlicher werden, anstatt die Stellung im Hals zu verstärken.

Übung 8 ➤ Das Rückwärtsrichten

Mit dem Rückwärtsrichten wird begonnen, sobald der Trab aktiv nach vorwärts, im Gleichmaß und einigermaßen taktmäßig gezeigt wird. Das Pferd muss die verlangsamenden Hilfen der Körpersprache in Unterstützung durch Zügelhilfen kennen, Hilfen zum Seitwärtsgehen in Wendungen auf der Vorhand und der Hinterhand verstehen und seitlich nachgiebig sein, d.h. sich seitlich stellen und biegen lassen.

Die Ziele

- Die Antwort des Pferdes auf unsere Körpersprache und verlangsamende Hilfen verfeinern.
- Engagement der Hinterhand und die Verbindung über den Rücken verbessern.
- Das Gewicht des Pferdes auf die Hinterhand verlagern und damit das Gleichgewicht verbessern. Deshalb ist das Rückwärtsrichten eine gute Korrekturübung für Pferde, die „auf der Vorhand" gehen.
- Vorbereitung auf versammelte Gänge.

Die Übung

- Das Pferd wird zum Zurücktreten aufgefordert.
- Die Tritte sollen wie im Trab diagonal sein, aber ohne den Moment der Schwebephase.
- Das Pferd bleibt während des Zurücktretens geradeaus gerichtet.
- Die Hinterbeine bleiben fleißig und fußen bei guter Beugung deutlich ab, bei zunehmender Versammlung vermehrt.
- Der Rhythmus des Bewegungsablaufs bleibt gleich wie im Schritt.
- Zu Beginn bleibt das Gleichgewicht neutral, aber je weiter das Pferd versammelt wird und je deutlicher die Übergänge geritten werden, desto mehr sollte sich der

Schwerpunkt nach hinten verlagern, sodass die Hinterbeine mehr Last aufnehmen.

TIPPS FÜR DEN REITER

- *Oberste Priorität ist es, dem Pferd beizubringen, in den Stand hineinzuschreiten, der dann für eine Weile beibehalten wird, bevor sich das Pferd wieder bewegt.*
  Bei einem jungen Pferd muss das Halten noch nicht absolut geschlossen sein, aber das Pferd sollte doch in Anlehnung und am Gebiss stehen. Zu diesem Zeitpunkt wird es in seiner Kopf- und Halshaltung kaum absolut ruhig bleiben.

Das Halten

- Oberkörper aufrichten.
- Die Steigbügel so gut wie möglich lotrecht unter dem Körper behalten und einiges Gewicht vom Gesäß in die Steigbügel verlagern. Damit wird das Pferd angeregt, den Rücken aufzuwölben, wenn die Schritte vor dem Übergang zum Halten kürzer werden.
- Die Unterschenkel bleiben in leichtem Kontakt am Pferdeleib und fordern, falls notwendig, energischere Schritte, ohne dabei den Takt zu beschleunigen, damit das Pferd zum Halten kommt und die Hinterbeine nicht nach hinten herausstellt.
- Sobald Halten und Rückwärtsrichten wieder ausgeführt werden, wird die Körpersprache, unterstützt von annehmenden und nachgebenden Zügelhilfen, im Takt des Schrittes genutzt, um das Pferd danach wieder zum Halten zu bringen. (Siehe auch Kapitel über annehmende und nachgebende Zügelhilfen, Seite 61 ff.)

Das Rückwärtsrichten

- Zur Einleitung des Rückwärtsrichtens wird die Körpersprache entsprechend vorbereitet: Oberkörper vermehrt leicht nach hinten strecken, dabei geben die Unterschenkel durch einen leichten Hautkontakt dem Pferd das Signal, das es nach rückwärts treten soll.
  Wenn das Pferd nach vorne ausweicht, werden begrenzende Hilfen angewandt. Beim seitlichen Ausweichen übernehmen die Unterschenkel die Aufgabe, dies zu verhindern.
- Sobald das Pferd nach rückwärts antritt, wird die Körpersprache wieder neutral und das Gesäß leichter, um dem Pferd zu erlauben, den Rücken aufzuwölben. Die Unterschenkel bleiben in entspanntem Kontakt am Pferd, immer noch mit wechselseitig ausgeführtem leichtem Druck nach rückwärts. Die Anlehnung am Zügel wird leichter, um dem Pferd zu erlauben, den Hals leicht zu strecken, ganz besonders wenn vorher über die Zügelhilfe begrenzt werden musste.
- Kurz vor dem letzten erforderlichen Tritt nimmt der Reiter den Oberkörper leicht nach vorne und unterstützt dabei mit dem Schenkel, um dem Pferd den Impuls nach vorne zu geben. Der Zügel soll dabei leicht genug sein, um die Vorwärtsbewegung zuzulassen.

HÄUFIGE PROBLEME

Das Pferd versucht seitwärts zu treten.

- Den Zügel vom Hals auf der Seite abstellen, zu der das Pferd mit dem Hinterbein tritt und auf dieser Seite eine seitwärtsweisende Schenkelhilfe anlegen.

Das Pferd steht sehr offen oder wird offen stehen, weil es nur mit den Hinterbeinen zurücktritt.

- Wenn das passiert, ist das Pferd gar nicht in der Lage zurückzutreten, weil der Rücken eingesunken ist und es entweder über oder hinter dem Zügel steht. Das Pferd wird ein oder zwei Schritte vorwärtsgeritten, und dann beginnt man die Lektion neu. Dabei wird die Körpersprache noch deutlicher durch Aufrichtung des Oberkörpers und Erleichterung des Gewichtes in Gesäß und Kreuz, während die Schenkel die Hinterhand aktivieren und begrenzen. Sobald das Pferd eine Reaktion nach rückwärts zeigt, und sei sie auch noch so klein, wird die Körpersprache wieder neutral, damit das Pferd das Nachlassen jeden Drucks mit seinem Nachgeben nach rückwärts in Verbindung bringt.

Das Pferd weigert sich zurückzutreten und droht zu steigen.

- Die Ursache liegt darin, dass das Pferd entweder fest oder hohl im Rücken war und vermutlich mit wenig geschlossenem Hinterbein zum Halten gekommen ist. Zieht der Reiter jetzt am Zügel und das Pferd zeigt mit hocherhobenem Kopf und Hals Widerstand, dann werden die sich versteifenden Kiefer- und Halsmuskeln den Rücken festmachen und die Hinterhand lähmen. Stattdessen muss das Gewicht leicht werden, wenn es sein muss sogar bis zum Aufstehen im Bügel, und jeder Zug am Zügel beim Rückwärtsrichten ist zu vermeiden. Zug am Zügel wird nur bei der Bodenarbeit an der Doppellonge[2] Wirkung haben, und selbst dann muss man mit dem Druck sofort nachlassen sobald das Pferd nachgibt. So wird das Pferd belohnt und lernt dem Druck nachzugeben. Sorgfältig angewendet, kann diese Methode helfen. Ganz besonders bei Pferden, die gelernt haben, das Steigen oder die Androhung als Mittel zum Widerstand einzusetzen.

Das Pferd eilt rückwärts (meistens mit gesenktem Hals und hinten breit).

- Der Reiter kann versuchen, mit den Schenkeln Druck nach vorwärts zu geben, nachdem das Pferd den ersten Tritt nach rückwärts angesetzt hat. Dabei ist die Hand ganz leicht. Nicht zu weit vorlehnen, wenn das Pferd rückwärts eilt. Eine leichte Vorneigung hilft, das Gesäß zu entlasten, aber wer sich zu weit vorlehnt, hat Schwierigkeiten, das Pferd „vor dem Schenkel" zu behalten.

Die diagonale Trittfolge wird ein Viertakt, weil die Tritte ungleichmäßig und nicht mehr korrekt sind.

- Bewegt sich das Pferd im Viertakt, dann ist das Rückwärtsrichten nicht korrekt für eine Dressurprüfung, obwohl das Pferd zurücktritt. Der unterbrochene Takt kann aus einem nicht gut herangeschlossenem Hinterbein entstehen. Es zeigt auch ein Koordinationsproblem des Pferdes, welches aus meiner Erfahrung schwer zu korrigieren ist.

Das Pferd macht ein oder zwei Tritte rückwärts und stoppt dann abrupt.

- Das Rückwärtsrichten wird über wechselseitigen Druck mit den Schenkeln eingeleitet, aber ohne eine Veränderung in der Körpersprache. Der Reiter muss bereit sein, sofort mit einer begrenzenden Zügelhilfe einzusetzen, sobald das Pferd vortritt, wenn das Rückwärtsrichten über die Schenkelhilfe eingeleitet wurde. Der abrupte Stillstand rührt oft daraus, dass das Pferd hinten breit wird, weil es den Rücken festhält oder durchdrückt. Wenn das Pferd stoppt, wird

2 Der Einsatz der Doppellonge in erfahrenen Händen kann beim Erlernen und bei der Verbesserung des Rückwärtsrichtens sehr hilfreich sein.

das Hinterbein über seitliche Schenkelhilfen „losgemacht“, unterstützt von einem direct rein of opposition auf der gleichen Seite und einem Leichtwerden im Sitz.

Übung 9 ➤ Die „Zonen"übung: Trab–Schritt–Trab

Diese Übung bietet sich an, wenn das Pferd seitlich nachgibt, gut über den Rücken, in annehmbarer und gleichmäßiger Anlehnung geht. Das Pferd sollte Seitengänge bereits verstanden haben und die Korridorübung (Übung 5) kennen.

Das Ziel

- Die Qualität der Übergänge verbessern. Diese Übung ist gut geeignet für Pferde, die dazu neigen im Übergang nach vorn zu fallen oder zu stoppen oder dabei den Takt zu verlieren. Die Übergänge sind nicht gleitend, weil das Tempo in Trab und Schritt unterschiedlich ist. Die Herunterführung in den Schritt muss man sich vorstellen wie ein weiches Herunterschalten im Auto vom dritten in den zweiten Gang.
- Engagement verstärken, vor allem wenn das Pferd auf die Vorhand kommt und sich während des Überganges auf die Hand lehnt.
- Die Haltung über eine bessere Verbindung über den Rücken verbessern.
- Anlehnung verbessern.
- Mehr Elastizität in den Schritten und Tritten entwickeln, die zu mehr Kadenz und Ausdruck in Beibehaltung der Selbsthaltung führt.
- Eine Grundlage für die Entwicklung verstärkter und versammelter Gänge in Schritt und Trab schaffen.

Die Übung

- Die Übergänge können auch aus dem Galopp entwickelt werden, aber sie sind am nützlichsten aus dem Trab.
- Man beginnt auf einem Zirkel von 20 Meter Durchmesser. Die Kombination mit der Korridorübung (siehe Übung 5) ist ein guter Einstieg.
- Der Takt des Trabes wird allmählich verlangsamt bis in den Rhythmus vom Schritt, aber gleichzeitig wird das Pferd ermuntert, seine Haltung (Verbindung über den Rücken) und den Fleiß der Trabtritte beizubehalten.
- Sobald das Pferd die Vorbereitung für den Übergang zum Schritt erkennt und seinen Takt verlangsamt, ist es in der „Zone“, d.h. zwischen Trab und Schritt. Der Takt kann allmählich noch mehr verlangsamt werden, aber der Fleiß in den Trabtritten muss erhalten bleiben. Dadurch wird das Hinterbein aktiver, der Rücken wölbt sich mehr und die Anlehnung wird elastischer, weil das Pferd sich selbst trägt. Der Trab wird schließlich eine leicht verstärkte Kadenz in den Tritten zeigen.
- Das Pferd wird am Anfang nur für wenige Tritte in der „Zone“ gehalten und dann wieder vermehrt vorwärtsgeritten. Allmählich kann man die Übung ausdehnen und die Anforderungen an einen noch langsameren, aber kadenzierteren Trab steigern über eine vermehrte Aktivierung der Hinterhand innerhalb des Taktes.
- Sobald das Pferd die Zone verstanden und akzeptiert hat, hat der Reiter zwei Möglichkeiten:
  a) Er kann durchparieren zum Schritt und daraus wieder antraben oder
  b) er kann die Tritte verstärken und die verbesserte Kadenz aus dem Trab nutzen, um den Mitteltrab zu entwickeln. Sobald

Kadenz und Takt verloren gehen, wird das Pferd wieder in die „Zone" versetzt und dann beginnt man mit der Übung neu.

- Diese Übung verlangt ein Pferd mit Verbindung über den Rücken und engagierter Hinterhand, die sich aus seitlicher Nachgiebigkeit ergibt. Sie führt zu verbesserter Anlehnung und besserer Geraderichtung. Zu Beginn wird das Pferd das verstärkte Engagement zu vermeiden suchen. Daraus können Probleme entstehen, wenn die Grundlagen nicht gut genug gefestigt sind. Diese Übung muss deshalb immer in Verbindung mit den vorangegangenen Übungen gesehen werden. Der Reiter muss jederzeit bereit sein, auch wieder einen oder zwei Schritte in den Anforderungen, falls notwendig, zurückzuschalten.

Tipps für den Reiter

- Es ist ein guter Anfang, diese Übung aus dem Leichttraben zu beginnen, bis Reiter und Pferd die Abläufe verinnerlicht haben. Die Phase des Aufstehens erleichtert das Aufmuntern der Tritte. Die Phase des Hinsetzens gibt den Takt der annehmenden und nachgebenden Zügelhilfen vor.
- Die Körpersprache des Reiters, unterstützt durch halbe Paraden, bereitet auf den Übergang in die niedrigere Gangart vor. Der Oberkörper wird aufrechter und leicht zurückgelehnt.
- Die annehmenden und nachgebenden Zügelhilfen sollten am äußeren Zügel gegeben werden, wenn die äußere Diagonale in der Stützphase ist (d.h. in der Phase des Absetzens).
- Die Anlehnung am inneren Zügel bleibt beständig.
- Falls notwendig, kann die Gerte zum Einsatz kommen, knapp hinter dem inneren Schenkel, um das innere Hinterbein zu aktivieren und zum vermehrten Untertreten aufzufordern. Um den gewünschten Zweck zu erfüllen, wird die Gerte im Moment des Aufstehens gebraucht. (Siehe Absatz „Zeitliche Abstimmung" in Kapitel 3, Seite 61.)
- Seitwärtstreibende Schenkelhilfen werden in Verbindung mit vom Hals wegführenden Zügelhilfen gebraucht, um das Pferd auf der Spur und in der Linie zu halten, denn die übliche Ausweich-Tendenz wird sein, dass das Pferd zunächst schiefer wird.

Häufige Probleme

Das Pferd geht gegen die Hand.

- Über Anwendung der Korridorübung wird das Pferd zunächst wieder zu verbesserter seitlicher und damit auch besserer längs gerichteter Nachgiebigkeit (Beizäumung) gebracht. Das Pferd wird dazu neigen, gegen die Hand zu gehen, wenn es mit der Hinterhand nicht engagiert bleibt, und versuchen, sich nach vorn abzustoßen, anstatt unter seinen Schwerpunkt zu treten. Der Reiter muss jetzt noch gestreckter, aber elastisch bleibend sitzen und den Oberkörper aufrichten, um dem Wegdrücken des Pferdes entgegenzuwirken.
- Aber dabei dürfen die Zügel nicht rückwärts ziehen. Auch wenn das Pferd stark gegen die Hand geht, muss es begreifen, dass es eher gegen sich selbst zieht als gegen den Reiter. Longieren mit seitlichen Ausbindern kann helfen.

Das Pferd drückt den Rücken weg und kommt über oder hinter den Zügel.

- Das Pferd ist noch nicht bereit für diese Übung. In der Korridorübung oder sogar noch weiter zurückgehend muss die seitliche Nachgiebigkeit wieder erarbeitet werden. Auch die Verbindung über den Rücken und eine akzeptable Anlehnung müssen erst sicher gefestigt sein.

Das Pferd wird schief über Ausstellen der Hinterhand zu einer Seite.

- Wenn das Pferd sich der „Zone" nähert, kann man oft beobachten, wie es versucht, das vermehrte Engagement der Hinterhand zu umgehen, indem es das Hinterbein leicht seitlich absetzt, anstatt unter seinen Körper zu treten.
- Zunächst wird das Pferd über seitliche Schenkelhilfen daran erinnert, in der Linie zu bleiben, und über die Korridorübung kann man dann an der verbesserten Geraderichtung arbeiten. Sobald diese Korrektur angenommen worden ist, hat das Pferd sich selbst in die „Zone" gebracht. Jetzt kann man entweder wieder frischer vorwärtsreiten oder durchparieren zum Schritt.

Der Gang verliert an Federkraft oder Kadenz.

- Wenn der Reiter den Takt verlangsamt und das Pferd dabei matter wird, werden die Bewegungen flacher. Das geschieht selbst dann, wenn die seitliche Nachgiebigkeit stimmt, die Verbindung über den Rücken besteht und die Anlehnung korrekt ist. Das Pferd muss dazu gebracht werden, mit mehr Fleiß zu gehen.
- Ein anderer Grund für die flacheren Bewegungen kann in einem Festhalten oder Wegdrücken des Rückens liegen. Dann muss zunächst an diesem Problem gearbeitet werden.

Übung 10 ➤ Die „Zonen"übung: Galopp–Trab–Galopp

Wie die Übung 6 (aus Seitengängen in den Galopp) kann man auch diese „Zonen"übung beginnen, sobald das Pferd seitlich nachgibt, gut über den Rücken geht und die Anlehnung akzeptiert. Das Pferd muss Seitengänge können und die Korridorübung kennen. Es soll den Galopp schon mit einigem Selbstvertrauen beherrschen und fleißig nach vorn springen.

Das Ziel

- Das Engagement der Hinterbeine bei den Übergängen verbessern, um besser ausbalancierte und weichere Übergänge in Selbsthaltung zu zeigen.
- Allmählich die Nickbewegungen von Kopf und Hals verringern, sodass das Pferd lernt, seine Vorhand über einen aufgewölbten Rücken zu tragen. Darüber bildet sich kräftigere Bemuskelung im Rücken und am Halsansatz, die zusammen die Vorhand tragen. (Siehe auch das Kapitel „Wissen zur Biomechanik", Seite 39 ff.)
- Die Übung dient als Grundlage für mehr Versammlung im Galopp.
- Die Trab-Galopp-Trab-Übergänge sind eine lösende Übung, die ich regelmäßig zu Beginn meiner Arbeit bei einem bereits fortgeschrittenen Pferd einsetze. Der Galopp löst im Allgemeinen effektiver als der Trab über die Art, wie er die Muskeln im Rücken fordert. (Siehe auch das Kapitel „Wissen zur Biomechanik", Seite 39 ff.)

Die Übung

Der Takt wird leicht verlangsamt und danach wird die Länge der Sprünge verkürzt, bis das Tempo des Galopps bis zu dem des Trabes als Vorbereitung für den Übergang in den Trab zurückgeführt ist.

- Das Pferd wird aufgefordert, seine Haltung und den Fleiß der Sprünge beizubehalten. Damit wird die Schwebephase im Galopp erhalten oder sogar noch verlängert.
- Sobald das Pferd die Vorbereitung erkennt und den Takt verlangsamt, ist es in der „Zone". Der Fleiß der Galoppsprünge muss währenddessen erhalten bleiben, das Pferd darf nicht in den Trab fallen, bis der Reiter dazu die Hilfe gibt.
- Zu Beginn wird das Pferd nur für wenige Sprünge in dieser „Zone" gehalten und dann wieder frischer nach vorwärts geritten. Allmählich kann man die „Zone" länger ausdehnen und die Anforderungen an einen langsameren Takt und trotzdem korrekten Galopp mit längerem Moment der Schwebephase verstärken.
- Sobald das Pferd die „Zone" verstanden und akzeptiert hat, bestehen zwei Möglichkeiten.
  a) Der Reiter kann durchparieren zum Trab und daraus erneut angaloppieren oder
  b) Vorwärtsreiten mit längeren Sprüngen.

Die verstärkten Momente der Schwebephase werden genutzt, um einen Mittelgalopp zu entwickeln. Wenn das Pferd den Takt beschleunigt oder die Schwebephase verloren geht, reitet man wieder in die „Zone" und beginnt neu.

Tipps für den Reiter

- Die Übung auf einem Zirkel von 20 Metern Durchmesser beginnen.
- Das Pferd so gerade wie möglich halten. Dazu kontrollieren der äußere Zügel und der äußere Schenkel die Schulter, während bei entspannter Hüfte der innere Schenkel das innere Hinterbein hinter dem inneren Vorderbein hält.
- Im Training spielt es keine Rolle, falls der äußere Zügel in Kontrolle der Schenkel oder die annehmenden und nachgebenden Zügelhilfen dazu führen, dass das Pferd in leichter Außenstellung geht. Das ist im Gegenteil sogar eine gute Übung zur Überprüfung der Nachgiebigkeit nach außen im Galopp. Sobald das Pferd die Geraderichtung oder sogar die Außenstellung verstanden hat, muss der Reiter die Verantwortung für das Geradegehen wieder an das Pferd zurückgeben und darf es höchstens gelegentlich wieder daran erinnern.
- Die Körpersprache des Reiters, unterstützt von halben Paraden, bereitet auf den Übergang in die niedrigere Gangart durch vermehrtes Aufrichten und leichtes Zurücklehnen vor. Dabei ist zu bedenken, dass die Gesäßhilfe die Sprünge verlängert, während Schenkel, Gerte oder Sporen dazu dienen, den Galopp frischer zu machen ohne dabei auch zwingend das Tempo zu erhöhen. Deshalb ist es manchmal notwendig, nahezu alles Gewicht in die Steigbügel zu verlagern.
- Die annehmenden und nachgebenden Zügelhilfen werden am äußeren Zügel gegeben in dem Moment, wo das äußere Vorder- und das innere Hinterbein in der Stützphase sind, also im Moment des Abnickens im Galopp. Sie sollten höchstens zu jedem zweiten Sprung gegeben werden und nicht länger dauern als der Sprung. Es

ist wichtig, dass der Reiter nicht versucht, das Pferd mit dem Zügel zu heben, wenn Hals und Schultern hochkommen. Das bringt das Pferd dazu, sich auf die Unterstützung des Zügels zu verlassen und macht die Anlehnung schwerer und den Galoppsprung flacher.

- Die Anlehnung am inneren Zügel bleibt konstant. Innere Hüfte, Ellbogen und Hand sollen mit der Bewegung mitgehen, dem führenden Vorderbein folgen und es damit bestmöglich zum Ausgreifen bewegen, trotz der annehmenden und nachgebenden Hilfen am äußeren Zügel.
- Das Pferd wird aufgefordert im Galopp zu bleiben und ein aktives Hinterbein über die Schenkelhilfe, Gerte oder Sporen zu behalten. Mit beiden Schenkeln wird darauf geachtet, dass das Pferd auf der Spur und in der Linie bleibt.
- Wenn der Reiter das Pferd zum Trab durchparieren will, verändert sich seine Sitzhaltung von der Galopp- in die Trab-Position und das Gesäß hört auf, der Galoppbewegung zu folgen. Die äußere Hand gibt eine stärkere annehmende und nachgebende Zügelhilfe, wenn das äußere Vorderbein den Boden berührt, aber sie muss dann betont der Bewegung im ersten Trabtritt nachfolgen.
- Die Anforderungen in der „Zone" nur dann erhöhen, wenn das Pferd noch in der Lage ist, den Galopp noch runder zu springen oder den bestehenden wenigstens noch beizubehalten. Auch die Schwebephase und der Ausdruck des führenden Vorderbeins müssen weiter erhalten bleiben.

Häufige Probleme

Das Pferd fällt in den Trab sobald der Reiter die Übung einleitet.

- Das Pferd ist nach rückwärts orientiert, sei es aus Faulheit oder aus Angst. Das faule Pferd muss über Schenkelhilfe (Gerte/Sporen) motiviert werden, obwohl der Reiter seine Körpersprache auf die Verlangsamung umstellt. Der Reiter muss in der Hilfengebung für den Galopp deutlicher sein. Das Pferd soll zunächst in der Lage sein, einen frischen Galopp zu gehen, ohne dass es bei jedem Sprung getrieben werden muss. Deshalb ist bei jedem Sprung das Treiben mit Kreuz und Schenkel zu vermeiden. Das darf allenfalls bei jedem zweiten Sprung passieren.
- Bei einem ängstlichen Pferd ist diese Übung so lange nicht angebracht, bis das Pferd die vorausgegangene Übung verstanden und akzeptiert hat.

Das Pferd wird schiefer und kommt mit der Hinterhand herein.

- Wahrscheinlich hat der Reiter zu starke Anlehnung am inneren Zügel, gibt möglicherweise hier sogar die annehmenden und nachgebenden Zügelhilfen. Das Pferd sollte gerade gerichtet werden über den äußeren Zügel und den äußeren Schenkel am Gurt, um die Schulter wieder in die Linie zu bringen. Im Training ist es auch eine sinnvolle Übung, an der seitlichen Nachgiebigkeit nach außen zu arbeiten, so wie bei der Korridorübung.
- Der Reiter kann im Sattel nach außen gerutscht sein und/oder seinen äußeren Schenkel zu weit nach hinten gelegt haben. Das geht üblicherweise einher mit einem vom Pferd abgestreckten inneren Schenkel. Bei manchen Pferden ist es notwendig, seine Sitzhaltung häufig zu korrigieren. Ich empfehle, dass der Reiter mindestens nach jedem Viertelzirkel seinen Sitz überprüft, aber das kann auch bis zu jedem zweiten Schritt erforderlich sein.

Das Pferd springt hinten in den Kreuzgalopp um.

- Der Reiter wird im Sattel nach außen gerutscht sein.
- Beim Geraderichten des schiefen Pferdes hat der Reiter den inneren Absatz zu weit hinten angelegt, anstatt den Druck am Gurt auszuüben.
- Das Pferd ist widerwillig im Engagement des inneren Hinterbeins. Hier muss man vorsichtig sein, nicht zu viel oder zu lange in der „Zone" durchhalten, bevor man das Pferd wieder frischer nach vorn gehen gelassen hat.

Der Galopp verliert die Schwebephase und wird unregelmäßig, d.h. zeigt Viertakt.

- Ungenügendes Engagement des Hinterbeins, oft in Verbindung gebracht mit ungenügendem Aufwölben des Rückens. Der Rücken wird fest oder gar hohl.
- Neigt das Pferd zu Faulheit oder ist von Natur aus flacher in seinem Galopp, helfen viele Reiter ihrem Pferd im Galopp über anhebende Hilfen mit der Hand oder über Zügelhilfen, wenn die Vorhand sich vom Boden hebt. Das Pferd nutzt dann die Unterstützung des Zügels, um seine Vorhand zu tragen. Die annehmenden und nachgebenden Zügelhilfen sollen im Galopp gegeben werden, wenn das diagonale Beinpaar aus äußerem Vorder- und innerem Hinterbein den Boden erreicht (also beim Abnicken des Galopps).

Übung 11 ➤ Fortlaufende Übergänge auf gerader Linie

Diese Übung kann eingeführt werden, wenn die Übungen 1 bis 6 schon recht gut gelingen und das Pferd beständiger in der Ausführung der Grundlagenübungen geworden ist.

Das Ziel

- Die vorangegangene Arbeit festigen und überprüfen, d.h. sicherstellen, dass das Pferd die Grundlagen beherrscht.
- Die Einwirkung verbessern, um das Pferd auf der Spur und in der Linie zu halten und einen gleichmäßigen Rhythmus beim Anreiten von Hindernissen einzuhalten.

Die Übung

- Die Übergänge zwischen den Gangarten werden auf gerader anstatt wie bisher auf gebogener Linie ausgeführt.
- Zunächst werden die Übergänge auf dem Hufschlag mit Unterstützung der Bande geübt und später, wenn das Pferd sie gut ausführt, auch auf der geraden Linie ohne die seitliche Anlehnung.
- Die Übergänge sollten von einer Gangart zur anderen fortlaufend sein, aber nicht abrupt (d.h. Trab–Schritt–Trab aber nicht Trab–Halten–Trab oder Galopp–Schritt–Galopp). Obwohl die Übergänge fortlaufend sind, sollten sie fleißig, aber im Takt gezeigt werden. Beim Wechsel zur nächsthöheren Gangart, vom Schritt zum Trab, soll der erste Trabtritt so fleißig sein wie alle, die weiter folgen, und nicht erst allmählich fleißiger werden. Ich sage mir oder meinem Pferd oft selbst laut vor „Hopp, zwei, drei, vier" in diesem Übergang zur nächsthöheren Gangart.

Tipps für den Reiter

- Die Hilfengebung für diesen Übergang frühzeitig vorbereiten.
- Deutlich und klar in Körpersprache und Hilfengebung sein, unterstützt von den Schenkel- und Zügelhilfen zum rechten Zeitpunkt.
- Stellen Sie sich vor, Sie hätten ein Metronom im Kopf, das Ihnen den Takt der Gangart vorgibt, die Sie gerade reiten. Jede Hilfengebung von Schenkel, Kreuz oder Hand muss in diesem Takt gegeben werden.
- Auf gerader Linie an der Bande gilt das Prinzip „innerer Schenkel/äußere Hand", um das Pferd während des Überganges gerade zu halten.
- Abseits der Bande beginnt das Geraderichten am Kopf des Pferdes. Der Reiter benutzt sowohl den verwahrenden als auch den richtungweisenden Zügel, um das Pferd zu korrigieren, wenn Kopf, Hals und Schulter von der geraden Linie abweichen. Der seitwärtstreibende Schenkel unterstützt die Zügelhilfen und hält die Schulter des Pferdes in der Linie oder korrigiert die Hinterhand, falls sie abweicht. Dabei kann es notwendig sein, dass ein Schenkel die Schulter anregt. Während der andere Schenkel die Hinterhand kontrolliert.
- Auch auf der geraden Linie gibt es weiterhin eine innere und eine äußere Seite des Pferdes, abhängig von der seitlichen Stellung im Genick.
- Bei einem jungen Pferd kann es gelegentlich helfen, die Hände weiter auseinanderzutragen, um besser in der Lage zu sein, die Abweichungen von der Linie am Zügel zu korrigieren.
- Das Bein hängt entspannt aus der Hüfte und in einem gleichmäßigen, leichten Kontakt am Pferdeleib herab, allzeit bereit, um das Pferd auf die Linie oder in die Linie zurückzubringen. Wird der Schenkeldruck zu stark, dann ignoriert ihn das Pferd oder lehnt sich dagegen.
- In der Ausbildung bleibt der Kontakt am inneren Zügel während der Übergänge anstehen, selbst wenn das zu einer Außenstellung oder -biegung führt, wenn zur Unterstützung der Körpersprache auch Zügelhilfen gegeben werden. Sobald das Pferd die Körpersprache und die Zügelhilfen annimmt und darauf reagiert, kann der äußere Zügel nachgeben. Dann wird sich das Pferd von selbst gerade richten. Dieses Prinzip gilt sowohl für den Übergang in die nächsthöhere als auch in die niedrige Gangart.
- Reitet man in einer Dressurprüfung auf die Richter zu, dann kann es notwendig sein, die haltungsweisende Zügelhilfe am inneren Zügel zu geben (ohne dabei nach hinten zu ziehen), um die Innenstellung zu erhalten. Reitet man von den Richtern weg, dann kann man es weiter so halten wie in der Ausbildung, sofern das Pferd die Hilfe am äußeren Zügel annimmt, bevor der nächste Punkt erreicht ist, zum Beispiel die Ecke, von dem aus die Richter die Innenstellung wieder beurteilen können.
- Reitet man auf gerader Linie ohne Unterstützung der Bande, dann kann es helfen, wenn der Reiter einen Zielpunkt ins Auge fasst (Pfosten, Baum, Sprung usw.), um die gerade Linie zu halten. Das Pferd muss während des Übergangs auf der Spur und in der Linie bleiben.

- Die natürliche Tendenz des Pferdes zur Schiefe (siehe Kapitel zur Geraderichtung, Seite 92 ff.) muss korrigiert werden, ohne dass das Pferd sich dabei auf die Unterstützung des Reiters verlässt. Selbsthaltung gehört zur Geraderichtung unbedingt dazu. Es ist die Rolle des Reiters, sein Pferd daran zu erinnern, in der Linie zu bleiben.

Häufige Probleme

Das Pferd wird hohl, überstreckt sich oder stellt die Hinterhand beim Übergang heraus.

- An der Qualität der Übergange auf der gebogenen Linie arbeiten.
- Mit Schenkel- und Zügelhilfen auch auf gerader Linie die seitliche Nachgiebigkeit zu der Seite fordern, auf der das Pferd normalerweise widersetzlich ist.

Die Hinterhand weicht zu einer Seite aus.

- Das Pferd vom Kopf her gerade richten. Den Zügel vom Hals auf der Seite, zu der sich die Hinterhand abwendet, nach innen führen/seitwärts weisen. Mit dem Zügel auf der anderen Seite unterstützen und die Abstellung im Halsansatz begrenzen. Mit seitwärtsweisenden Schenkelhilfen werden die Zügelhilfen unterstützt.

Grundlagen für die Springausbildung

Einführung

Erst wenn das Pferd die grundlegenden Elemente der dressurmäßigen Arbeit verstanden hat, kann man mit dem Springtraining anfangen. Auch wenn mit dem Freispringen schon begonnen werden darf, bevor noch ein Reiter auf dem Pferd gesessen hat. Ohne dass die Grundlagen für Kontrolle gelegt sind, darf man nicht erwarten, dass das Pferd auf die Kommunikation des Reiters reagiert. Die Entwicklung des Pferdes, mit den technischen Anforderungen beim Springen und im Gelände fertig zu werden, spiegelt seine Ausbildung auf ebenem Hufschlag. Der wichtigste Teil dieser Ausbil-

dung, sofern sie das Springen betrifft, richtet sich auf den Galopp. Grundlegendes Springtraining hilft auch dem angehenden Dressurpferd, einer Kommunikation mit dem Reiter zu folgen und es besser zu gymnastizieren.

Für *Hindernisrennen* braucht das Pferd nur das simpelste Training auf dem Flachen, bis es in der Lage ist zu galoppieren und Hindernisse auf der Geraden zu springen. Das Pferd muss nicht mit den technischen Anforderungen beim Springen fertig werden und Kombinationen und enge Wendungen bewältigen. Es braucht auch nicht so „vorsichtig" am Sprung zu sein. Die Sprungkurve ist viel flacher als bei einem Parcours-Springpferd, weil es aus dem Tempo springt. Die Hindernisse geben bis zu einem gewissen Grad nach. Deshalb kann der Steepler „wischen", ganz besonders mit den Hinterbeinen. Trotzdem sind Schnelligkeit der Reaktion im Vorderbein und die Fähigkeit, den eigenen Galoppsprung einzuschätzen, kritische Faktoren. So wie in allen anderen Disziplinen des Reitsports sind manche Pferde hier talentierter als andere und viele Hindernis-Rennpferde könnten von einigen Grundlagen aus der Dressurreiterei und der Springausbildung profitieren, damit sich ihre Koordination und die Fähigkeit, den Galoppsprung zu verändern, verbessert.

Die Entwicklung von Kraft und Stärke der Muskeln der Oberlinie beim Hindernisrennpferd ist wichtig für seine Sprungkraft und sein Durchhaltevermögen. Deshalb tut die Arbeit an der Haltung diesen Pferden gut, auch ohne Anforderung an Versammlung. Selbsthaltung ist für den Steepler genauso wichtig wie für das Dressur-, Spring- oder Vielseitigkeitspferd. Das gute Rennpferd galoppiert „an der Trense", was nicht dasselbe ist wie der Ausdruck „am Gebiss" in der Dressur. Hier trägt das Pferd den Kopf kurz vor der Senkrechten. Aber solch ein Rennpferd geht genügend über den Rücken, um seine Galoppsprünge zu koordinieren und sich kräftesparend zu bewegen.

Im Rennen dürfen die Veränderungen, die das Pferd hinsichtlich seiner Balance und seines Galoppsprungs vornimmt, nicht vom Reiter beeinflusst werden. Die besten Jockeys sind diejenigen, die am wenigsten stören, die nur ihr eigenes Gleichgewicht erhalten und damit dem Pferd helfen, seine Balance zu sichern.

Die Flugkurve über den Sprung ist relativ flach für das Hindernisrennpferd im Vergleich mit dem Springpferd unter höheren Anforderungen.

Das fortgeschrittene Parcours-Springpferd muss lernen, aus einem verkürzten Galoppsprung abzuspringen. Seine Flugkurve über einem Sprung muss mit dem Scheitelpunkt über dem höchsten Punkt des Sprunges sehr viel runder sein. Das Pferd muss Folgendes bewältigen:

1. die Höhe des Sprunges und seinen Abmessungen (Steilsprünge, Oxer, Triplebarren oder Gräben),
2. Kombinationen und die insgesamt kürzer bemessenen Distanzen zwischen den Hindernissen,
3. die engen Wendungen, die im Stechen gefordert werden, um Zeit zu sparen,
4. die unterschiedlichen Farben, Formen und Arten der Hindernisse.

Seine grundlegende Dressurausbildung muss das Pferd in die Lage versetzen, sich selbst in gutem Gleichgewicht zu tragen, in einem gleichmäßigen Takt und in guter Haltung und Anlehnung sowie mit guter Verbindung über den Rücken zu gehen. Die Arbeit im Galopp ist am wichtigsten, aber die Arbeit im Trab hilft, das Verständnis für die Galopparbeit zu entwickeln. Sie dient auch der Gymnastizierung. Das fortgeschrittene Springpferd braucht die Versammlung nicht in gleichem Maß wie das Dressurpferd.

Das Vielseitigkeitspferd ist das Allround-Talent, das ausgebildet werden muss, um mit den Anforderungen im Parcours und im Gelände fertig zu werden. Die Teilprüfung des abschließenden Springens erfordert weniger Höhe und technische Schwierigkeiten wie das Springreiten. Auf der Geländestrecke muss das Pferd unterschiedliche Bodenformen bewältigen und mit Hindernissen umgehen, die variieren zwischen „dick" und „technisch". Auch wenn die Springausbildung der für das reine Springpferd ähnelt, muss das Pferd doch seine Fähigkeit zum Galoppieren erhalten und in der Lage sein, einige Hindernisse auf dem Geländekurs im Renntempo zu nehmen, wenn auch nicht ganz so schnell wie ein Steeplechaser.

Die Flugkurve über den Sprung ist für das Springpferd runder. Der höchste Punkt liegt über dem höchsten Punkt des Hindernisses. Baladine du Mesnil, geritten von Olivier Guillon.

Verantwortung des Reiters

Das Verständnis für die unterschiedlichen Verantwortungsbereiche von Pferd und Reiter innerhalb ihrer Partnerschaft ist ausschlaggebend für den Erfolg im Springen. Die Festlegung der Aufgabenbereiche beginnt mit dem Reiter.

Ziele setzen

Ganz allgemein bedeutet das die Entscheidung, was und wann gesprungen wird. Die Entscheidung umfasst die Art der Hindernisse, ihre Abmessungen, die Reihenfolge usw. Auch der Übergang zum nächsten Schwierigkeitsgrad liegt in der Entscheidung des Reiters. Das Vertrauen des Pferdes ist ein Schlüsselelement der Ausbildung, und die Entscheidungen, die der Reiter für das Pferd trifft, haben gravierende Bedeutung – genauso wie die des Ausbilders in Anweisung an den Reiter.

Tempo, Länge des Galoppsprungs, Linienführung

Der Reiter kennt die Aufgabe, die er seinem Pferd stellt, und er ist deshalb verantwortlich für die Wahl des Galoppsprungs, das Tempo und den Anritt an das Hindernis.

Körpersprache, Einleitende Sitzposition und Verständigung

Der Reiter muss sich mit seinem Pferd über Körpersprache und Sitzhaltung verständigen, unterstützt von Schenkel- und Zügelhilfen, sooft wie notwendig, aber ohne sich in die Aufgabe des Pferdes einzumischen, sich selbst zu tragen oder ihm etwas von seiner Verantwortung abzunehmen. Der Reiter hat zwischen den Hindernissen die gleichen Aufgabenfelder wie in der grundlegenden Dressurarbeit. Zwischen den Hindernissen und auch abseits davon, zum Beispiel in Wendungen, muss der Reiter den Fleiß, das Gleichgewicht, die Haltung und die Geraderichtung des Pferdes überwachen. Trotzdem gibt es gravierende Unterschiede zum Dressurreiten. Sie liegen in der Art, wie der Reiter sich mit seinem Pferd bei der Annäherung an ein Hindernis verständigt. Diese Unterschiede hängen damit zusammen, dass es sehr wichtig ist, das Pferd in seiner Konzentration auf das kommende Hindernis nicht zu stören, aber trotzdem seinen Gehorsam und die Reaktion auf die Hilfen zu erhalten.

Gleichgewicht, Sicherheit und Einwirkung ohne Einmischung über dem Sprung

Die Fähigkeit des Reiters, dem Pferd zu erlauben, sich am besten selbst über die Sprünge zu helfen, ist der Schlüssel zum größtmöglichen Erfolg. Diese unabhängige Sicherheit kommt aus gutem Gleichgewicht in Kombination mit der Fähigkeit, zur rechten Zeit den Sitz mit den Schenkeln beizubehalten. Während die „neutrale" Stellung des Oberkörpers in der fortgeschrittenen Dressur eine mehr oder weniger senkrechte Haltung bedeutet, liegt die neutrale Stellung im Springen vor der Senkrechten. Je höher das Tempo ist, aus dem das Pferd springen soll, desto kürzer sollten die Steigbügel geschnallt sein und umso mehr ist der Oberkörper vorgeneigt. In Dressur und Springen gelten die gleichen Prinzipien hinsichtlich des Gleichgewichts und in Bezug auf den Einfluss der Position des Oberkörpers.

Ein sicher platzierter Unterschenkel, der das Gewicht des Körpers in die Steigbügel hinunterleitet, verleiht den bestmöglichen Kontakt zwischen Schenkel und Pferdeleib. Damit der Reiter im Gleichgewicht bleibt, sollte der Steigbügelriemen immer möglichst lotrecht zum Boden, der Basis, hängen. Beim Anreiten an den Sprung hängt der Bügel senkrecht vom Steigbügelschloss. Beim Landen weist der Bügel in Relation zum Schwerpunkt des Reiters umso weiter nach vorne, je höher das Tempo ist, um das Abfangen der Geschwindigkeit in der Landung zu ermöglichen.

Das verleiht die sicherste Position über dem Sprung, auch wenn Unerwartetes passiert, und ist deshalb für Vielseitigkeitsreiter besonders wichtig. Es ist weniger entscheidend und

Ein Klemmen mit dem Knie führt dazu, dass der Absatz nach hinten rutscht, und erhöht vor allem im Gelände die Aussicht, dass der Reiter nach vorn gedrückt wird.

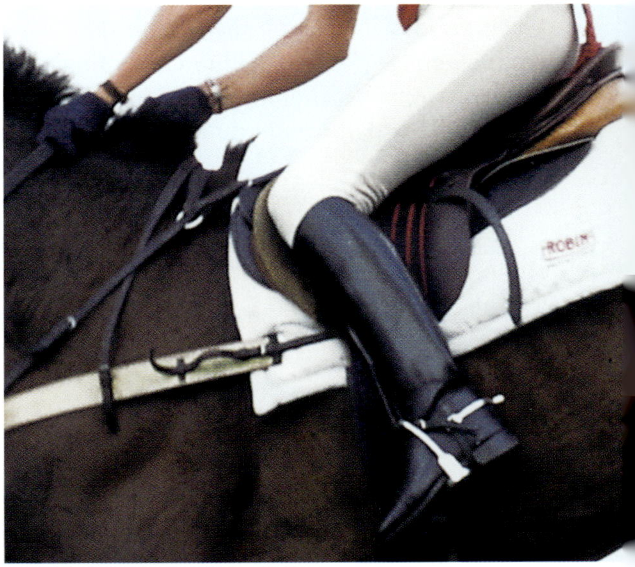

auch schwer umzusetzen bei schweren Springprüfungen, bei denen die Hindernisse wirklich mächtig sind. Dennoch kommen die besten Reiter diesem Ideal sehr nah. Ein weitverbreiteter Fehler, der die Stabilität des Unterschenkels gefährdet, ist eine Innendrehung des Beins, um das Knie an den Sattel zu bringen. Durch dieses Klemmen wird der Absatz hochgezogen. Ganz besonders im Gelände steigen damit die Chancen ganz beträchtlich, entweder herunterzufallen oder dem Pferd auf der Vorhand zu hängen.

Gutes Gleichgewicht in Verbindung mit einem sicheren und korrekt platzierten Unterschenkel ermöglicht auch die Beibehaltung einer unabhängigen Zügelführung. Die Zügelverbindung sollte beim Springen sanfter sein als in der Dressur. Das ist ein wichtiger Unterschied. In der Dressur werden die annehmenden und nachgebenden Zügelhilfen genutzt, um das Pferd zu erinnern, auf unsere Körpersprache zu hören oder um den Takt der Gangart vorzugeben. Wenn diese Hilfen in der Ausbildung auch einmal entschlossener ausfallen, um Gehorsam und Reaktion des Pferdes zu erreichen, so ist das nicht weiter bedeutsam. Aber beim Anreiten an einen Sprung darf die Kontrolle niemals das Pferd vom Hindernis ablenken.

Falls das Pferd vor dem Sprung über eine Verlängerung des Galoppsprungs schneller werden will, hält es der angespannte Oberkörper, unterstützt vom haltenden Zügel. Dabei sitzt der Reiter nicht tiefer im Sattel ein, weil das eine weiter vortreibende Wirkung hätte. Der durchhaltende Zügel entsteht über festeres Schließen der Faust um den Zügel und sollte vermehrt außen angewendet werden. Es ist nicht wichtig, ob der Kopf des Pferdes dadurch nach außen gestellt wird. Sobald das Pferd die Einwirkung akzeptiert hat, wird die Hand wieder weicher und erlaubt dem Pferd, den Hals gerade zu richten.

Über dem Sprung ist die Hand weich bis zu einem Punkt, wo die Finger mit Ausnahme von Daumen und Zeigefinger völlig offen sind. Ideal ist, wenn der sanfte Kontakt gleichmäßig vom Absprung bis zur Landung erhalten bleibt. Bei einigen Pferden ist es nötig, eine stärkere Anlehnung beim Anreiten des Hindernisses und beim Absprung zu behalten. Aber über dem Sprung und bei der Landung sollte man in der Lage sein, ganz weich zu werden. Das gilt ganz besonders bei Pferden mit wenig Selbstvertrauen oder denen man den Absprung nicht zutraut. Aber es gibt auch Pferde oder Situationen, wo nur der lose Zügel zum Zeitpunkt des Absprunges dem Pferd die Freiheit gibt, die es braucht oder haben will. Wichtig ist, dass der beständig korrekt liegende Schenkel und ein sicheres Gleichgewicht die unabhängige Zügelführung

Aus meiner Erfahrung soll die Zügelführung über dem Sprung so weich wie möglich sein, bis zu dem Punkt, wo die Finger ganz geöffnet sind. Über einem korrekt platzierten Unterschenkel und in gutem Gleichgewicht ist die Hand völlig unabhängig.

erlauben. Die Zügel dürfen nicht benutzt werden wie ein Fahrradlenker, um sich auf dem Pferd festzuhalten. Und jeder Reiter sollte sich bewusst machen, dass Nerven und Anspannung, ob aus Angst oder Ehrgeiz, seine Hände dazu bringen, fester zuzufassen.

Stabiler Sitz über dem Sprung

Zum Zeitpunkt des Absprunges muss das Pferd die Hinterhand anspannen und die Vorhand vom Boden abschnellen. Je höher das Hindernis und je kürzer der Galoppsprung beim Anritt, desto stärker werden die Hinterbeine vor dem Absprung gebeugt und desto runder wird die Flugkurve über dem Sprung. Vermeiden Sie, sich beim Absprung vornüber zu werfen. Wer den Sprung in neutraler Position anreitet, d.h. mit dem Oberkörper so weit vor der Senkrechten, wie es das Tempo des Anreitens fordert, der wird feststellen, dass ihm bei gutem Gleichgewicht und entspanntem Sitz seine natürlichen Reflexe helfen, das Gleichgewicht zu halten, dem Sprung zu folgen. Durch das Bemühen, still sitzen zu bleiben, gibt man dem Pferd die besten Chancen, sein eigenes Gleichgewicht zu halten und die Vorhand hochzuheben, um den Sprung zu überwinden. Das Pferd auf sich zukommen lassen, anstatt sich selber zu ihm neigen!

Den Reflex zum Folgen entwickeln

Zur Ausbildung des Reiters gehören auch Übungen, die den Reflex schulen, dem Pferd über dem Sprung zu folgen. Über diesen Reflex verfügt jeder Reiter, aber er wird manchmal unterdrückt durch Steifheit, Schmerz oder Angst.

Der Grad der Beschleunigung bestimmt, in welchem Maß ein „Zusammenfalten" beim Absprung notwendig ist. Das wiederum wird bestimmt von zwei Faktoren: dem Tempo beim Anritt und dem Punkt des Absprungs.

- Nähert sich das Pferd dem Sprung aus dem Trab unter einem Reiter mit aufrechtem Oberkörper, dann muss das „Falten" relativ gesehen wegen der plötzlichen Beschleunigung beim Absprung stärker sein.
- Im Gegenzug ist die „Faltung" nur minimal, wenn der Sprung aus höherem Tempo und in mehr vorgeneigter Haltung angeritten wird.
- Liegt der Punkt des Absprunges nah am Hindernis, dann ist die „Faltung" nur minimal. Springt das Pferd weit vor dem Hindernis ab, dann ist sie umso größer.

Es ist ein wichtiger Teil der Ausbildung des Reiters, dass er diese Elemente instinktiv richtig erkennt. Geschult wird am besten über Gymnastiksprünge aus dem Trab und Galopp.

Bei aller Ausbildung gilt: Niemand ist perfekt. Gerade bei jungen Pferden oder in einem Geländekurs kommt es immer wieder vor, dass auch die besten Reiter hinter die Bewegung geraten. Das ist aber immer noch besser, als dem Absprung vorzugreifen und sich vorschnell vorzuneigen. Trotzdem ist es unbedingt wichtig, dass der Reiter hinter der Bewegung nicht versucht, sich am Zügel festzuhalten, sondern stattdessen seinen Sitz über den korrekt liegenden Unterschenkel beibehält. Ein unerfahrenes oder unsicheres Pferd zögert oft vor dem Sprung und verkürzt den Galoppsprung, um dann ganz plötzlich abzuspringen, In diesem Fall hilft nur ein gut platzierter Unterschenkel, um den Reiter in seiner Position zu halten. Bei einem schwer einzuschätzenden Pferd oder bei relativer Unerfahrenheit des Reiters ist es immer ratsam, zum Springen einen Halsriemen zu verwenden.

Über dem Sprung

Am höchsten Punkt des Sprunges, wenn das Pferd den Scheitelpunkt der Flugkurve erreicht hat, muss es sich manchmal strecken, um die hintere Stange noch zu überwinden. Um dem Pferd zur Überwindung der vorderen und hinteren Stange die notwendige Freiheit für Hals und Rücken zu geben, kann es sein, dass sich der Reiter mit dem Oberkörper vorneigen und mit der Hand weiter vorgehen muss, um in der Bewegung zu bleiben. Bei einem entspannten und ausbalancierten Sitz über einem sicheren Unterschenkel werden die natürlichen Reflexe das automatisch geschehen lassen. Wenn die Hindernisse in großen Springprüfungen höher und weiter werden, hilft ein weiter verkürzter Steigbügel. Dennoch wird der Unterschenkel nicht immer ganz in der richtigen Position bleiben.

Bei der Landung

Das nicht führende Vorderbein berührt den Boden einen Bruchteil vor dem Führenden. Kopf und Hals des Pferdes kommen hoch und zurück. Der Reiter wird damit in die Lage versetzt, seinen Oberkörper aufrechter zu nehmen, ohne dabei an den Zügeln zu ziehen, vorausgesetzt die Finger sind entspannt. Dabei sackt das Körpergewicht durch das stoßabsorbierende Sprunggelenk in die Steigbügel. Es ist ein häufig zu beobachtender Fehler, dass der Reiter seinen Oberkörper so weit entspannt, dass er haltlos auf dem Hals oder der Schulter des Pferdes in sich zusammenfällt, oft genug mit der Hand auf dem Pferdehals, um sich abzustützen, und damit das Pferd beim ersten Galoppsprung nach der Landung behindert. Wenn das Pferd mit dieser Störung rechnet, wird es bereits schon über dem Sprung im

Auf dem Gipfelpunkt über dem Hindernis – die Finger sind ganz geöffnet: Tlaloc, geritten von Santiago Lambre.

Bei der Landung des Pferdes ist es ein häufiger Fehler, dass der Reiter im Oberkörper die Spannung und damit die Haltung verliert und auf dem Hals des Pferdes zusammensackt.

Kürzere Bügel helfen, das Pferd in höherem Tempo zwischen den Hindernissen zu kontrollieren, besonders in einem Hindernisrennen oder auf einem Geländekurs. Aber: Je kürzer die Bügel, desto stärker zumeist auch die Vorneigung des Oberkörpers. Ist der Bügel im Vergleich zum gerittenen Tempo zu kurz, dann besteht die Gefahr, dass die Entfernung vom Sattel zu groß und der Reiter damit nicht mehr in der Lage ist, die Länge des Galoppsprungs vor einem Absprung zu erfühlen oder zu beeinflussen. Auch kann es sein, dass der Reiter weniger sicher über dem Sprung und bei der Landung sitzt, weil der Unterschenkel nicht mehr weit genug am Pferdeleib anliegt. Die Topreiter in Hindernisrennen oder in der Vielseitigkeit können mit recht kurzen Bügeln reiten und haben trotzdem ausreichend Kontakt zum Sattel beim Anritt an das Hindernis und bei der Landung. Steigen beim Geländekurs oder im Springen die Anforderungen an die Versammlung vor dem Absprung, dann müssen Unterschenkel und Sporen in der Lage sein, die Körpersprache hinsichtlich Einwirkung auf die Hinterhand zu unterstützen.

Rücken fest werden und daraus entstehen Hinterhandfehler. Zur Ausbildung des Reiters gehören deshalb Übungen auf dem Pferd und auf dem Boden, die dahin zielen, die Oberkörperspannung so zu halten, dass er seinen Sitz bei der Landung beibehalten kann.

Die Bügellänge

Die Länge des Steigbügels hat Einfluss auf
- die Nähe des Gesäßes zum Sattel,
- die Kontrolle der Geschwindigkeit,
- die „Faltung“ über dem Sprung.

Die Bügellänge beeinflusst auch den Reflex des Reiters, seine Balance über dem Sprung zu behalten. Die Ruhe des Oberkörpers über dem Sprung und ganz besonders beim Anreiten aus kürzerem Galoppsprung und in eher aufrechter Haltung so wie beim Springreiten ist abhängig von der Länge der Bügelriemen. Sind sie zu kurz, dann ist es, als ob man aus einem niedrigen Sessel aufsteht: Der Oberkörper lehnt sich weit vor, fast bis in eine kriechende Haltung „auf allen vieren", weil der Schwerpunkt so weit hinter seiner Basis liegt. Die ideale Bügellänge für den Anfänger im Springen und im einfachen Springtraining ist die, die den Reiter bequem aus dem Sattel aufstehen lässt und bei der er dennoch sein Gewicht gut in die Absätze bringen kann. Kürzere Bügel sind nicht notwendig und erschweren das Stillsitzen über dem Sprung. Je höher die Sprünge und desto höher das Tempo zwischen den Hindernissen, umso kürzer werden die Bügel.

Die richtige Bügellänge hängt auch von der Notwendigkeit ab, beim Landen so zu sitzen, dass das Gewicht des Reiters in die Absätze sinken kann. Sind die Bügel zu lang, dann wird es der Reiter nicht vermeiden können, mit einigem, wenn nicht mit all seinem Gewicht im Sattel zu landen. Das bringt das Pferd dazu, sich im Rücken festzumachen, nach dem Sprung wegzulaufen oder den Reiter wieder aus dem Sattel hinauszukatapultieren und ihn entweder über die Pferdeohren hinaus- oder zumindest auf die Vorhand zu bringen. Reiter mit zu langen Bügeln stützen sich oft mit den Händen am Pferdehals ab, um sich vor diesem Vortrieb zu schützen.

Die besten Hindernis-Rennreiter sind in der Lage, mit kurzem Bügel trotzdem Kontakt zum Sattel zu behalten, um sicher die Landung auszusitzen.

Sind die Steigbügel zu lang, wird es schwierig, Geschwindigkeit und Gleichgewicht im Galopp zu kontrollieren.

Es gibt keine genaue Regel, die für jede Lage richtig ist. Jeder Reiter ist hinsichtlich seines Körperbaus anders, der Länge der Beine und des Oberkörpers. Auch die Größe, der Typ, die Einstellung und der Ausbildungsstand der Pferde sind unterschiedlich. Ein Reiter, der im Vergleich zu seinem Pferd klein ist, wird vielleicht mit längerem Bügel reiten müssen, um ausreichend Kontakt zum Pferd zu behalten. Ein Pferd, das von Natur aus relativ lang geht und schwer zu versammeln ist, neigt dazu, vorne nach unten zu ziehen, und ist deshalb oft leichter mit vergleichsweise kürzeren Bügeln zu reiten.

Zu lange Steigbügel bringen den Reiter bei der Landung aus dem Sattel und schleudern ihn nach vorn auf den Pferdehals.

Kontakt mit dem Gesäß am Sattel

Es muss immer das Ziel des Reiters sein, auf dem Weg zum Sprung ein gleichmäßiges Tempo bei gleichbleibender Länge des Galoppsprungs zu erhalten. Das Gesäß in leichtem Kontakt am Sattel gibt nicht nur die größtmögliche Sicherheit, sondern auch das Gefühl für die Länge des Galoppsprungs und die Möglichkeit, daran auf den letzten Sprüngen vor dem Absprung noch etwas zu verändern. Wenn das Pferd zögert, dann verkürzt es seinen Galoppsprung oft erst im letzten Moment. Wenn es den Sprung „angreift", dann verlängert es seine Sprünge. Indem er jederzeit nah am Sattel bleibt, kann der Reiter entweder mit dem Gesäß den Galoppsprung verlängern, falls das Pferd zögert, oder er kann sich im Oberkörper aufrichten und dem Pferd mit dieser Körpersprache mitteilen, die Galoppsprünge zu verkürzen.

Auf einem unerfahrenen oder unzuverlässigen Pferd sitzt der Reiter im „Remonte-Sitz", bei dem er etwa die Hälfte des Gewichts im Sattel behält und die andere in die Steigbügel verlegt. Aus dieser defensiven Haltung kann er jederzeit schnell auf Veränderungen im Tempo reagieren. Gewinnt das Pferd an Erfahrung und wird sicherer, reitet man mit weniger Gewicht im Rücken, im leichten Sitz, und setzt sich vermehrt in den Sattel bei den Sprüngen, bei denen unter Umständen Probleme zu erwarten sein könnten. Das gilt ganz besonders für das Reiten über einen Geländekurs.

Die Zügellänge

Die Länge der Zügel wird bestimmt von der Länge der Bügel und der Vorneigung des Oberkörpers vor der Senkrechten. Als Anhaltspunkt gilt, dass die Zügel so lang sein sollen, dass die Hände ganz leicht vor einer imaginären senkrechten Linie, gezogen vom Auge des Reiters, stehen. Je kürzer die Bügel und je stärker die Vorneigung des Oberkörpers, desto kürzer ist auch die Zügellänge. Stehen die Hände zu weit vor dieser gedachten Linie, dann zieht das Pferd den Reiter vermehrt nach vorne. Das macht es schwieriger, über Körpersprache kontrollierend einzuwirken. Erschwerend kommt für den Reiter hinzu, seinem Pferd über dem Sprung genügend Freiheit zu lassen.

Sind im Gegenteil die Zügel zu lang, dann neigt der Reiter dazu, an den Zügeln nach hinten zu ziehen, um in Kontrolle zu bleiben. Er gerät mit seinem Oberkörper hinter die Bewegung. Die richtige Zügellänge muss fortlaufend korrigiert werden, ganz besonders in einem Geländekurs, wo man es mit unterschiedlichen Hindernissen und Anrittswegen zu tun hat und die unterschiedliche Bodenbeschaffenheit vor und nach dem Hindernis in Betracht ziehen muss.

Das Gebäude des Pferdes und seine Art, sich zu bewegen, beeinflussen die Zügellänge ebenfalls. Pferde mit der Tendenz, im Galopp den Hals zu verkürzen und „einzuziehen", müssen über Sprünge mit leicht verlängertem Zügel geritten werden, damit sie genug Freiheit haben, ihren Hals zu dehnen, ganz besonders bei Weitsprüngen. Pferde mit der Angewohnheit, den Kopf weit vor der Schulter zu tragen, können mit kürzeren Zügeln geritten werden, weil sie über dem Sprung nicht so viel Freiheit brauchen.

Auch das Temperament ist von Bedeutung. Pferde, die am längeren Zügel geritten werden, sind oft entspannter. Das Annehmen des Zügels in Verbindung mit vermehrter Vorneigung des Oberkörpers hat für gewöhnlich eine aufregende Wirkung auf das Pferd, und dementsprechend beruhigend ist das Gegenteil.

Ausbildung des Pferdes – seine Pflichten

Das Ziel

In einem vorangehenden Kapitel dieses Buches habe ich den Aufgabenbereich des Pferdes in der Dressur skizziert. Auch beim Springen hat das Pferd Verantwortung zu übernehmen. Die grundlegende Springausbildung für das Pferd besteht aus Übungen, die sein Verständnis und das Annehmen seiner Pflichten entwickeln und damit sein Selbstvertrauen steigern. So wie in der grundlegenden Dressurarbeit gibt es auch hier einen schmalen Grat zwischen dem, was zum Verantwortungsbereich des Reiters und was zu den Pflichten des Pferdes gehört. Das Gewicht kann sich auch leicht verschieben, je nachdem ob wir die Ausbildung zu Hause betrachten oder von der Teilnahme an Turnierprüfungen reden.

<u>Die Ausbildung zielt auf die Entwicklung von</u>:

- ruhiger Aufmerksamkeit des Pferdes auf den Sprung in einem beständigen Tempo, gleichmäßiger Sprunglänge und die Linie des Anritts,
- die Fähigkeit des Pferdes, seine eigene Sprunglänge zum Absprungspunkt abzuschätzen und falls notwendig anzupassen,
- Gleichgewicht und Abstimmung vor, über und hinter dem Sprung,
- Technik und Beweglichkeit,
- Vertrauen des Pferdes in seine eigenen Fähigkeiten, zu seinem Reiter und in die Aufgaben, die ihm gestellt werden,
- Gelassenheit gegenüber den unterschiedlichen Farben, Formen und Arten der Hindernisse, die ihm präsentiert werden.

Tempo, Sprunglänge und Linie des Anritts

Eine grundlegende Dressurarbeit sollte die Basis schaffen, um einem Pferd beizubringen, sich den Hindernissen in beständigem Tempo und gleichmäßiger Sprunglänge zu nähern, die dem Sprung angepasst ist, und auf einer bestimmten Linie, die das Pferd im richtigen Winkel zu dem gewählten Absprungspunkt bringt.

Takt x Sprunglänge = Geschwindigkeit

Die Grundlagenarbeit in der Dressur entwickelt die Fähigkeit des Pferdes, seine Sprunglänge auf ebenem Hufschlag in gleichmäßigem Tempo zu halten. Die Schwierigkeit zu Beginn der Springausbildung liegt darin, dass das Pferd auf den Anblick des Hindernisses reagiert. Manche Pferde zögern und verkürzen den Galoppsprung, während andere aufgeregt werden oder Angst bekommen und ihren Galoppsprung verlängern. Das kann auch von einem Extrem zum anderen schwanken: zögern bis zum Punkt des Verweigerns oder Verlängerung bis zum Ausbrechen vor dem Sprung.

Die Länge des Galoppsprungs beim Anritt beeinflusst die Fähigkeit des Pferdes, den Galoppsprung passend für den Absprung zu treffen. Je kürzer die Galoppsprünge, desto mehr davon passen zwischen die Hindernisse und desto größer die Chance, passend an das Hindernis heranzukommen. Je länger der Galoppsprung, desto wahrscheinlicher, dass es „nicht passt". Der längere Galoppsprung macht es für das Pferd weniger einfach, beständig den Absprung in der möglichen Absprungzone zu erreichen. Es gibt keine genau bemessene Sprunglänge, mit der sich alle Pferde wohlfühlen. Manche machen von Natur aus lange Sprünge, andere kurze. Wichtig bei der Wahl der richtigen Sprunglänge ist, dass sie in der Mitte der Möglichkeiten des betreffenden Pferdes liegt. Von dort aus kann man dann je nach Aufgabe verlängern oder verkürzen. (Tipp: Wenn das Pferd immer dazu neigt, zu nah an das Hindernis heranzukommen, sollten die Galoppsprünge schon weit vor dem Absprung verlängert und diese Länge dann in gleichmäßigem Tempo zum Sprung hin erhalten bleiben. Wer immer zu früh abspringt, sollte versammelter, d.h. in kürzeren Galoppsprüngen anreiten, ohne dabei den Schwung zu verlieren.)

Den Absprung erkennen

Es ist ein wichtiger Teil der Ausbildung des Pferdes, ihm beizubringen selbst den Absprung zu finden. Das Pferd, ganz besonders das Vielseitigkeitspferd, darf nicht abhängig sein vom Reiter, damit der den Absprungpunkt für ihn erkennt. Nähert sich das Pferd in mittlerer Sprunglänge und in gutem Gleichgewicht einem Hindernis, dann kann es leicht verkürzen oder verlängern, sowie es den Absprung erkennt. Der Reiter, der in gutem Gleichgewicht und Eintracht ist mit seinem Pferd, wird dieser Anpassung folgen, und bei zunehmender Erfahrung erkennt er auch die leichte Anpassung, die das Pferd vorzunehmen in Begriff ist.

Unerfahrene Springreiter machen sich oft Sorgen, dass sie den Absprung nicht treffen. Das ist dann üblicherweise die Ursache dafür, dass sie kein gleichmäßiges Tempo und regelmäßige Sprunglänge einhalten können. Weil sie den Galoppsprung nicht abschätzen können, haben sie das Gefühl, etwas unternehmen zu müssen, und das ist normalerweise eine Verkürzung des Galoppsprungs, bis sie den Absprungpunkt sehen und wild attackieren. So ist das Missgeschick vorprogrammiert. In den höheren Springprüfungen, ob im Gelände oder im Parcours, läuft die Fähigkeit, den Absprung zu treffen, oft auf Vertrauen hinaus: Wer ein gleichmäßiges Tempo im gleichmäßigen Galoppsprung einhält, der wird auch einen guten Absprung finden.

Aus gleichmäßigem Tempo und Sprunglänge folgt auch der gute Absprung.

Ich bin ein eifriger Verfechter des Freispringens, ganz besonders für junge Pferde. Es lehrt sie, auf sich selbst aufzupassen im Hinblick auf den richtigen Absprungspunkt und die Erhaltung des eigenen Gleichgewichts. Und es gibt dem Reiter Vertrauen, wenn er sieht, was sein Pferd ohne Hilfe springen kann.

Gleichgewicht und Abstimmung

Das Pferd muss lernen, sein Gleichgewicht sowohl längs gerichtet als auch seitlich beim Anritt, beim Absprung und in der Landung zu halten.

Das längs gerichtete Gleichgewicht, das ein Pferd über die grundlegende Dressurarbeit entwickelt, hilft ihm auch seine Balance im Springen zu halten, ganz besonders, wenn es Hindernisse zu überwinden hat, die dicht aufeinanderfolgen. Die Fähigkeit, das Gleichgewicht zu halten, ermöglicht es dem Pferd, einen gleichmäßigen Galoppsprung in zusammenhängenden Distanzen (drei und mehr Galoppsprünge), in Kombinationen (ein oder zwei Galoppsprünge zwischen den Hindernissen) und bei In-Outs zu halten. Diese Balance stammt aus der Entwicklung des Rahmens und der Selbsthaltung sowohl in der Basis-Dressurarbeit als auch im frühen Stadium der Springausbildung. Das verbesserte Gleichgewicht beim Springen versetzt das Pferd außerdem in die Lage, sich besser zu koordinieren und aus dieser körperlichen Abstimmung vorsichtiger zu springen. Junge, mutige Pferde erscheinen zu Beginn oft sorglos, aber je besser sie sich auf ebenem Hufschlag und über dem Sprung ausbalancieren können, desto vorsichtiger werden sie, weil sie feststellen, dass sie beides halten können, ihr Gleichgewicht und den Abstand zu den Stangen.

Das seitliche Gleichgewicht auf gebogenen Linien ist ebenfalls wichtig und stammt aus der grundlegenden Dressurarbeit, die das Pferd gerade richtet. Nicht nur, dass das Pferd lernen muss, sich dem Sprung „auf der Spur"* und „in der Linie"* zu nähern, um gerade über das Hindernis zu kommen. Ein junges Pferd neigt oft dazu, beim Absprung oder in der Landung nach rechts oder links zu driften. Das kommt, weil es sich mit einem Hinterbein stärker abdrückt als mit dem anderen. Weil es nicht gerade gerichtet ist, drückt es die Schulter von dem stärkeren Hinterbein weg. Wer versucht, die gerade Linie zu erzwingen und über stärkere Anlehnung über und zwischen den Sprüngen zu korrigieren, der stört das Pferd über dem Sprung und wird es vermutlich auch dazu bringen, sich noch mehr auf diesen Zügel zu lehnen, um sich abzustützen. So wird das Problem nur noch größer. Das Pferd muss dazu gebracht werden, sich selbst zu korrigieren. Der beste Weg dazu sind Führungshilfen an den Hindernissen. Das können Fänge oder abgestellte Stangen usw. sein.

In der Landung und den nachfolgenden Galoppsprüngen muss das seitliche Gleichgewicht ebenfalls erhalten bleiben. Pferde, die bei der Landung ihr Gleichgewicht nach vorn verlieren und „wegeilen", verlieren oft auch das seitliche Gleichgewicht und fallen in der Wendung aus, besonders wenn der Reiter versucht, sie über den inneren Zügel zu kontrollieren. Daher die Bedeutung von Kontrolle über den äußeren Zügel beim Springen und auch die gerade richtende Arbeit in der Dressur.

Die Forderung nach Geraderichtung und Kontrolle, die in der Dressurarbeit besteht, gilt auch in der Springausbildung, aber hier wird sie noch offensichtlicher. Daher auch der Wert von Springausbildung für das reine Dressurpferd.

Technik und Beweglichkeit

Die natürliche Anlage des Pferdes zum Springen zeigt sich in seiner Springtechnik und seiner Beweglichkeit, der turnerischen Geschicklichkeit. Natürlich machen noch mehr Attribute, sowohl innerliche wie äußerliche, das perfekte Springpferd aus. Das Pferd mit der perfekten Technik als Parcoursspringer wird kein sehr gutes Hindernis-Rennpferd. Betrachtet man die gestiegenen technischen Anforderungen des Sports, dann muss das moderne Vielseitigkeitspferd mehr vom Parcoursspringpferd haben als von einem Steeplechaser.

Zur grundlegenden Springausbildung für alle Pferde bis auf die allergrößten Naturtalente gehören Übungen zur Verbesserung der Springtechnik. Manche Probleme in der Ausführung sind angeboren, andere entstanden aus Fehlern im Anfang der Ausbildung oder herbeigeführt über Reiterfehler am Sprung. Es ist wichtig, hier zu unterscheiden. Manche junge Pferde, die körperlich noch nicht reif sind, haben technische Probleme, die sich mit zunehmender Reife von selbst verbessern werden.

Man muss auch erkennen, dass manche Pferde technische Probleme haben, die ihre Möglichkeiten begrenzen, gut oder sicher über die Hindernisse zu kommen, wenn die Sprünge größere Herausforderungen an die Beweglichkeit stellen, ganz egal wie viel Training man ihnen angedeihen lässt. Der erfahrene Reiter und Ausbilder erkennt das, aber dem weniger erfahrenen Reiter muss man das viel-

***Siehe Seite 13 „Begriffliche Erklärungen"**

leicht sagen. Das gilt ganz besonders im Vielseitigkeitssport, wo unsichere Springtechnik lebensbedrohlich für Reiter und Pferd sein kann. Jedes Pferd hat eine Grenze seiner Leistungsfähigkeit, und es kommt der Punkt, wo das Pferd ungeachtet allen Trainings einfach keine bessere Leistung bringen kann.

In Gymnastikreihen und über verschiedene Arten von Hindernissen lassen sich Vor- oder Hinterhandtechnik des Pferdes verbessern, auch die Art, wie es seinen Rücken über dem Sprung benutzt. Diese Übungen werden allmählich auch die Beweglichkeit verbessern und das Pferd damit in die Lage versetzen, höhere Hindernisse sauber zu meistern. Das Selbstvertrauen des Pferdes stammt aus der Sicherheit, dass es leisten kann, was von ihm verlangt wird, und daraus wiederum entspringt seine Freude an der Arbeit. Es ist einfacher, das Vertrauen eines Pferdes zu verlieren, als es zu gewinnen, deshalb muss eine Steigerung in den Anforderungen bei diesen Übungen immer sehr sorgfältig abgewogen werden.

Ungeachtet dessen, was manche Reiter oder Ausbilder meinen, wissen Pferde instinktiv, dass ein Anschlagen am Hindernis wehtut. Sie geben deshalb ihr Möglichstes, um das zu vermeiden. Manchmal mag es so scheinen, als seien sie unvorsichtig, aber in Wirklichkeit ist es so, dass sie es nicht vermeiden können, weil ihnen die Fähigkeit fehlt, sich aus der Situation zu retten.

Manche Pferde haben eine niedrigere Schmerzgrenze als andere und versuchen noch sorgfältiger, das Anschlagen zu vermeiden. Unter den Top-Parcoursspringpferden sind manche so vorsichtig, dass sie lieber stehen bleiben als Gefahr laufen anzuschlagen. Auch der Winkel, in dem das Bein die Stange berührt, oder ob das Pferd mit dem Huf oder dem Knochen anschlägt, entscheidet über das Ausmaß des Schmerzes, den das Pferd fühlt. Der Grad der Aufregung, Angst oder Nervigkeit beeinflusst die Schmerzempfindlichkeit ebenfalls.

Aus diesen Gründen ist es wichtig, dem Pferd bei der Ausführung dieser Übungen alle Möglichkeiten zu geben, sich voll auf seine Aufgaben zu konzentrieren. Diese Trainingseinheiten dürfen nicht übereilt werden. Eine sorgfältige Analyse der Leistung ist nötig, um jederzeit sicher zu sein, dass die auftretenden Probleme in ihrer logischen Reihenfolge gelöst werden.

Formen und Farben, Arten und Umfeld

Ein gleichermaßen wichtiger Teil der Grundausbildung im Springen ist die Heranführung des Pferdes an verschiedene Formen, Farben und Arten von Hindernissen. Zuerst zu Hause, aber so bald wie möglich auch auswärts, in fremder Umgebung muss das Pferd mit den verschiedenen Arten von Hindernissen vertraut gemacht werden, mit denen es irgendwann fertig werden muss. Das junge Pferd mag schon recht sicher im Überwinden von einfachen Stangen und Natursprüngen zu Hause sein und eine recht ansehnliche Technik über einigermaßen bedeutende Hindernisse zeigen, aber wenn es in der Fremde über verschiedene Farben, Formen und Arten von Hindernissen springen soll, kann es schnell wieder zum Anfänger werden. Nur über die ganz allmähliche Heranführung an die verschiedensten Möglichkeiten und Situationen wird das Pferd schließlich auswärts so gut gehen wie zu Hause. Manchmal wird das Pferd sich auswärts vielleicht sogar besser präsentieren, weil es mehr Respekt vor dem Reiter und den Hindernissen hat als zu Hause, wo alles bekannt ist.

Grundlegende Springübungen für Pferd und Reiter

Nicht alle Pferde müssen in ihrer Ausbildung exakt den gleichen Weg gehen. Zu Anfang sind manche die „natürlichen" Springer, während andere nicht gut werden, bevor sie nicht reifer und durch ihre grundlegende Dressurausbildung besser ins Gleichgewicht gekommen sind. Jedes Pferd sollte als Individuum gesehen werden.

Aus diesem Grund funktioniert nicht jede Übung bei jedem Pferd. Es gibt Pferde, für die vermeintlich simple Aufgaben wie das Traben über Stangen sogar schädlich sind, weil sie so vorsichtig sind, dass sie versuchen, die ganze Reihe in einem Satz zu überwinden. Vom Verstand her sollte man erwarten, dass ein Pferd über geduldiges Wiederholen allmählich lernen würde, diese Reihe im Trab zu überwinden, aber manchmal wird das Pferd einfach nur immer aufgeregter. Das gilt besonders für „heiße" Pferde mit nervösem Temperament.

Es ist entscheidend, sich immer die Bereitschaft zum Experimentieren zu erhalten und offen für andere Ideen zu sein. Manchmal kann es notwendig sein, bei einer Übung zu bleiben und sie so lange zu wiederholen, bis das Pferd die Aufgabe meistert. Aber wenn das Pferd nur immer schlechter wird anstatt besser, dann ist es nur vernünftig, etwas anderes zu probieren. Die Fähigkeit zum Springen ist naturgegeben, und ein Pferd kann einen großen Sprung überwinden, ohne das jemals zuvor gelernt zu haben. Wir sollten uns nicht einbilden, stets alles am besten zu wissen.

Die Übungen sollten als Werkzeuge in unserem Schulungsarsenal gesehen werden. Mit fortschreitender Ausbildung kann man die jeweils passende Übung auswählen, entweder um ein offensichtliches Problem zu beheben oder um die Abstimmung, Beweglichkeit und das Selbstvertrauen des Pferdes weiter zu verbessern.

Wann fangen wir an?

Die Ausbildung zum Springen kann man beginnen mit einer einzigen Stange auf dem Boden, die zunächst im Trab überwunden wird und dann allmählich immer weiter erhöht, bis sie ein Hindernis geworden ist. Beim ersten Mal, wenn sie diese Stange überwinden, springen manche Pferde einen Meter hoch. Sogar wenn man sie ihnen öfter zeigt, werden manche immer wieder einen Riesensatz machen. Manche Pferde sind von Natur aus vorsichtig und hassen es ganz instinktiv, eine Stange zu berühren, während andere zuerst haushoch springen, weil sie „guckig" sind und ein Gespenst gesehen haben. Unter den vorsichtigen Pferden bleiben manche so und andere verlieren bald den Respekt vor der Stange. Und es gibt manche Pferde, die so nachlässig, unvorsichtig oder ungeschickt sind, dass sie über die Stange stolpern. Was immer sie tun, es ist wichtig, dass der Reiter sich nicht einmischt in die Verantwortung des Pferdes, auf sich selbst aufzupassen. Das darf weder mit Absicht passieren noch wegen Verlust des Gleichgewichts oder aus Angst.

Es ist sehr wichtig, dass der Ausbilder am Boden genauso wie der Reiter genau beobachtet, welcher Galoppsprung für das Pferd zu diesem Zeitpunkt der Ausbildung komfortabel und angenehm ist. Eines der Ziele in der Ausbildung, sowohl bei den Grundlagen der Dressur als auch für das Springen, ist es, dem Pferd beizubringen, seinen Galoppsprung anzupassen. Die Distanzen in den folgenden Übungen müssen als durchschnittliche Empfehlung gesehen werden und Sie sollten bereit sein zur Anpassung, ganz besonders zu Beginn der Ausbildung, damit das Pferd sich wohlfühlt. Dann können die Anforderungen allmählich gesteigert werden. Bei einem Pferd mit natürlichem langem Galoppsprung liegt die Betonung auf dem Verkürzen, während bei einem Pferd mit kurzem Galoppsprung Wert gelegt wird auf das Verlängern. Sorgfältigst ist darauf zu achten das Pferd nicht zu überfordern, weil das Vertrauen entscheidend bei der Entwicklung der Springausbildung ist.

Die Übungen in diesem Buch sind nicht die einzigen, die mit einem Pferd oder Reiter gemacht werden können. Es sind Übungen, die ich anwende und für nützlich halte. Die meisten dieser Übungen habe ich auch bei anderen Reitern und Ausbildern gesehen. Ein guter Reiter und Ausbilder versucht immer, neue Ideen zu seinem Erfahrungsschatz hinzuzufügen. Die einzige Begrenzung ist das Ausmaß an Neugier, analytischem Verstand und Phantasie. Normalerweise kann man eine dieser Übungen machen und immer wieder zuverlässig gute Resultate damit erzielen, aber es gibt immer wieder die Ausnahme von der Regel. Es ist wichtig, dass Reiter und Ausbilder immer wieder das Endziel der Ausbildung vor Augen haben, genauso wie das unmittelbare Ziel. Das „Endziel" ist das, was das Pferd auf dem Turnier in einer Prüfung leisten muss, zum Beispiel Parcoursspringen, Vielseitigkeit oder Hindernisrennen. Das unmittelbare Ziel bezieht sich auf das einzelne Detail, das gerade jetzt zu diesem Zeitpunkt entscheidend ist, um das Pferd in seiner Ausbildung weiterzubringen.

Übung 1 ➤ Im Trab über Stangen und Cavaletti

Zeitpunkt

- Sobald das Pferd einigermaßen zuverlässig auf einfache Hilfen des Reiters reagiert.
- Zur Korrektur bei Pferden, die unaufmerksam am Sprung sind, die beim Anritt nicht in gleichmäßigem Takt und gleichbleibendem Galoppsprung bleiben oder die den Rücken durchdrücken bzw. am Sprung nicht aufwölben.

Der lernende Reiter kann mit dieser Übung beginnen, sobald er im leichten Sitz einigermaßen im Gleichgewicht sitzt.

Das Ziel

- Verbesserung der Balance des Reiters und seiner Fähigkeit, im leichten Sitz oder im Leichttraben einen gleichmäßigen Kontakt über den Zügel zum Pferdemaul zu halten.
- Das Pferd auffordern, mehr Aufmerksamkeit auf die Arbeit zu richten und einen gleichmäßigen Rhythmus beizubehalten. Allmählich wird das Pferd außerdem aufgefordert, seine Tritte zu verlängern oder zu verkürzen, je nach Lage der Stangen.
- Das Pferd zu besserer Koordination bringen.
- Ergänzung der Dressurarbeit über eine Weiterentwicklung von Rahmen und Oberlinie und Entwicklung von mehr Kadenz in den Tritten, besonders wenn die Stangen nicht mehr länger auf der Erde liegen.

Die Übung

- Man beginnt aus dem Schritt und übt erst danach im Trab, zunächst über einzelne Stangen und später über eine Reihe aus beliebig vielen Stangen, meistens fünf bis sechs. Die Stangen liegen auf Abstand von

1,30 Metern. Der Reiter muss darauf eingestellt sein, diesen Abstand bis zur natürlichen Trittlänge des Pferdes passend zu verändern. Diese Distanz kann dann verlängert oder verkürzt werden, je nach Ausbildungsziel.

- Die Stangen werden allmählich erhöht, sobald das Pferd mit der Übung vertraut ist. Abwechselndes Anheben einer Stange oder nur auf einer Seite sind Alternativen, die man versuchen kann. Am besten geeignet sind Cavaletti.
- Die Reihe wird angeritten im entlastenden leichten Trab oder im leichten Sitz mit dem Gewicht hauptsächlich in den Steigbügeln. Der Oberkörper ist genügend angespannt, damit die Hände frei über dem Pferdehals getragen werden können und eine gleichbleibende Anlehnung behalten, um das Pferd so gerade wie möglich auf der Linie zu halten. Der Reiter schaut geradeaus, nicht auf die Stangen herunter. Es ist die Aufgabe des Pferdes, auf die Stangen zu achten.
- Das Pferd wird aufgefordert, einen gleichmäßigen Rhythmus und gleichmäßige Trittlänge beizubehalten, auf der Spur und in der Linie und in gutem Rahmen, d.h. „über den Rücken".
- In der Reihe wird das Pferd dazu ermutigt, den Hals zu dehnen, indem die Anlehnung aus der entspannten Faust bei vorgebendem Unterarm leichter wird. Je nach Lage der Stangen stellt der Reiter seine Körpersprache entsprechend um und neigt sich mehr nach vorne, wenn die Tritte verlängert wer-

Stangentreten im Trab

den sollen, bzw. bleibt aufrechter, damit das Pferd die Tritte verkürzen kann. Der Oberkörper soll so still wie möglich bleiben. Deshalb ist es ratsam, in der Reihe nicht mehr im leichten Trab aufzustehen.

- Nach der Reihe muss der Reiter alle Veränderungen korrigieren, die sich hinsichtlich Takt, Schrittlänge und Haltung ergeben haben, während das Pferd die Reihe absolviert hat.

Häufige Probleme

Das Pferd eilt oder versucht sogar die Reihe in einem Satz zu nehmen.

- Im Schritt beginnen, die Stangen liegen auf einem Abstand von 2,60 Metern. Wenn das Pferd im Trab immer noch rennt, kann man den Anritt verkürzen. Der Reiter kann helfen, indem er den Takt beim Anreiten über seine Körpersprache vorgibt, unterstützt über durchhaltenden Zügel in gleichmäßiger Anlehnung. Sobald das Pferd die Reihe betreten hat, wird die Anlehnung weicher.

Das Pferd verliert den Rahmen.

- Das passiert häufig, wenn die Haltung nicht ausreichend über die vorangegangene Dressurarbeit gefestigt worden ist. Wenn der Reiter das Pferd in seiner Haltung „festgezurrt" hat, geht sie verloren, sobald der Kontakt zum Pferdemaul in der Reihe sanfter wird. Taucht das Problem bei faulen Pferden auf, dann hilft es, wenn der Reiter über den Stangen einen aufrechten Sitz beibehält und mit dem Schenkel das Engagement der Hinterhand erhält.

Das Pferd verliert die Geraderichtung und bleibt nicht auf der Spur.

- Die Hände breiter stellen und das Pferd mit Zügel und Schenkeln deutlicher einrahmen, um es wieder gerade zu richten.

Das Pferd verliert Takt und Gleichmaß über den Stangen.

- Entweder müssen die Abstände zwischen den Stangen verkürzt oder die Tritte des Pferdes über vermehrtes Treiben und ein Vorwärtssignal über die Körpersprache in eine nachgiebige Anlehnung verlängert werden. Notfalls benutzt man eine Dressurgerte, um den Schenkeldruck zu verstärken. Darauf achten, dass die Körpersprache dem Pferd nicht signalisiert, langsamer zu werden, weil der Reiter hinter die Bewegung kommt. Man kann die Stangen höher legen, um die Aufmerksamkeit des Pferdes zu wecken, aber zu Beginn sollte man lange genug Schritt durch die Reihe reiten und dabei nicht in die Versuchung geraten herunterzusehen, um dem Pferd zu helfen, das Problem zu lösen. Das ist Sache des Pferdes.

Variationen

- Die Stangen auf einem großen Zirkel auslegen. Dadurch kann man die Abstände, ohne die Stangen zu verlegen, variieren, indem man entweder außen oder innen anreitet. Mit den Schenkeln, einem führenden inneren Zügel und dem unterstützenden äußeren Zügel wird das Pferd auf der Spur und in der Linie gehalten.
- Die Reihe schräg anreiten, um die Schrittlänge zu variieren.
- Die Stangen erhöhen, um das Pferd in seiner Beweglichkeit zu verbessern.
- Das Stangentreten als Einführung in eine Sprungreihe nutzen.

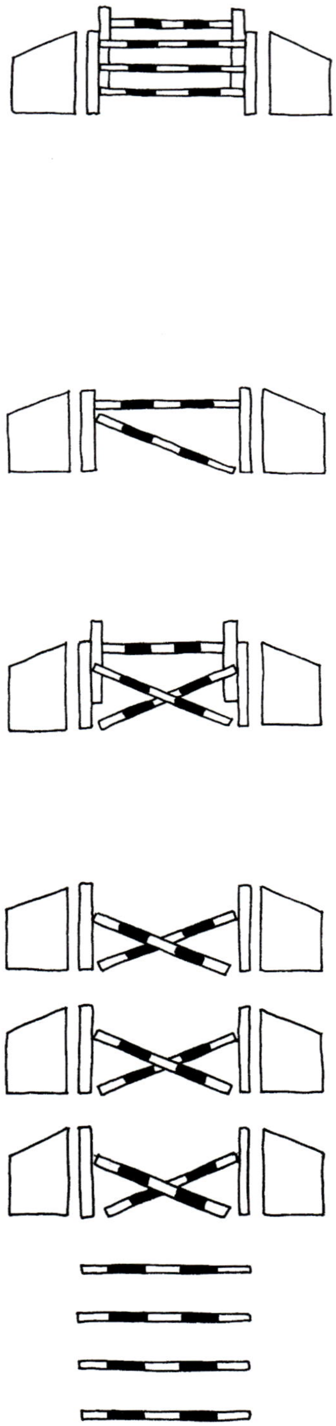
Einfache Reihe

Übung 2 ➤ Einfache Reihen

Zeitpunkt

- Wenn das Pferd den Trab über Stangen kennengelernt hat. Man muss nicht abwarten, bis das Pferd in ruhigem Rhythmus über die Stangen trabt, bevor man mit den kleinen Sprungreihen beginnt. Ich kenne Pferde, die niemals beim Stangentreten im Trab zur Ruhe gekommen sind, aber sofort die Sprungreihe bei nur einer vorgelegten Stange ruhig angenommen haben. Diese Pferden waren ausgesprochen „elektrisch" am Sprung und haben schließlich auch das Stangentreten gelernt, aber erst sehr viel später in ihrer Ausbildung. Hätte ich gewartet, bis sie die Trabstangen ordentlich annahmen, dann wäre ich vermutlich niemals mit ihnen zum Springen gekommen.
- Wenn der Reiter sein Gleichgewicht in den Trabstangen und auf ebenem Hufschlag halten kann. Ein Lehrpferd, das ehrlich ist und vorwärtsgeht, ohne zu eilen, ist wichtig, damit der Reiter sich über den Sprüngen ganz auf seinen Sitz konzentrieren kann.

Das Ziel

- Vertrauen aufbauen bei Pferd und Reiter an größeren Sprüngen ohne Sorge, den richtigen Absprung zu treffen.
- Den Takt des Pferdes in guter Selbsthaltung über den Sprüngen entwickeln.
- Das Pferd mit Kombinationen vertraut machen.
- Den richtigen Einsatz des Rückens über dem Sprung und die korrekte Vor- und Hinterhand-Technik schulen.
- Das Pferd lehren, seine Tritte zwischen den Sprüngen zu verlängern und zu verkürzen.
- Die Reflexe des Pferdes verbessern.

- Die Geraderichtung über dem Sprung verbessern.
- Beim Reiter das Gleichgewicht, den Sitz und relatives Stillsitzen über dem Sprung entwickeln.
- Unabhängige Zügelführung und Stabilität des Unterschenkels verbessern.

Die Übung

- Die Distanz von der letzten Trabstange oder von der Vorlegestange bis zum ersten Element der Sprungreihe festlegen auf 2,50 Meter.
- Mit einem kleinen Sprung beginnen, entweder als Kreuz oder als eine gerade Stange mit Grundlinie.
- Allmählich weitere Elemente mit einem Galoppsprung zwischen den Hindernissen hinzufügen. Der Abstand zwischen den ersten beiden Elementen ist geringfügig enger (6 m) als zwischen den folgenden Elementen (6,50 m). Beim Anreiten aus dem Trab oder später aus einem versammelten Galopp hat der erste Sprung des Pferdes über das Kreuz eine weniger weite Flugbahn als über die nachfolgenden Hindernisse.
- Das erste Element ist eine Vorlegestange, das zweite zum Beispiel eine gekreuzte Stange mit einer geraden Stange dahinter und das dritte abschließende Element kann entweder ein Steilsprung oder Oxer sein.
- Mit der Sprungreihe an der langen Seite beginnen, um dem unerfahrenen Pferd zu helfen, gerade zu bleiben.
- Wenn nötig kann man dem Pferd mit Führstange helfen, damit der Reiter nicht versuchen muss, das Pferd über den Zügelkontakt gerade zu halten, und es damit ablenkt.
- Anreiten in fleißigem Trab auf nicht zu langer Geraden, 12 m nach der Ecke, in Vorwärtsneigung so wie beim Anritt auf die Trabstangen. Später kann man die Sprungreihe im Galopp anreiten, wenn das Pferd dressurmäßig so weit ausgebildet ist, dass es den Galopp ohne dauernde Unterstützung des Reiters halten kann.
- In der Sprungreihe in leichtem Sitz mit Kontakt zum Sattel bleiben, bei deutlichem Gewicht in den Steigbügeln. Die entspannte Faust hält dabei leichten Kontakt zum Pferdemaul, die Hände werden seitlich, leicht vom Hals abgestellt getragen. Über den Sprüngen so ruhig wie möglich sitzen bleiben, dabei geradeaus blicken und dem Pferd erlauben, dem Reiter entgegenzukommen. Oft genug sieht man Reiter, die sich viel zu weit zusammenklappen, weil sie beim Anreiten zu aufrecht gesessen haben und deshalb am Anfang der Reihe hinter die Bewegung geraten sind.
- Bei der Landung nach dem letzten Sprung im Galopp bleiben, bis der gleichmäßige Rhythmus wiederhergestellt ist. Dazu eventuell mit einem anstehenden äußeren Zügel und führenden oder offenen inneren Zügel auf einen Zirkel abbiegen. Dann reitet man einen guten Übergang zum Trab. Wenn das Pferd im Außengalopp landet, wird fleißig vorwärts durch die nächste Ecke geritten, um das Pferd zu einem Galoppwechsel anzuregen, mit dem es das Gleichgewicht halten kann, so wie es das auch beim Freilaufen tun würde. Dabei bleibt die Haltung des Oberkörpers mit der äußeren Schulter gut zurück und mit dem Gewicht im inneren Steigbügel. Ich beobachte oft Reiter, die ihren Pferden erlauben, während des Springens in den Trab zu fallen, obwohl sie in der Dressur schon einen guten Übergang beherrschen. Es ist wichtig, die Anforderungen aus der Dressur auch auf das Springen auszudehnen, damit sie Pferden und Reitern zur Regel werden.

- Die Sprungreihen auf beiden Händen anreiten. Die meisten Pferde haben eine Vorliebe für eine bestimmte Seite, bis sie in der dressurmäßigen Arbeit gerader geworden sind. Auch die Lage der Eingangstür in die Bahn oder die Lage der Stallungen hat eine Auswirkung auf die Leistung. Das kann man sich am Anfang zunutze machen, indem man ein zögerliches Pferd zunächst „Richtung Heimat“ springt und ein eiliges Pferd von dort weg.

Häufige Probleme

Das Pferd rennt.

- Eher in die Sprungreihe abwenden, damit der Anritt kürzer wird. Anreiten im Schritt, aber dabei den Oberkörper in Vorneigung halten und die Zügel lang genug mit weiter auseinandergestellten Händen fassen, damit der Reiter der Bewegung folgen kann. Wenn das Pferd plötzlich beschleunigt, muss er die Zügel nicht durch die Hand rutschen lassen. Hauptsache ist, zu vermeiden, dass der Kontakt im Pferdemaul strammer wird, wenn das Pferd die Reihe springt. Bei einem eiligen Pferd hilft es auch, die Reihe häufig zu verändern und vielleicht auffällige Hindernisteile einzubauen, die die Aufmerksamkeit des Pferdes auf sich ziehen und es damit verlangsamen. Zusätzliche Stangen auf dem Boden in der Mitte der Galoppsprünge ohne Hindernis helfen ebenfalls, das Pferd zu bremsen.

Das Pferd ist unachtsam.

- Es mag zu Anfang so aussehen, als sei das Pferd unvorsichtig, weil es das Hindernis umreißt, aber die Ursache dafür liegt oft in zu kurzen Distanzen. Es ist wichtig, die Absprung- und Landestellen im Auge zu behalten, um sicherzugehen, dass die Distanzen für das Pferd passen. Erst allmählich und in Verbindung mit vermehrter Dressurarbeit dürfen die Distanzen bewusst enger werden.

Das Pferd drückt den Rücken weg und ist unkonzentriert.

- Ursache kann ein Reiterfehler sein. Der Reiter gerät hinter die Bewegung, bringt zu viel Gewicht in den Sattel und hält sich am Zügel fest. Liegt kein Reiterfehler vor, dann wird das Pferd allmählich besser, wenn die Anforderungen in der Reihe in Verbindung mit mehr Dressurarbeit steigen. Es gibt Pferde, die alle Regeln sprengen und bei guter Vorderbeintechnik und sauberer Hinterhand sorgfältig springen, auch ohne jegliche sichtbare Bascule. Oft haben solche Pferde große Anlagen und benutzen ihren Rücken erst, wenn die Hindernisse deutlich höher und weiter werden. Ein Festhalten im Rücken zeigen oft Pferde, die nervös sind oder beunruhigt durch ihre Umgebung. Manche Pferde orientieren sich nach hinten anstatt nach vorne auf den nächsten Sprung. Im Rennsport werden solche Pferde mit Scheuklappen eingesetzt, um ihnen die Konzentration zu erleichtern.

Das Pferd drängt zu einer Seite.

- Hochaufgelegte Stangen als Leitlinien fordern das Pferd zur Geraderichtung auf. Das Problem kann auch auftreten, weil die Distanzen zu kurz sind und das Pferd versucht, sich Platz zu schaffen.

Das Pferd verliert Schwung.

- Das liegt entweder daran, weil das Pferd faul ist oder weil es nervös, schreckhaft oder unsicher ist. Es ist wichtig, hier zu unterscheiden. Bestehen Zweifel, dann muss man annehmen, dass das Pferd kein Vertrauen hat. Entweder die Stangen niedriger legen oder einige Elemente ganz aus der Reihe entfernen, bis das Pferd wieder Mut fasst. Selbst dann kann es notwendig sein, das Pferd mit der Gerte zu ermutigen, frischer vorwärtszugehen, entweder eingesetzt vom Reiter oder einem Helfer auf dem Boden. Erlaubt man dem Pferd, zu lange nachzudenken, vergrößert sich das Problem oft noch. Ich halte eine lange Dressurgerte bei den ersten Springübungen in der Sprungreihe für effektiver als eine kurze Gerte und Sporen, weil sie eingesetzt werden kann, ohne die Hand vom Zügel zu nehmen. Der richtige Zeitpunkt zum Einsatz der Gerte ist der Moment, wenn das Pferd die letzte Trabstange oder die erste Vorlegestange erreicht hat, sodass sie einen aufmunternden Effekt hat, ohne das Pferd von den Sprüngen abzulenken. Es ist besser, die Gerte schon beim ersten Zögern einzusetzen, als abzuwarten, bis aller Schwung verloren ist. Für ein Pferd, das zu vorsichtig ist oder sehr faul, werden die Distanzen oft zu groß. Deshalb ist es wichtig, die Distanzen sofort anzupassen, wenn das der Fall ist. Wenn ich Distanzen für solche Pferde abmesse, dann lege ich sie immer lieber etwas enger als zu groß.

Das Pferd rennt nach der Landung weg.

- Das kann ein Zeichen von Übermut sein und wird sich dann alsbald von selbst erledigen. Oder es ist ein Zeichen für Angst oder Temperament. Zieht ein Reiter immer sofort bei der Landung seinem Pferd im Maul, dann wird das Pferd lernen, diesen Ruck zu erwarten und stemmt sich schon vorher dagegen. Dabei zieht es sich selbst noch mehr auf die Vorhand, und das Problem wird noch größer. Läuft das Pferd nach dem Sprung weg, sollte der äußere Zügel dominieren und die Körpersprache unterstützen, die hoch und zurückwirkt, ohne allzu schwer im Sattel, bei gut liegendem Unterschenkel, einzusitzen. Nicht den Unterschenkel nach vorn schieben und am inneren Zügel ziehen. Wenn das Pferd sich nach außen stellt, weil die äußere Hand einwirkt, dann ist das kein Problem, wenn die nachgebende äußere Hand sofort vorgeht und das Pferd sich wieder gerade richten lässt, sobald es sich parieren lässt und den treibenden inneren Schenkel angenommen hat.

Variationen

Es gibt zahllose Abwandlungen in den Sprungreihen, die man aufbauen kann. Die Möglichkeiten sind höchstens durch die Phantasie des Reiters und Ausbilders begrenzt. Wichtig ist, das besondere Augenmerk auf die Distanzen zu legen, indem man die Absprung- und Landezonen betrachtet und sicherstellt, dass der Scheitelpunkt der Flugkurve des Pferdes über dem höchsten Punkt des Hindernisses liegt. Diese Distanzen dürfen nur ganz allmählich verkürzt oder verlängert werden, um das Pferd besser zu gymnastizieren.

Übung 3 ➤ Im Galopp über Stangen

Zeitpunkt:

- Wenn die Galopparbeit in der Dressur-Grundausbildung so gefestigt ist, dass das Pferd einen gleichmäßigen Rhythmus im Galopp beibehält, bei dem es nur gelegentlich durch Schenkel, Gerte oder Sporen weiter aufgefordert werden muss. Das Pferd ist allmählich in der Lage, eine gleichmäßige Sprunglänge im Takt und in recht guter Selbsthaltung beizubehalten. Dann kann man einzelne Stangen auf der Erde auslegen, sowohl auf der Geraden als auch auf dem Zirkel.
- Man muss nicht abwarten, bis das Pferd im Galopp sicher genug ist, um seine Galoppsprünge zu verlängern oder zu verkürzen, aber das Pferd muss wissen, dass es selber den Galopp erhalten muss, nicht der Reiter.

Das Ziel

- Arbeit an der Qualität des Galopps, der gleichmäßigen Länge des Galoppsprungs, dem Takt und der Selbsthaltung. Gleichzeitig muss das Pferd sich dabei auf die Abmessung seines Galoppsprungs zum Hindernis konzentrieren. Es muss lernen „zu gucken", den Galoppsprung anzupassen und die Berührung der Stangen zu vermeiden.
- Den Reiter in die Lage versetzen, seinen eigenen „Pflichten" nachzukommen und dabei das Pferd zu überwachen, ohne sich in dessen „Aufgabenbereich" einzumischen.
- Besondere Aufmerksamkeit liegt auf der sanften Anlehnung über dem inneren Zügel, auch wenn der äußere Zügel manchmal die Körpersprache (z.B. beim Aufnehmen über das Aufrichten des Oberkörpers) über einen durchhaltenden Zügel unterstützen muss.
- Entwicklung des leichten Sitzes mit leichtem Kontakt zum Sattel ohne Treiben mit dem Gesäß oder Schieben mit dem Kreuz.
- Der Reiter lernt sein Pferd hinsichtlich Takt, Gleichmaß der Galoppsprünge, genauer Linienführung und Geraderichtung in den Aufgaben über den Stangen einzuschätzen und zu überwachen.

Die Übung

- Die Stangen können in der Bahn entweder auf dem Hufschlag oder auf der Zirkellinie beliebig ausgelegt werden, aber niemals mehrere hintereinander auf gerader Linie, weil das eine zusammenhängende Distanz bildet.
- Erst später werden auch mehrere Stangen auf gerader Linie mit etwas über 3 m Abstand hintereinander gelegt. Wieder muss der Ausbilder darauf gefasst sein, die Distanz dem natürlichen Galoppsprung des jeweiligen Pferdes anpassen zu müssen. Der Abstand darf erst verkürzt werden, wenn das Pferd sich versammeln kann, ohne durch den Reiter eingeengt zu werden oder sich auf die Zügel zu legen.
- Werden die Galoppstangen auf die oben dargestellte Weise auf der Geraden in der Linie auf das nächste Hindernis ausgelegt, dann geben sie Pferd und Reiter das Gefühl für einen gleichmäßigen Galoppsprung bei federndem Galopp im Anritt auf das Hindernis.

Häufige Probleme

Das Pferd trifft die Stangen.

- Entweder muss die Distanz zwischen den Stangen verändert werden oder das Pferd sucht zu viel Unterstützung an der inneren Hand des Reiters. Immer beachten: Die innere Hand bleibt entspannt, selbst wenn das Pferd sich dann dadurch eher nach außen stellt.

Das Pferd überspringt sich über den Stangen.

- Das kann zu Anfang passieren, weil das Pferd zu frisch oder „guckig" ist. Das wird sich beizeiten legen. Wenn Platz genug für einen weiteren Galoppsprung ist, aber das Pferd mit einem Riesensatz über die Stange hechtet, liegt es vermutlich daran, dass der Reiter das Pferd zu stark am Zügel festhält. Der stramme Maulkontakt ist oft mit einem treibenden Sitz oder schiebenden Kreuz verbunden, weil der Reiter dem Pferd nicht zutraut, dass es im Galopp bleibt.

Das Pferd bleibt nicht auf der Spur.

- Ein Pferd mit der Anlage zur Eile neigt dazu, in die Wendung hereinzukommen, während ein Pferd, welches nicht vorwärtsgeht, eher nach außen fällt. Außerdem führt die natürliche Schiefe des Pferdes oft zu einem Verlust des seitlichen Gleichgewichts und bringt das Pferd dazu, über die Schulter auszufallen. Je stärker diese Erscheinung, desto mehr neigt der Reiter dazu, die Anlehnung am inneren Zügel zu verstärken. Die gerade richtende Dressurarbeit muss weiter verbessert werden, damit das Pferd auf der Spur und in der Linie bleibt, selbst wenn es im Galopp über die Stangen geht. Dann muss es umso korrekter geritten werden, damit ein vermehrtes Ziehen am Zügel und damit eine strammere Anlehnung vermieden werden.

Variationen

Drei Stangen auf einem Zirkel von 20 m Durchmesser auslegen und auf beiden Händen darüber galoppieren. Das ist eine nützliche Vorbereitung für dieselbe Übung über Hindernisse und es ist eine gute Übung für Pferd und Reiter, damit sie sich an den Erhalt eines gleichmäßigen Rhythmus, Länge des Galoppsprungs und Wendungen auf der Zirkellinie gewöhnen.

Übung 4 ➤ Kleine Hindernisse aus dem Galopp anreiten

Zeitpunkt

- Wenn das Pferd sich in Selbsthaltung im Galopp so trägt, dass der Reiter weder jeden Schritt mit dem Gesäß herausreiten muss, damit das Pferd im Galopp bleibt, noch es vorne stark festhalten muss, damit der Galopp nicht schneller wird.
- Wenn das Pferd kleine Sprünge aus dem Trab in akzeptablem Takt annimmt.
- Bei Pferden, die so faul sind, dass sie zu viel Schwung verlieren, wenn sie aus dem Trab an die Sprünge herangeritten werden.

Die Übung

- Über einen kleinen Steilsprung mit leicht vorgezogener Grundlinie beginnen, sodass das Pferd nicht zu nah an den Sprung herankommen kann.
- Zuerst wird das Pferd mit dieser Übung vertraut gemacht, indem man einen kleinen Sprung aus dem Trab anreitet und dann den Galopp beibehält.
- Danach wird aus dem Galopp gesprungen, nachdem das Pferd zunächst ganz bewusst und sauber angaloppiert worden ist. Wenn das Gleichmaß der Sprünge gefunden ist, wird der Sprung angeritten. Dabei versucht

der Reiter, wie in dressurmäßiger Arbeit das Pferd gut auf der Spur und in der Linie zu halten.

- Es ist am besten, im leichten Sitz anzureiten, damit der Reiter seinen Sitz schnell genug anpassen kann, wenn das Pferd den Galoppsprung beim Anritt verlängert oder verkürzt. Schenkel, Gerte und Sporen sind in Bereitschaft, falls das Pferd im Galopp an Fleiß einbüßt.
- Versuchen Sie nach dem Sprung den gleichen Galopp beizuhalten wie vorher. Manche Pferde werden nach dem Hindernis langsamer, andere schneller.
- Nehmen Sie sich so viel Zeit wie nötig, um den Galopp wieder zu festigen, bevor der nächste Sprung aus dem Galopp angeritten wird.

Häufige Probleme

Das Pferd beschleunigt oder rennt nach der Landung sogar weg.

- Erziehen Sie Ihr Pferd auf die gleiche Weise, wie Sie einen deutlichen Übergang auch auf dem Dressurviereck fordern würden. Dabei muss man vermeiden, beim ersten Galoppsprung nach der Landung am Zügel zu ziehen, ohne zunächst die entsprechende Körpersprache eingesetzt zu haben. Manche Pferde brauchen die Disziplinierung, weil sie übermütig sind, andere beschleunigen, weil sie das Gleichgewicht verlieren.

Das Pferd bleibt beim Anreiten nicht gerade oder versucht auszubrechen.

- Beim Anreiten vermehrt im Remonte- oder sogar im Dressursitz bleiben, um Kontakt am Sattel zu erhalten. Dabei werden die Hände breiter auseinandergetragen, um das Pferd gut einzurahmen und es auf der Spur und in der Linie zu halten. Ein Pferd, das ausbricht, wird immer zum Sprung hin beschleunigen, also versucht man, den Takt über die Körpersprache und die entsprechenden Zügelhilfen beizubehalten. Dabei ist es wichtig, die Augen schon von Weitem auf den Sprung zu richten. Ohne den ständigen Blickkontakt verliert man schneller die gerade Linie.

Das Pferd trifft den Absprung nicht und unterläuft den Sprung.

- Versuchen Sie den Galopp mit längerem Galoppsprung vermehrt vorwärtszureiten, aber unterstützen Sie das Gleichgewicht, indem der Oberkörper mehr aufrecht bleibt. Vermeiden Sie vor die Bewegung zu kommen, weil Sie versuchen, zu schnell abzuknicken. Bei solch kleinen Hindernissen ist es zu diesem Zeitpunkt besser, ganz leicht hinter der Bewegung zu sitzen als davor.

Das Pferd springt regelmäßig zu früh ab.

- Die Ursache ist vermutlich ein zu strammer Kontakt zum Pferdemaul. Versuchen Sie mit leichterer Anlehnung und in einem noch gleichmäßigeren Tempo zum Hindernis zu kommen. Machen Sie nicht den Fehler, in diesem Stadium „passend" zum Absprung kommen zu wollen, weil Sie darüber vergessen werden, an das gleichmäßige Tempo zu denken.

Übung 5 ➤ Kleine Parcours mit neuen Formen, Farben und Arten von Hindernissen

ZEITPUNKT

- Sobald das Pferd den Galopp auf einzelne Hindernisse gleichmäßig hält und nach dem Landen das Tempo beibehält oder zumindest schnell wiederfindet. Zu diesem Zeitpunkt der Ausbildung wird das Pferd bei neuen Formen, Farben und Arten von Hindernissen recht „guckig" sein, aber wenn sich der Reiter auf die Grundlagen des Springens konzentriert und mit kleinen Hindernissen beginnt, wird das Pferd schnell Zutrauen gewinnen und allmählich die unbekannten Hindernisse akzeptieren.

DIE ÜBUNG – unterschiedliche Formen und Arten von Hindernissen

Gekreuzte Stangen benutzt man, um das Pferd dazu zu bringen, sich auf die Mitte des Sprunges zu konzentrieren. Je höher die Stangen seitlich aufgelegt werden, desto steiler wird der Winkel und umso schmaler die Lücke dazwischen. Das fördert die Vorsicht der Vorhand. Hochgestellte Kreuze sollte man unerfahrenen Pferden ohne eine Vorlegstange als deutliche Grundlinie nicht vorlegen. Bei Pferden mit mehr Erfahrung sind sie aber nützlich. Wird das Kreuz als Vorderteil einer Triplebarre gebaut, lenkt es die Aufmerksamkeit des Pferdes auf die Mitte des Sprunges in Richtung der hintersten Stange. Das ist ein einladender Sprung für junge Pferde.

Gekreuzte Stangen.
Diese hier gezeigte Aufbauart ist auf den Vorbereitungsplätzen von Turnierveranstaltungen unzulässig und auch im Training sollten die Stangen nicht zu steil mit einem zu kleinen Winkel liegen!

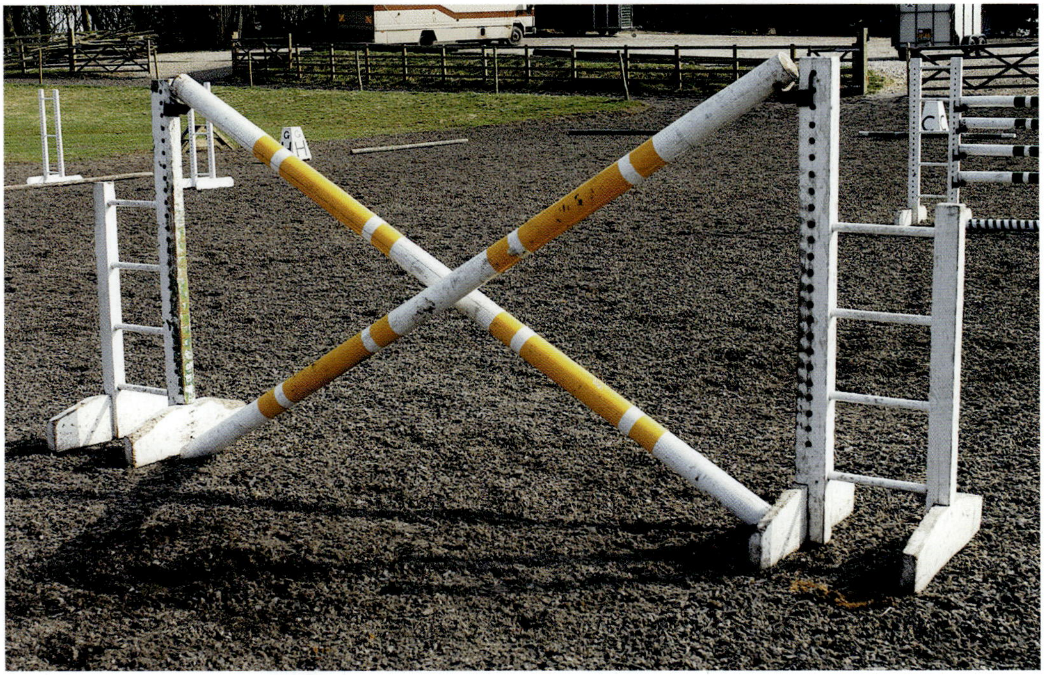

Steilsprünge mit vorgezogener Grundlinie haben eine Stange vorgelegt. Als Faustregel gilt: Sie wird bis zur Hälfte der Hindernishöhe vorgezogen. Diese Art von Steilsprüngen wird im Training gebaut, um den Pferden bei Steilsprüngen zu helfen und zu verhindern, dass sie zu weit unterlaufen bzw. zu nah an das Hindernis herankommen. Der Steilsprung mit vorgezogener Grundlinie ist das passende Hindernis für junge Pferde, unerfahrene Reiter und im Training auch für erfahrenere Pferde, die nicht sehr gut in der Vorhand sind.

Steilsprung mit vorgezogener Absprungstange

Steilsprünge z.B. Planken, Gatter und Mauern. Der passende Punkt für den Absprung liegt üblicherweise so weit vor dem Sprung, wie das Hindernis hoch ist. Die meisten Pferde und Reiter haben Schwierigkeiten mit diesen Hindernissen. Wegen der zu erwartenden Probleme ist die Versuchung groß, zu kurz zu reiten oder den Galopp zu sehr zu versammeln, um den passenden Absprung zu finden. Damit kommt der Absprungpunkt näher an die Grundlinie des Hindernisses. Das wiederum macht es schwierig für das Pferd, seine Vorhand hoch genug zu nehmen und nach vorn über das Hindernis zu bringen. Der Schlüssel zum genauen Anreiten von Steilsprüngen ist beim Pferd ein Galopp in gutem Gleichgewicht und gleichmäßigem Tempo und beim Reiter der Verzicht auf das „Zusammenklappen". Stattdessen muss der Reiter abwarten, dem Pferd erlauben, sich vor ihm aufzurichten.

Steilsprung

Triplebarre, ansteigender Weitsprung

Aufsteigender Sprung z.B. die Triplebarre. Der Absprungpunkt liegt bei solchen Hindernissen etwa um das Eineinhalbfache der Hindernishöhe vor dem Hindernis, gemessen von der hintersten Stange. Aber solange das Anreiten mit genügend Vorwärts erfolgt, ist die Genauigkeit, diesen Punkt zu treffen, gar nicht sehr wichtig. Wenn das Pferd etwas zu früh abspringt, hilft ihm das erhöhte Tempo, die letzte Stange trotzdem noch zu überwinden. Bei zu dichter Absprungdistanz findet das Pferd in der Situation die Möglichkeit, gut gewinkelt über die Stange zu springen. Die Schwierigkeiten treten erst auf, wenn ein solcher Weitsprung aus einer relativ engen Wendung zu nehmen ist. Der Reiter muss dann das Pferd schon aus der Wendung heraus aktiv vorwärtsreiten, damit der Galopp bereits genügend Schwung für die Weite bietet, noch bevor das Pferd gerade vor dem Hindernis ankommt. Es gibt Reiter, denen die Triplebarre wegen ihrer Weite Sorgen macht, und das Resultat dieses Negativdenkens ist dann genau das Problem, das man damit heraufbeschworen hat: Das Pferd ist nicht in der Lage, die hintere Stange zu erreichen. Sobald der Reiter sich klarmacht, wie entgegenkommend ein solches Hindernis ist, solange man nur genügend vorwärts dagegenreitet, wird er Zutrauen gewinnen und damit auch an das Pferd weitergeben.

Oxer haben den Absprungpunkt etwa in eineinhalbfacher Höhe vor dem Sprung. Gemessen wird von der Mitte des Sprunges. Der höchste Punkt der Sprungkurve liegt über der Mitte der Weite und sie muss hoch genug sein, damit das Pferd mit der Hinterhand über die hintere Stange kommt. Das Pferd muss genügend Schwung haben, damit es die Weite überwinden kann, und es muss trotzdem am Punkt des Absprungs genügend von hinten geschlossen und ausbalanciert sein, um über die vorderste Stange zu kommen. Pferde haben oft mehr Respekt vor Oxern als vor Steilsprüngen, und deshalb ist der erste Sprung in einem

Oxer

Parcours oft ein Oxer mit vorgezogener Grundlinie, um Pferd und Reiter Mut zu machen. Ein Karree-Oxer, bei dem vordere und hintere Stange gleich hoch sind, ist schwieriger für Pferd und Reiter, weil die vordere Stange genauso zu nehmen ist wie ein echter Steilsprung und das Pferd sich dann über die hintere Stange strecken muss. Ist der Sprung in höheren Prüfungen relativ hoch und weit, dann muss das Pferd seinen Rücken seitlich verwinden, um die hintere Stange zu schaffen. Die Flexibilität im Rücken, die es erlaubt, über dem Hindernis zu basculieren und sich dann seitlich bei der Landung zu verwinden, ist ein Schlüsselelement, das talentierte Springpferde von Vielseitigkeitspferden unterscheidet.

Häufige Probleme

Verweigerungen

- Verweigerungen können eine ganze Reihe von Gründen haben. Unerfahrene Pferde verweigern aus Mangel an Zutrauen. Sie sind vielleicht „guckig", mögen das Hindernis nicht oder halten es für zu hoch. Es kann auch sein, dass ihr Galoppsprung sie an einen Punkt gebracht hat, von dem es unmöglich ist abzuspringen, weil zu nah am Hindernis. Auch erfahrene Pferde können im letzten Moment noch verweigern, wenn sie glauben, es „passt" nicht. Das erlebt man häufig bei erfahrenen Pferden in Kombinationen, wenn sie glauben, sie schaffen die Distanz zwischen den Hindernissen nicht, weil sie zu lang oder zu kurz erscheint. Ein widerspenstiges oder bockiges Pferd kann auch stehen bleiben, eher deshalb, weil es nicht vorwärts will als wegen des Hindernisses selbst. Auch der Reiter kann manchmal der Grund für die Verweigerung sein, wenn er das Pferd zu stark am Zügel festhält oder beim Anreiten einen zu strammen Kontakt zum Pferdemaul hat und dann das Pferd beim Absprung plötzlich „allein lässt".
Jede Situation ist anders und muss anders gelöst werden. Deshalb ist es wichtig zu analysieren, warum das Pferd verweigert, und dann entsprechend zu korrigieren. Aber es ist auch wichtig, dass das Pferd gleich zu Beginn der Ausbildung lernt, dass das Stehenbleiben keine der möglichen Lösungen ist. Es ist seine Pflicht, sich genauso einzusetzen wie der Reiter. Auch hat der Reiter nicht jederzeit perfekt zu sein. Es gehört zu den Aufgabenbereichen des Pferdes, seinen Reiter auch mal aus Schwierigkeiten herauszuretten. Wenn es stehen bleibt, muss ihm klar sein, dass das dem Reiter nicht gefallen wird. Das Ausmaß der Bestrafung hängt ab von der Einstellung des Pferdes und der Ursache der Verweigerung. Genauso hat der Reiter aber auch die Pflicht, seine Aufgaben fair zu stellen und entweder die Übung oder seine Reitweise so zu verändern, damit das Pferd keinen Anlass für eine Verweigerung hat.

Vorbeilaufen

- Das kann auch an jedem der oben genannten Gründe für Verweigerungen liegen. Der Unterschied ist, dass das Pferd beim Vorbeilaufen beschleunigt und durch die Anlehnung hindurchläuft, um den Sprung zu vermeiden, anstatt einfach nur stehen zu bleiben. So wie bei Verweigerungen muss das Pferd auch hier lernen, dass das kein Ausweg ist. Aber wenigstens geht ein vorbeilaufendes Pferd schon einmal vorwärts, wenn auch zur Seite. Es ist die Aufgabe des Reiters, so wie auf dem Dressurviereck, die natürliche Schiefe zu korrigieren, die dem Pferd erlaubt, über die Schulter auszuweichen. Das Pferd neigt dazu, sich im Hals abzustellen, weg von der Richtung, in die es ausbricht. Deshalb hilft es, eine stärkere Anlehnung, wenn nicht gar Stellung in die Richtung zu geben, in die das Pferd ausweichen will, um es in der Linie zu halten. Das Pferd muss auch lernen, einen gleichmäßigen Takt bei gleichbleibender Sprunglänge zu behalten. Ein Pferd, das vorbeilaufen will, neigt dazu, die Galoppsprünge zu verlängern und auf den letzten Sprüngen zum Absprung hin zu beschleunigen. Es gibt damit dem Reiter oft sogar noch das Gefühl, besonders gut anzuziehen, um sich dann im letzten Moment „wegzuducken".

Ist das Pferd ausgewichen, sollte man sofort anhalten, das Pferd strafen und dann wieder zum Sprung abwenden und es unmittelbar wieder an den Sprung heranreiten, aber ohne dabei einen Zirkel/Volte zu reiten. Ist das Pferd noch jung und die Hindernisse niedrig, dann ist es für gewöhnlich besser, den Sprung aus geringer Entfernung noch einmal anzureiten. Ob aus dem Trab oder im Galopp, es kommt immer darauf an, die Geschwindigkeit und die Richtung aus einem aufrechteren Oberkörper und mit breit geführten Händen zu kontrollieren, um das Pferd mit den Zügeln einzurahmen. Der Unterschenkel hält guten Kontakt zum Pferdeleib und je nach Schenkelempfindlichkeit des Pferdes müssen notfalls Sporen eingesetzt werden.

Heftig werden

- Ein junges Pferd wird bei seinem ersten Springversuch nicht heftig. Dazu hat es meistens zu viel Respekt oder gar Angst vor den Hindernissen. Ein Pferd lernt heftig zu werden, weil der Reiter es zu schnell an die Hindernisse anreitet. Ein temperamentvolles Pferd mit Vorwärtsdrang wird bald lernen eilig zu werden, wenn es auf den letzten Sprüngen zum Hindernis zu schnell geritten wird. Manchmal rennen Pferde aus Übermut, manchmal aus Panik und anscheinend blind auf dem Weg zum Hindernis. Ein Pferd, das zu Beginn der Ausbildung stehen geblieben und dann mit Sporen und Gerte bestraft worden ist, rennt vielleicht aus Angst vor seinem Reiter auf den Sprung zu.

Wie beim Verweigern und Vorbeilaufen ist es wichtig, nach den Ursachen für das Wegrennen zu suchen. Hat das Pferd Panik oder Angst vor den Hindernissen, dann müssen die Übungen einfacher werden und der Reiter hat sich so wie bei der Dressur darauf zu konzentrieren, dem Pferd einen gleichmäßigen Takt und Galoppsprung beizubringen, sowohl vor als auch hinter dem Sprung. Ein Pferd mit Angst vor der Einwirkung im Maul rennt oft umso eiliger gegen die Hindernisse, je mehr es der Reiter am Zügel festhält. Ein tieferes Einsitzen im Sattel kann eine treibende Wirkung haben und das Pferd außerdem auch dazu bringen, sich im Rücken vermehrt festzuhalten. Dies macht das Problem oft noch größer. Meistens ist es besser, mehr Gewicht in den Steigbügeln aufzunehmen und den Rücken anzuspannen, um die begrenzende Zügelhilfe zu unterstützen.

Das übermütige Pferd wird sich für gewöhnlich entspannen und mit der Rennerei aufhören, wenn es genug Arbeit gehabt hat und solange der Reiter das Problem nicht durch zu viel „Zuppeln und Schicken" verschlimmert. Reiter ohne Vertrauen in ihr „Auge" neigen dazu, das Pferd zu stark zurückzunehmen während sie noch nach dem passenden Absprungpunkt suchen. Wenn sie ihn dann zu sehen glauben, greifen sie mit Schenkel- und Kreuzhilfe an und reiten verstärkt darauf zu. Das bringt dem

Pferd das Rennen zum Sprung bei. Indem sich der Reiter auf den Takt und das Gleichmaß der Galoppsprünge vor und nach dem Hindernis konzentriert, anstatt krampfhaft den Absprungspunkt zu suchen, lernt das Pferd genau das Gleiche zu tun. Das ist eine Frage des Vertrauens – für den Reiter genauso wie für das Pferd.

Faulheit

- Pferde, die mit fauler Manier springen, verkürzen oft ihren Galoppsprung vor dem Hindernis und machen sich damit selbst viel Arbeit, wenn sie das Hindernis erreichen. Das beste Mittel zur Korrektur solcher Pferde ist ein aktives Wegreiten nach dem Sprung mit energischem Schenkeldruck und notfalls auch mit der Gerte. Dabei lernt das Pferd, den Sprung fleißiger anzugehen, weil es weiß, was es dahinter zu erwarten hat. Zusätzlich muss man faule Pferde auch in der dressurmäßigen Arbeit zwischen den Sprüngen daran erinnern, in fleißigem Vorwärts zu bleiben.

Scheuen

- Scheuende Pferde sind oft gute Springer, sobald sie sich an die unterschiedlichen Formen, Farben und Arten von Hindernissen gewöhnt haben. Sie springen oft höher und vorsichtiger, aber manche neigen auch dazu, sich im Rücken festzumachen, und das hat Auswirkungen auf die Springmanier. Die gut springenden Pferde sind kein Problem, aber die, die sich festhalten, brauchen viel Arbeit in vielen unterschiedlichen Situationen und über unterschiedliche Hindernisse, bis sie sich besser entspannen und weniger „guckig" sind. Manche Pferde scheuen nur an bestimmten Arten von Hindernissen wie Gräben oder Sprüngen mit Wasser. Solche Pferde brauchen viel Erfahrung an Mini-Ausgaben dieser Hindernisse, um sie schließlich zu akzeptieren. Und selbst dann kann das Scheuen wieder auftreten, wenn sie über längere Zeit kein solches Hindernis gesehen haben. ■

Wer anderen eine Hürde baut...

...sollte dieses Buch zur Hand haben!

Schon der Titel ist Programm: „Parcoursaufbau faszinierend logisch"! Dieses Buch zeigt in vielen Facetten und anschaulichen Beispielen, wie ein Parcours beschaffen sein muss, um den modernen Ansprüchen von Reitern und Pferden gerecht zu werden. Skizzen und umfangreiches Fotomaterial vermitteln eine Fülle von praktischen Ratschlägen.

Die Autoren Georg Christoph Bödicker, Werner Deeg und Susanne Strübel vermitteln das theoretische Grundwissen für den Aufbau und die Entwicklung der Springbahnen. Die Gestaltung der Hindernisse und deren Wirkungsweisen werden untersucht, Hindernisse im Einzelnen vorgestellt, Sprungausführungen, Anreitewege, Aufgabenstellungen und deren Schwierigkeitsgrade dargestellt.

Reiter aller Altersklassen und angehende Parcourschefs bekommen wertvolle Tipps zur Selbstorganisation, zur Materialbeschaffung und zum praktischen Aufbau. Besonders spannend: die Gedanken über das notwendige psychologische Einfühlungsvermögen eines Parcoursdesigners, denn er hat sowohl die Veranstalter, als auch die Sponsoren, Reiter und Zuschauer zufrieden zu stellen und – als oberste Pflicht – auf das Wohl der Pferde zu achten.

176 Seiten, ca. 200 farbige Fotos,
Parcourszeichnungen und -skizzen
Format 190 x 250 mm, gb.

ISBN 978-3-88542-457-4

PERA
9

Teil 2

Weiter-führende Ausbildung

„Wer seinem Pferd beibringt, bei leichter Hand am Gebiss zu gehen und dabei den Kopf oben und den Hals gewölbt zu tragen, der lässt es tun, was dem Pferd selbst gefällt.“

Xenophon, Von der Kunst, mit Pferden umzugehen

Xenophon, geboren um 430 v.Chr.

Versammlung

KAPITEL 5

Die Phase des grundlegenden Trainings ist niemals abgeschlossen, aber zu einem gewissen Zeitpunkt muss das Pferd in die fortgeschrittene Ausbildung weitergeführt werden, wo die Betonung auf Versammlung und auf dem Gebrauch dieser Versammlung für seine Leistung liegt. Ohne die Arbeit an den Grundlagen ist Versammlung unmöglich und während der Ausbildung wird es immer wieder notwendig sein, zu den Grundlagen zurückzukehren, selbst wenn das Pferd schon ein höheres Niveau erreicht hat und auf diesem auch turniermäßig geritten wird.

Vom Dressurpferd wird Versammlung in Schritt, Trab und Galopp verlangt. Genauso vom Vielseitigkeitspferd in der Dressur, wenn auch zu einem geringeren Grade. Das Springpferd hat keine unmittelbare Notwendigkeit für Versammlung im Trab, aber es muss seinen Galopp versammeln können. Es muss in der Lage sein, seine Sprunglänge zu verkürzen, ohne dabei an Fleiß einzubüßen. Daraus stammen die Kraft und die Exaktheit am Sprung. Auch das Vielseitigkeitspferd muss in der Lage sein, im Geländekurs seinen Galoppsprung zu verlängern oder zu verkürzen, wenn das verlangt ist.

Die Definition von Versammlung

Zu Versammlung gehören:

- Eine Verlagerung des Gleichgewichts durch eine Verschiebung des Gewichts in Richtung der gebeugten Hinterbeine, erkennbar an der „Bergauf"-Erscheinung des Pferdes.
- Hebung und zunehmende Wölbung des Halses, der still bleibt, d.h. sich nicht länger auf- und abwärtsbewegt.
- Verkürzung der Schritte, Tritte und Sprünge bei gleichbleibendem Takt. Erforderlich ist bei den Tritten und Sprüngen Schwung, um damit ein gutes Schwingen im Körper zu erhalten und im Schritt im versammelten Tempo fleißig zu reiten.

In der Basisarbeit

- Das Pferd lernt die Einwirkung des Reiters über dessen Körpersprache, unterstützt durch Schenkel- und Zügelhilfen, zu verstehen und darauf zu reagieren.
- Dieses Verständnis und der Gehorsam werden gefestigt über die ersten Ausbildungsschritte, die gymnastizieren und damit das Pferd lehren, sich in einer Haltung zu bewegen aus der heraus Versammlung entwickelt werden kann.
- Die grundlegenden Dressur-Lektionen in Verbindung mit ergänzendem Springtraining, Arbeit an Steigungen im Gelände und einer allgemeinen Konditionierung bereiten das Pferd für die fortgeschrittene Ausbildung vor.

In fortgeschrittener Ausbildung

Das Pferd lernt sich als Antwort auf die Körpersprache und über Lektionen zu versammeln, die ihm in dieser Phase der Ausbildung angemessen sind. Diese Lektionen verlangen Versammlung in unterschiedlicher Abstufung und lassen sich in drei Gruppen unterteilen..

- Zu den grundlegenden versammelnden Lektionen gehören Schulterherein, Schritt-Pirouetten, Übergänge und Volten. Für die Ausführung verlangen diese Lektionen nicht viel Versammlung, aber mit allmählich steigenden Anforderungen in diesen Lektionen und bei zunehmender Aufforderung über die Körpersprache des Reiters fördern sie eine höhere Versammlung.
- Zu den versammelnden Lektionen mittlerer Anforderung gehören Travers, Renvers, Traversale und halbe Tritte. Zu Letzteren ist ein Pferd meist bereit und in der Lage, wenn korrekte Übergänge vom Trab in den Schritt geritten werden können. Diese Lektionen verlangen ein höheres Maß an Versammlung, bevor sie geritten werden können. Wenn das Pferd die gute Ausführung beherrscht, erzeugen sie wiederum noch mehr Versammlung. Tauchen bei diesen Lektionen Probleme auf, dann liegt die Lösung im Allgemeinen darin, zunächst zu den grundlegenden versammelnden Lektionen zurückzukehren oder zu einigen Elementen der Grundlagenarbeit und es erst dann erneut zu versuchen. Die Versammlung, die aus diesen Lektionen gewonnen wird, dient dann der Entwicklung ausdrucksvoller fliegender Wechsel und den verstärkten Gangarten, insbesondere dem verstärkten Trab und Galopp und damit zusammenhängenden Übergängen.
- Die fortgeschrittenen Lektionen sind der höheren Dressur vorbehalten und weniger bedeutsam für die Springausbildung. Zu ihnen gehören Galoppwechsel bis hin zu Einerwechseln, Konterstellung in Traversalen, Galopp-Pirouetten, Piaffe und Passage. Dieses sind sowohl versammelte als auch, im Fall von Passage und Piaffe, versammelnde Lektionen. Gibt es hier bei einer der genannten Lektionen Probleme, dann liegt die Lösung in einer Verbesserung der Versammlung. Das bedeutet oft eine Rückkehr zu den vorangegangenen Lektionen und manchmal sogar bis ganz zurück in die Arbeit an den Grundlagen.

Bedingungen für Versammlung

1. *Eine gute Verbindung „über den Rücken", aktive Hinterbeine, Geraderrichtung und ein fleißiges „Vorwärtsgehen" des Pferdes in die Anlehnung hinein.*

Die grundlegende Dressurarbeit, die Teil unseres Basis-Trainings ist, dient als Vorbereitung des Pferdes für die versammelnde Arbeit. Das „Leichtwerden" der Vorhand aus dem vermehrten und aktiven Engagement der Hinterhand (relative Aufrichtung) ist abhängig vom Gebäude und Trainingszustand des Pferdes. Die Hals- und Rückenmuskeln bringen den Halsansatz nach oben und bewirken die gehobene und gewölbte Erscheinung des Halses. Diese Leistung muss vom Pferd erbracht werden, nicht durch die Reiterhand.

Die Dehnung des Halses nach oben und vorwärts führt zu einer freieren Beweglichkeit der Vorhand und einer runderen Aktion aus der Schulter. Verantwortlich dafür ist ein Muskel (brachiocephalicus), der vom Genick zum Schulterarm verläuft und somit das Vorderbein nach vorne zieht (siehe das Kapitel über Biomechanik). Je weiter vorne

der Fixpunkt liegt, von dem dieser Muskel aus zieht, desto weiter kann das Vorderbein nach vorn gezogen werden. Werden dagegen Kopf und Hals in Richtung Schulter gezogen, egal ob mit der Stirn an oder vor der Senkrechten, wird die Beweglichkeit der Vordergliedmaßen eingeschränkt.
Je mehr die Oberlinie des Pferdes gestärkt wird und das Pferd sich in Selbsthaltung tragen kann, desto besser ist es in der Lage, die Vorhand zu heben. Jetzt auch ohne Wippbewegungen in Kopf und Hals, die bisher die Anhebung der Vorhand geleistet haben.
Ein Dressurpferd ist versammelt und nachgiebig bis zu dem Maß, dass der Kopf mehr oder weniger senkrecht vom Genick herabhängt. Von einem Spring- oder Geländepferd, das sich auf den herannahenden Sprung konzentrieren muss, sollte nicht erwartet werden, dass es seinen Kopf so trägt, weil es den Sprung besser sehen kann, wenn die Nase vor der Senkrechten bleibt.

2. *Bereitschaft zur Beugung der Hinterbeine und damit Senkung der Hinterhand, verbunden mit einer Verlagerung des Gewichts.*

Die Hinterbeine, die gut nach vorne durchschwingen, müssen dazu gebracht werden, als Stoßdämpfer und Feder zu wirken, damit das Reiten angenehmer und die Energie, die im Muskel in der Stoßdämpfungsphase gespeichert ist, wieder beim nächsten Schritt oder über dem Sprung zurückgegeben wird. Das verstärkt die Elastizität der Tritte und Sprünge in der Dressur und die Kraft und Geschicklichkeit beim Springen.
Die Beugung des Hinterbeins verlangsamt den Vortrieb und daher verlangt das Abstoßen des Hinterbeins beim nächsten Tritt mehr Anstrengung. Die Bereitschaft zur Beugung des Hinterbeins ist zum einen eine Frage des Verständnisses beim Pferd, das aus den Lektionen in der fortgeschrittenen Arbeit rührt. Zum anderen ist es eine Frage der Konstruktion und der Kraft des Hinterbeins, ganz besonders der Winkelung und der Stärke und Gesundheit des Knie- und des Sprunggelenks, und der körperlichen Kraft der Muskelgruppen in der Hinterhand, die an diesem Prozess beteiligt sind. Die vortreibenden Muskeln des Hinterbeins sind gleichzeitig die Muskeln, die unterstützen und Stöße abfangen. Ihre Kraft entwickelt sich allmählich über Grundlagenarbeit, Klettern und Springen.
Die Anforderungen an die Versammlung dürfen nur ganz allmählich gesteigert werden, in dem Maß, in dem das Pferd körperlich reift. Wird die anhaltende Versammlung zu früh verlangt, verliert das Pferd das Selbstvertrauen und büßt entweder an Fleiß ein oder gibt auf oder es sucht nach einem Ausweg, um die Versammlung zu vermeiden. Dann wird es entweder schief, steif im Hinterbein oder es bockt oder steigt sogar.

3. *Starker aber kontrollierter Drang nach Vorwärts, der zu komprimierter Energie führt wie bei einer angespannten Sprungfeder.*

Einem faulen Pferd, das nur unwillig vorwärtsgeht, kann man nicht beibringen, mit Versammlung in Selbsthaltung zu gehen. Es wird immer „zusammengehalten" werden müssen. Die innere Energie oder der Vorwärtsdrang kann im Frühstadium der Ausbildung leicht erstickt werden, wenn dem Pferd nicht Verantwortung für das Vorwärtsgehen übertragen wird, ohne dass der Reiter jeden Schritt treiben muss. Er kann auch

verloren gehen, wenn zu früh zu viel Versammlung verlangt wird.
Das Training muss auf diesen Aspekt noch mehr Rücksicht nehmen als auf alle anderen. So wie bei der Basisausbildung der Fleiß ganz oben in der Prioritätenliste steht, so trifft diese Rangordnung auch auf die fortgeschrittene Ausbildung zu. Wir müssen immer darauf vorbereitet sein, zur Grundlagenarbeit zurückzugehen, um den Fleiß zu festigen und auch um den Druck zu nehmen.
Das Springpferd hat den Vorteil einer gesteigerten Motivation. Wenn es gern springt und sein Selbstvertrauen erhalten bleibt, weil es nicht überfordert wird, dann hilft die Springausbildung dem Pferd, seine Freude und damit den natürlichen Fleiß zu erhalten.

Die Ziele der Versammlung

Leichtwerden der Vorhand und gesteigerte Beweglichkeit führen zu:

- Elastizität in den Tritten und Sprüngen, die in Dressurprüfungen zu vermehrter Kadenz und stärkerem Ausdruck führt,
- sorgfältiges Springen und gesteigerte Athletik auf dem Geländekurs,
- verstärkte Kraft beim Springen,
- mehr Ausdruck in den Verstärkungen.

Der Gebrauch der Versammlung

Versammlung ist eine Vorbereitung. Sie sollte nie als ein Endziel gesehen werden, sondern als der Weg zum Ziel. Sie bereitet das Pferd auf Höchstleistung vor.

Beim Dressurpferd wird der in der Versammlung gesammelte Schwung entweder während der versammelten Bewegung gehalten und führt dann zu Bewegungen voller Anmut, Ausdruck und vermeintlicher Leichtigkeit. Oder er wird in eine vorwärts- und aufwärtsführende Richtung umgesetzt. Ein guter verstärkter Trab kann nur aus der Versammlung kommen. In der Hohen Schule, so wie sie beispielsweise die Spanische Reitschule zeigt, wo die „Schule über der Erde" die Höchstleistung darstellt, ist die Vorbereitung immer die extreme Versammlung, die entweder in der Levade gehalten oder in einer explosiven Vorwärts- und Aufwärtsrichtung in der Kapriole oder Courbette entladen wird.

Die Lektionen, die vom Dressurpferd auf Grand-Prix-Niveau verlangt werden, testen die Fähigkeiten des Pferdes, eine anhaltende Versammlung in Selbsthaltung beizubehalten. Unterhalb des Grand Prix, in den Dressurprüfungen des St. Georg und darunter, werden Lektionen verlangt, die den Stand der Ausbildung bis hierhin demonstrieren. Sie sind in Teilen aber auch Bestandteil der Ausbildung oder der Vorbereitung auf die anspruchsvolleren Lektionen des Grand Prix. Lektionen wie Schulterherein, Travers und Renvers sind in erster Linie Übungen zur Ausbildung, obwohl sie als Lektion in Dressurprüfungen verlangt werden. Im Fall des Dressurpferdes besteht eine breite Grauzone zwischen dem, was ein Prüfstein, und dem, was eine vorbereitende Übung ist.

Es gibt keine solche Grauzone beim Springen oder dem Geländeritt. Die Versammlung ist die Vorbereitung zum Springen. Beim Springen wird die angestaute Energie nicht über längere Zeit gehalten, sondern für die Bewegung aufwärts und vorwärts über den Sprung genutzt. Die Qualität des Sprungs spiegelt zum großen Teil die Qualität der Versammlung wider, die ihm vorausging. Während es in Dressurprüfungen unterhalb des

Grand Prix bis zu einem gewissen Grad gelingen kann, die Probleme aus ungenügender oder falscher Versammlung zu maskieren, ist das beim Springen im Parcours oder im Gelände nicht so einfach. Auch wenn der Grad der Versammlung, der von einem fortgeschrittenen Vielseitigkeits- oder Springpferd verlangt wird, immer geringer ist als beim gehobenen Dressurpferd, so muss die Qualität der Versammlung mindestens ebenso gut wenn nicht gar besser sein. Nicht zuletzt hängt die Sicherheit von Pferd und Reiter davon ab.

Die Bedeutung der Versammlung

In der **Dressur** ist Versammlung in allen drei Gangarten gleich wichtig. In der gehobenen Dressur muss sie in einem hohen Maß gezeigt und über einen längeren Zeitraum gehalten werden. Und das muss erfolgen, ohne dabei an Gleichmaß der Schritte, Tritte und Sprünge einzubüßen.

Die **Pirouette** verlangt das Höchstmaß an Versammlung, sowohl im Schritt als auch im Galopp. Vom Pferd wird verlangt, gleichmäßige Tritte beider Hinterbeine mehr oder weniger auf der Stelle zu zeigen, während die Vorhand sich im Kreis um die Hinterhand bewegt. Die Galopp-Pirouette bedeutet große Belastung für die Muskeln der Hinterhand und der Oberlinie wegen der Verschiebung des längs gerichteten Gleichgewichts in Richtung Hinterhand und der damit verbundenen Beugung und Senkung der Hinterhand.

Piaffe und **Passage** stellen das Höchstmaß an Versammlung im Trab dar. In der Piaffe ermöglicht es die anhaltende Beugung der angespannten Hanken dem Pferd, seine Vorhand zu heben, ohne dabei vorwärtszugehen. In der Passage führt das „Anspannen der Sprungfeder", erzeugt aus dem aktiven Hinterbein, zusammen mit den Muskeln, die die Oberlinie unterstützen und Verbindung zur Vorhand gewährleisten, zu verstärkter Erhabenheit (Kadenz) im Trab. Sie führt zu einer erhobenen Gestik des Vorderbeins, wobei zur selben Zeit das aktive Hinterbein in einem halbgebeugten Status bleibt.

Beim **Springen** richtet sich die Anforderung der Versammlung auf den Galopp. Es besteht kein Bedarf für Versammlung in der Trabarbeit und die einzige Anforderung an Versammlung im Schritt liegt in der Verbesserung der Übergänge zum Galopp und der einfachen und fliegenden Wechsel.

Der Grad der im Galopp verlangten Versammlung bei höheren Springen entspricht dem Maß, wie es auch vom fortgeschrittenen Dressurpferd verlangt wird, aber nur für jeweils kurze Zeit. So wie die Anforderungen hinsichtlich der Größe der Hindernisse und der technischen Ansprüche des Parcours steigen, so muss das Pferd in der Lage sein, sich zu versammeln oder zu strecken, wie es verlangt wird, und dann die gesammelte Energie im Sprung zu nutzen.

Der Galoppsprung wird nicht einfach verkürzt, sondern muss gleichzeitig die gespeicherte Energie in jedem Sprung erhalten, wenn nicht gar vergrößern. Der Galopp lässt sich mit einem Fußball vergleichen, der aufgepumpt wird und damit mehr Drall bekommt. Es ist auch hilfreich, einen Hochspringer bei seinem Anlauf und die Federkraft beim Absprung dabei zu beobachten.

In der **Vielseitigkeit** wird vom Pferd Leistung auf dem Dressurviereck, im Springparcours und auf dem Geländekurs verlangt. So muss es Versammlung in allen drei Gangarten zeigen. Der Grad der Versammlung in allen drei Gangarten ist weniger hoch als in der fortgeschrittenen Dressur und im Galopp. Man könnte auch sagen, dass er niedriger ist als bei höheren Springprüfungen, weil die Hindernisse um vieles kleiner sind. Aber die Schnelligkeit der Reaktion und die Beweglichkeit, die auf dem Geländekurs nötig sind, verlangen die Fähigkeit zur sofortigen Versammlung, wenn es nötig wird. Ein Pferd, welches lang und flach auf der Vorhand galoppiert, ist nicht in der Lage, sich schnell genug aus Schwierigkeiten zu retten.

Im Dressurviereck sind sogar auf Vier-Sterne-Ebene alle Trab-Lektionen im Arbeitstrab verlangt, obwohl ein Mindestmaß an Versammlung bei den Volten, im Schulterherein und der Traversale gefordert ist. Versammlung ist auch gefragt in der Vorbereitung für den verstärkten Trab und ganz generell führt sie zur Entwicklung eines ausdruckvolleren Trabes.

Die Galopp-Pirouette ist die am stärksten versammelnde Lektion im Galopp. Christine Traurig mit Etienne.

Die Piaffe (Foto rechts), gezeigt von Emile Faurie mit Virtue, und die Passage (Foto links), gezeigt von Klaus Balkenhol mit Goldstern, fordern die höchste Versammlung im Trab.

Die heutigen FEI-Aufgaben auf Drei- und Vier-Sterne-Niveau verlangen den versammelten Galopp anstelle des Arbeitstempos. Das spiegelt die Anforderung an das Vielseitigkeitspferd zur Versammlung im Galopp wider, um mit den technischen Ansprüchen moderner Geländekurse fertig werden zu können.

Die Rolle des Reiters bei der Versammlung

Eines der kurzfristigen Ziele des Reiters wird es sein, von seinem Pferd die Verkürzung des Galoppsprungs zu verlangen, im Allgemeinen als Vorbereitung auf etwas anderes, sei es eine Pirouette oder ein Sprung. Der Reiter muss sein Pferd lehren, sich zu versammeln und die Körpersprache, die zur Versammlung auffordert, zu verstehen.

Richten sie sich auf und sitzen Sie noch ruhiger mit dem Gesäß im Sattel. Zur Erinnerung: Kreuzeinsatz beeinflusst die Länge des Schrittes/Trittes/Sprunges, der Einsatz der Schenkel schafft Fleiß und Energiefluss. Um dem Pferd zu zeigen, dass es kürzer treten soll, muss man also aufhören, mit dem Gesäß zu schieben (mit dem Kreuz zu treiben), ganz besonders im Galopp. Bei manchen Pferden hat schon das bloße „Folgen" der Bewegung mit dem Sitz eine leicht treibende, verlängernde Wirkung. Natürlich muss man jederzeit darauf gefasst sein, das Kreuz einzusetzen, sobald das Pferd versucht, seine Sprünge zu sehr zu verkürzen und aufhört vorwärtszugehen. Ein häufiges Probleme in der Versammlung, sowohl in Dressur als auch im Springen, ist ein zu stark vortreibendes Gesäß, das dann im Gegensatz dazu entschlossene begrenzende Zügelhilfen erforderlich macht. Damit wird das Pferd immer stärker in der Hand und lehnt sich entweder auf oder es pullt. Außerdem kann das zu einem Festmachen oder gar Wegdrücken des Rückens führen.

Das gleiche Prinzip gilt für das Erreichen von Versammlung aus dem leichten Sitz im Springparcours oder auf dem Geländekurs. Der Oberkörper streckt sich und richtet sich mehr und nach hinten auf, um dem Pferd anzuzeigen, sich vor dem Sprung zu versammeln. Je mehr Versammlung der Reiter wünscht, desto mehr muss er sich im Oberkörper aufrichten, allerdings niemals so weit, dass er hinter die Senkrechte kommt, denn dann erreicht er wieder den treibenden Effekt aus dem Gesäß. Das Gewicht des Körpers bleibt verteilt zwischen Gesäß und Steigbügel. Das Pferd sollte die leichten Veränderungen in der Gewichtsverteilung unterscheiden können.

Je mehr Gewicht in den Sattel gebracht wird (ohne treibenden Effekt), umso mehr verlagert es sich in Richtung Hinterhand. Die Position des Gesäßes im Sattel hat Auswirkung auf das längs gerichtete Gleichgewicht des Pferdes. Indem man im Sattel weiter hinten einsitzt (ohne zu treiben mit dem Gesäß) und den Oberkörper vermehrt streckt, erreicht man die Verlagerung des Gewichts nach hinten. Die Wirkung wird immer nur temporär sein. Es ist vielmehr der Moment der Veränderung im Sitz innerhalb eines Galoppsprungs, der die ausbalancierende Wirkung hat. Danach muss man wieder zum Mittelpunkt des Sattels zurückkommen und falls notwendig diese Gewichtsverlagerung wiederholen.

Die Körpersprache muss unterstützt werden durch Zügelhilfen. Sie werden wie immer am äußeren Zügel gegeben. Die Häufigkeit der annehmenden und nachgebenden Zügelhilfen hängt von der Reaktion des Pferdes ab, aber sie dürfen nie bei jedem Galoppsprung gegeben werden, sondern im äußersten Fall höchstens bei jedem zweiten. Hat man sich in Gedanken auf eine Einwirkung bei jedem zweiten Galoppsprung eingestellt, dann kann man dazu übergehen, nur noch die „Lautstärke" zu regeln, so wie bei einem Radio. Stellen Sie auf „lauter", wenn das Pferd nicht reagiert, oder drehen Sie den Ton herunter, sobald das Pferd verstanden hat und in ausreichender Selbsthaltung versammelt geht. Aber stellen Sie das Radio niemals ab. Auf diese Weise kann man am besten im Rhythmus bleiben und das Timing erhalten, falls Sie eine Parade geben müssen.

Das ist ausschlaggebend. Eines der Ziele beim Erreichen der Selbsthaltung in Versammlung ist die Reduzierung der Nickbewegung von Kopf und Hals innerhalb der Gangarten, ganz besonders in Schritt und Galopp, aber auch im Trab bei den Lektionen Piaffe und Passage. Die Anwendung der Zügelhilfen sollte zeitlich so abgestimmt sein, dass sie die Nickbewegung reduzieren. Arme und Hände sollen so wenig wie möglich der Nickbewegung folgen und, indem sie ruhiger werden, dem Pferd andeuten, dass es seinen Hals weniger bewegen soll.

Der Moment für die Zügelhilfe im Galopp ist der Moment des Abwärtsnickens von Kopf und Hals. Es ist oft genug eine Versuchung, ganz besonders wenn das Pferd sich noch schwer in der Versammlung tut und an Fleiß verliert, die Zügelhilfe zu nutzen, um das Pferd mit der Vorhand „hochzuheben", anstatt den aktivierenden Schenkel, die Gerte oder Sporen einzusetzen. Das passiert, wenn das faule Pferd den Reiter z.B. durch Steigen oder Buckeln so weit eingeschüchtert hat, dass er nur vorsichtig die Gerte oder den Sporen einzusetzen wagt. Und es kann auch passieren, wenn das Gleichgewicht verloren geht, das Pferd auf die Vorhand fällt und dann die Nickbewegung des Halses nutzt, um seine Vorhand wieder hochzubekommen.

Die Zügelhilfen am äußeren Zügel selbst werden keine Antwort auf die Körpersprache der Versammlung hervorrufen, wenn Schwung, gewonnen aus Fleiß und seitlicher Nachgiebigkeit, fehlt. Es mag notwendig sein, dafür Schenkel, Gerte oder Sporen einzusetzen. Der Schenkel kann einen aktivierenden Effekt haben oder er kann die Hinterhand engagieren, abhängig davon, wie er eingesetzt wird (siehe das Kapitel über „Kommunikation durch Berührung", Seite 59ff). Der Schenkel wird auch genutzt, um die seitliche Nachgiebigkeit zu verstärken, da sie eine Vorbedingung für Versammlung ist. Generell gilt: Schenkelhilfen sollten nicht gleichzeitig mit Zügelhilfen gegeben werden (siehe das Kapitel über annehmende und nachgebende Zügelhilfen, Seite 61ff.).

Grundlegende versammelnde Lektionen

Es liegt auf der Hand, dass der Reiter über seine Körpersprache, unterstützt von Kreuz, Schenkel- und Zügelhilfen, einen wichtigen Einfluss auf dem Weg zur Versammlung hat. Genauso wichtig sind jedoch die verschiedenen Übungen, die das Pferd erst in die Lage versetzen, Versammlung anzunehmen. Dann kann man auf der Versammlung aufbauen, die das Pferd anbietet, und das Selbstvertrauen des Pferdes und seine Fähigkeit, die Versammlung zu erhalten, weiterentwickeln. Die Grundlage dieser Übungen ist die Belastung der Hinterhand bei gleichzeitiger Befreiung der Vorhand aus der ständigen Kontrolle durch den Reiter. Das Pferd ist für die Unterstützung der Vorhand selbst verantwortlich.

Während der Grundausbildung zielen alle Lektionen darauf, die seitliche Nachgiebigkeit im Genick und darüber hinaus die längs gerichtete Nachgiebigkeit zu erreichen, die zu einem vermehrten Engagement der Hinterhand, Verbindung über den Rücken und Geraderichtung führen. Die Arbeit im Hinblick auf Versammlung wird dann über gymnastische Übungen entwickelt: Schulterherein, Pirouetten, Zirkel verkleinern, Übergänge über zwei Stufen, (Trab-Halt-Trab, Galopp-Schritt-Galopp), Travers und Renvers, Traversale. Über diese Lektionen werden die Anforderungen gesteigert. Eine Rückkehr zu den Grundlagen-Übungen nimmt den Druck zwischendurch.

Nur über das Steigern der Anforderungen und verlängertes Durchhalten in diesen Übungen wird das Pferd kräftiger; aber wenn die Anforderungen unverhältnismäßig hochgeschraubt sind, verliert es das Selbstvertrauen und verteidigt sich durch Widerstand. Genauso kann es vorkommen, dass der Reiter nicht genug verlangt. Das Höchstmaß der Steigerung ist unterschiedlich von Pferd zu Pferd und hängt ab von seinem Temperament und seinem Gebäude.

Schulterherein

Schulterherein

Zeitpunkt

Sobald das Pferd bereit ist, seitliche Nachgiebigkeit beim Schenkelweichen anzubieten und dabei im Körper gerade bleibt.

Das Ziel

Das Pferd veranlassen, das innere Hinterbein weiter vor und unter den Körper zu bringen, also im Moment des Aufsetzens näher an seinen Schwerpunkt heranzutreten. Das hilft, das Gewicht vermehrt in Richtung Hinterbein zu verlagern. Deshalb ist das Schulterherein eine versammelnde Übung. Der wichtige Unterschied zwischen Schenkelweichen und Schulterherein liegt in der Biegung um den inneren Schenkel, die beim Schulterherein verlangt wird, im Gegensatz zum Schenkelweichen, wo das Pferd gerade gerichtet bleibt.

Der Unterschied zwischen Schenkelweichen und Schulterherein ist die Biegung um den inneren Schenkel.

Die Übung

- Wie der Name schon sagt, gehört zum Schulterherein die Positionierung der Schulter auf dem inneren Hufschlag. Die Vorhand des Pferdes soll in einem Winkel von ungefähr 30 Grad abgestellt sein.
- Das Pferd soll seitliche Nachgiebigkeit nach innen anbieten und sich gleichmäßig um den inneren Schenkel biegen. Die seitliche Stellung im Genick soll dazu führen, dass die Stirn senkrecht vom Genick herabhängt, ohne jedes Kippen/Neigen.
- Beim klassischen Schulterherein ist der Grad der Biegung der gleiche wie bei einem kleinen Zirkel von sechs Metern Durchmesser oder einer Volte. Betrachtet man das Pferd von oben, dann sollen das Becken/die Hüften des Pferdes sich auf dem Hufschlag, nach vorn bewegen. Die Schultern des Pferdes sind abgestellt von diesem Hufschlag und zwar so weit, dass das äußere Vorderbein auf dem gleichen Hufschlag läuft wie das innere Hinterbein. Das Pferd hinterlässt also drei Spuren.
- Zu Beginn der Arbeit an der Versammlung ist die Biegung nicht stärker als für einen Zirkel von zehn Metern Durchmesser.

Die Einleitende Sitzposition

In Vorbereitung auf die Lektion:

1. Nach innen sitzen.
2. Inneren Zügel so verkürzen, dass sich das Pferd als Antwort auf einen so weit nachgebenden äußeren Zügel nach innen biegt, dass der Ellbogen eben vor der Hüfte bleibt.
3. Die innere Hüfte öffnen, um das innere Hinterbein zu engagieren, aber dabei gleichmäßigen Kontakt mit beiden Schenkeln halten, damit der dann folgende Druck des äußeren Schenkels am Gurt die Vorhand auf den inneren Hufschlag bringt.

Zu Beginn die Lektion:

4. Den inneren Zügel leicht vom Hals abstellen, damit eine gerade Linie zum Pferdemaul erhalten bleibt.
5. Die äußere Hand näher zum Widerrist bringen, aber dabei dem Pferd keine Stütze am Zügel bieten, indem es den Hals dagegendrückt.
6. Die äußere Fußspitze auf die Linie des Schulterhereins richten.

Begrenzende Zügelhilfe

Tipps für den Reiter

In Vorbereitung auf das Schulterherein muss der innere Zügel so weit verkürzt werden, dass die Hand die seitliche Stellung ohne rückwärtigen Zug am Zügel erhalten kann. Generell sollte die innere Hand ganz leicht vor der äußeren Hand stehen. Der innere Zügel darf niemals über den Widerrist gezogen werden, weil das den Schwung und das Engagement der Hinterhand blockiert und das Pferd nach außen fallen lässt. Außerdem führt es oft genug zu einem übermäßigen Abstellen am Halsansatz. Der Begriff der „geraden Linie vom Ellbogen des Reiters durch die Hand zum Pferdemaul" gilt für die waagerechte Ebene genauso wie für die senkrechte, seitwärts ebenso wie von oben nach unten.

Das Timing der annehmenden und nachgebenden Zügelhilfen

Es ist die Rolle des äußeren Zügels, das Tempo und die Biegung zu kontrollieren. Die halben Paraden fördern vermehrte Versammlung, indem sie den Moment des Auffußens des inneren Hinterbeins verlängern. Die äußere Hand bleibt nah am Widerrist und gibt jedes Mal Zügelhilfen, wenn der äußere Vorderhuf aufsetzt (d.h. bei jedem zweiten Schritt). Dabei ist die Stärke der Zügelhilfen abhängig von der Reaktion des Pferdes – denken Sie an den Radio-Vergleich!

Ein häufig zu beobachtender Fehler ist der Gebrauch des inneren Schenkels mit einem rückwärtswirkenden Druck, um die Hinterhand herumzudrücken. Dabei wird der Absatz hochgezogen, anstatt die innere Hüfte zu öffnen. Zur gleichen Zeit wird der äußere Schenkel vom Pferd weggestreckt und die Bande oder der Zaun übernimmt die Funktion des äußeren Schenkels. Weil in den meisten Fällen in den Dressuraufgaben das Schulterherein auf dem Hufschlag verlangt wird, kommen die Reiter meistens mit diesem Fehler durch – so lange, bis sie das Schulterherein auf der Mittellinie zeigen sollen. Deshalb ist es eine gute Übung, das Schulterherein abseits der Bande zu reiten, etwa auf dem dritten Hufschlag oder auf der Mittellinie.

Es ist hilfreich, die äußere Fußspitze in Richtung der beim Schulterherein zu reitenden Linie weisen zu lassen. Sobald das Pferd mit der Schulter oder der Hinterhand ausweicht, wird es so vom äußeren Schenkel begrenzt. Drängt es nach innen, so wird es gegen den inneren Schenkel kommen. Der äußere Schenkel sollte so angelegt sein, dass der Bügel lotrecht herunterhängt oder der Schenkel knapp hinter dem Gurt liegt. Damit kann das Pferd korrigiert werden, sobald es vom inneren Schenkel wegkommt, anstatt sich um ihn zu biegen, oder aber wenn es mit der Schulter ausfällt.

Ausbildung des Pferdes

- Das Schulterherein wird entwickelt aus dem Schenkelweichen auf einem kleinen Zirkel.
- Eine gut ausgerittene Ecke bereitet das Pferd auf das Schulterherein vor. Das Pferd wird aufgefordert, sich so um den Schenkel in das Schulterherein zu bewegen, als wenn es auf einen kleinen Zirkel geritten würde.
- Beide Unterschenkel bleiben am Pferd und erhalten die gleichmäßige Biegung und damit das Engagement des inneren Hinterbeins, jedoch nicht über ständigen Druck. Sobald das Pferd den Sitz des Reiters für das Schulterherein verstanden und akzeptiert hat, soll es diese Bewegung beibehalten ohne dauernden Druck des Schenkels oder des Zügels.
- Ist das Pferd wirklich korrekt in seiner seitlichen Nachgiebigkeit, wird es sich um den inneren Schenkel biegen und am äußeren Zügel stehen, der gleichmäßige halbe Paraden zum richtigen Zeitpunkt gibt.

Häufige Probleme

Zu flache Abstellung vom Hufschlag bei übertriebener Abstellung am Halsansatz und ausfallender Schulter.

- Das wird oft verursacht, weil der Reiter nach außen rutscht und dabei zu viel inneren Zügel und inneren Schenkel benutzt, anstatt die Biegung mit dem äußeren Zügel und dem äußeren Schenkel zu kontrollieren.

Zu starke Abstellung bei ungenügender Biegung in Kombination mit kreuzender Hinterhand. Tatsächlich zeigt das Pferd ein Schenkelweichen.

- Diese Probleme entstehen durch den Reiter für gewöhnlich aus einer fehlerhaften Einleitenden Sitzposition und einem unkorrekten Sitz und sollten – jedenfalls theoretisch – relativ leicht zu beheben sein.

Das Pferd lehnt sich gegen den inneren Schenkel und weigert sich, eine Korrektur anzunehmen.

- Der Reiter muss zu den vorher beschriebenen Grundlagen-Übungen zurückkehren, falls notwendig sogar bis zur Vorhandwendung, bis das Pferd besser auf die seitwärtsweisende Schenkelhilfe reagiert.

Das Pferd verstellt sich oder wehrt sich gegen die seitliche Stellung im Genick.

- Dieses Problem ist schwerer zu beheben, weil es aus dem Widerstand des Pferdes im Kiefer und im Genick rührt. Diese Reaktion kann aus dem zu starken Gebrauch des inneren Zügels entstanden sein, um die Biegung zu erhalten. Das führt oft dazu, dass Pferde die Nase nach außen und die Ohren nach innen zeigen lassen (sich verwerfen). Für eine Lösung muss man bis in die Grundausbildung zurückgehen, um seitliche Nachgiebigkeit zu erreichen. Wenn das erfolgt ist, ist sehr gut darauf zu achten, dass man nicht zu viel den inneren Zügel einsetzt. Die wahre Lösung liegt darin, das Pferd dazu zu bringen, sich im Genick zu entspannen und sich an den äußeren Zügel bei leichter und gleichmäßiger Anlehnung an beiden Zügeln zu stellen.

  Der entscheidende Punkt bei dieser Übung ist der, dass das Pferd seinen Körper an und um den inneren Schenkel bringt, obwohl es sich im Hinblick auf die Bewegungsrichtung von der Biegung wegbewegt. Aus diesem Grund hängt das Schulterherein mehr mit der Pirouette und dem Travers zusammen als mit Schenkelweichen.

Die Schritt-Pirouette

Ziel

Die Beweglichkeit der Vorhand verbessern und mehr Gewicht des Pferdes auf die Hinterhand verlagern.

Die Übung

Dies ist die Entwicklung der Wendung auf der Hinterhand, wie sie in der Grundausbildung beschrieben wurde. Der Unterschied zwischen die Pirouette und der Hinterhandwendung liegt in der Anforderung. Bei der echten Pirouette wird vom Pferd verlangt, mit dem inneren Hinterbein auf der Stelle zu treten, während die Vorhand herumkommt. Der Anspruch an das Engagement der Hinterhand und der Aufwölbung des Rückens ist demnach größer.

Pirouette im Schritt

In Vorbereitung der Bewegung:

1. Die Einleitende Sitzposition wie für das Schulterherein einnehmen, allerdings steht der innere Zügel näher am Hals an als ein indirekter Zügel (indirect rein). Die äußere Hand wird leicht vom Hals abgestellt, um die seitliche Stellung nach innen zu erlauben, während das Pferd auf der gerittenen Linie gerade bleibt. Das und der Druck des inneren Schenkels fordern das Pferd auf, seine Hinterhand vermehrt zu engagieren.
2. Den Schritt versammeln über eine Körpersprache mit einem stärker gestreckten Oberkörper. Aufhören mit dem Gesäß zu treiben, aber falls notwendig vermehrt Druck mit dem inneren Schenkel geben, um den Fleiß im Schritt zu erhalten und dabei den Takt im Schritt beizubehalten.

Um die Übung zu beginnen:

3. Annehmende und nachgebende Hilfen am äußeren Zügel in dem Moment geben, wo das äußere Vorderbein auffußt. Danach Druck mit dem äußeren Schenkel am Gurt, sobald das Vorderbein vorkommt. Das ist die Aufforderung, vor dem inneren Vorderbein zu kreuzen, genau wie bei einer Wendung um die Hinterhand.
4. Den Fleiß der Schritte überprüfen um sicherzustellen, dass das innere Hinterbein aktiv bleibt. Schenkeldruck abwechselnd im Takt des Schrittes, die Stärke des Einwirkung hängt ab von der Reaktion des Pferdes.

Tipps für den Reiter

- Korrigieren Sie Ihre Sitzposition mindestens einmal während der Pirouette, weil man unweigerlich dazu tendiert, nach außen zu rutschen. Diese Korrektur sollte einen Schritt lang den Rücken entlasten. Das ermuntert das Pferd, den Rücken aufgewölbt zu lassen.
- Den inneren Zügel als „haltungsweisenden Zügel" nah am Hals lassen, um die Stellung zu erhalten. Dabei wird das Pferd angeregt, weiter nach vorne zu denken.
- Annehmende und nachgebende Zügelhilfen am äußeren Zügel unterstützen die Körpersprache und fordern das Pferd auf, am Platz zu bleiben.
- Der äußere Zügel kann eingesetzt werden wie ein indirect rein of opposition zur Unterstützung des äußeren Schenkels bei der Kontrolle der Hinterhand, falls das Pferd dazu neigt, hinten auszuweichen. Das passiert häufig im zweiten Teil der Pirouette. Es ist darauf zu achten, am äußeren Zügel zwischen den annehmenden und nachgebenden Zügelhilfen genügend nachzugeben, damit die Vorhand Platz hat herumzutreten.

Häufige Probleme

Die Hinterhand kommt zu Beginn der Pirouette herein.

- Das liegt häufig daran, dass der äußere Schenkel zu weit zurückgenommen wird und die innere Hüfte nicht genügend geöffnet ist, um Druck mit dem inneren Schenkel auszuüben, während die seitliche Stellung nach innen festgelegt wird. Dadurch wird die Pirouette zu groß oder nicht am Punkt gezeigt.

Die seitliche Stellung nach innen geht verloren, oft in Kombination mit zu kleinen Schritten oder einer Bewegung nach rückwärts.

- Manche Reiter drücken den äußeren Zügel zur Unterstützung an den Hals. Sie glauben damit ihren äußeren Schenkel ausschalten zu können. Das ist falsch, denn häufig besteht dann die Gefahr, dass die äußere Hand über den Mähnenkamm gedrückt wird.

Das innere Hinterbein „klebt" oder steht still.

- Das ist der Fall, wenn die Zügelhilfen die Pirouette blockieren oder weil das Pferd faul und der Reiter nicht schnell genug ist, um darauf mit dem inneren Schenkel zu reagieren.

Der Pirouette fehlt die Versammlung.

- Dann besteht die Gefahr, dass die Hinterhand nach innen ausweicht. Damit fehlt dieser Übung der gymnastizierende Effekt.
- Das ist das Ergebnis, wenn der Schritt vor Beginn der Pirouette nicht genügend versammelt geritten wird und das Hinterbein nicht ausreichend aktiviert ist.

Übergänge
(Trab–Halten–Trab, Galopp–Schritt–Galopp einschließlich einfacher Wechsel, Trab–Rückwärtsrichten–Trab)

ZIEL

Versammlung erreichen über aktivierende und lastaufnehmende Wirkung der Übergänge in niedrigere Gangarten in Kombination mit kürzeren, aber trotzdem elastischeren und fleißigeren Tritten, erzeugt über die Übergänge in höhere Gangarten.

DIE ÜBUNG

Für eine korrekte Ausführung muss das Pferd zunächst lernen, sein Gleichgewicht auf der Hinterhand zu kontrollieren. Der Schub der Vorwärtsbewegung muss über die Beugung der gut untertretenden Hinterbeine im Zusammenspiel mit den Muskeln der Oberlinie (Haltungsmuskeln) gesteuert und für den Moment gespeichert werden wie in einer Sprungfeder. Er wird dann wieder in den nächsten Tritt oder Galoppsprung eingebracht. Die Spannung der Muskeln ist elastisch und nicht bremsend oder blockierend. Wenn das Pferd seine Muskeln festspannt und die Gelenke blockiert, werden die Übergänge abrupt und die Qualität der Gänge nach dem Übergang verbessert sich nicht.

Wie beim Schulterherein und der Pirouette verlangen diese Übergänge zu Beginn ein gewisses Maß an Versammlung, aber sie lehren das Pferd auch, sich zu versammeln. Das geschieht, weil diese Übungen Anforderungen stellen, die das Pferd automatisch in eine Haltung bringen, aus der es sich versammeln kann – wenn die längs gerichtete Nachgiebigkeit und die Verbindung über den Rücken stimmen.

1. Trab–Halten–Trab

Vorbereitung für die Übergänge

Bei der Vorbereitung für den Übergang zum Halten entsprechen die Einleitende Sitzposition und die Körpersprache der „Zonen"-übung. Es hilft, einen Takt im Kopf zu haben, der dem Trab-Rhythmus des Pferdes entspricht. Diese „Musik" sollte eher beschwingt und lebhaft sein als das dumpfe Ticktack eines Metronoms. Dann bleiben die Tritte aktiv und elastisch, nicht nur gleichmäßig und taktrein.

Ausführen und Ausbilden

Beginnen Sie auf einer Zirkellinie. Das erleichtert die Kontrolle und die Erhaltung des Engagements der Hinterbeine und das Schwingen über den Rücken. Sitzhaltung und damit Einleitende Sitzposition wie für das Reiten auf der gebogenen Zirkellinie, d.h. nach innen sitzen bei geöffneter innerer Hüfte. Im Moment des Übergangs muss die Körpersprache ganz deutlich „Halt!" sagen bei Unterstützung durch die Hand und gleichbleibendem Kontakt der Schenkel am Pferdeleib. Die Faust wird weicher, kurz bevor der Übergang beendet ist. (Eine Analogie hierzu ist eine Vollbremsung im Auto. Um zu vermeiden, dass die Insassen des Autos erst vorwärts, und dann wieder zurückgeschleudert werden, lässt man die Bremse wieder los, kurz bevor der Wagen zum Stillstand gekommen ist.)

Eine nützliche Übung zum Erreichen der korrekten Körpersprache ist die Ausführung eines Übergangs aus dem Rennen ins Stillstehen auf den eigenen zwei Beinen, ohne dabei das Gleichgewicht zu verlieren und gleich danach wieder loszurennen. Im Übergang nach aufwärts, vom Halten zum Trab, erwartet die Körpersprache den Trab bereits und gelangt damit für einen Bruchteil vor den ersten Tritt. Je schneller man laufen und je schneller man anhalten will, desto deutlicher muss die Körpersprache sein und desto deutlicher wird man fühlen, was die richtige Körpersprache ist, wenn man wieder auf dem Pferd sitzt. Dabei darf aber nicht vergessen werden, dass es eines der ersten Ziele in der Dressurausbildung ist, die offensichtlichen Hilfen zu minimieren.

Der Berührung des Schenkels, der die Körpersprache unterstützt, folgt ein momentanes Loslassen. Erinnern Sie sich jetzt an die Verzögerung von einer Sekunde zwischen Schenkeldruck und Reaktion darauf. Wenn das Pferd wiederholt beim ersten Tritt in den Trab faul ist, dann muss zum gleichen Zeitpunkt wie der Schenkeldruck auch die Gerte eingesetzt werden, um die Körpersprache zu unterstützen. So lernt das Pferd, einen konditionierten Reflex als Antwort auf die Körpersprache zu entwickeln.

Bei dieser Übung hängt viel von der Erwartung und dem inneren Gefühl des Reiters für den Übergang ab. Wenn der Reiter kein Gefühl für Energie und Promptheit hat, dann fehlt es auch dem Pferd.

Ist das Pferd allerdings angespannt und übersensibel, dann darf der Schenkel nur ganz leicht angelegt sein und der Reiter muss sehr darauf bedacht sein, im Übergang nicht hinter die Bewegung zu geraten. Das würde das Pferd dazu bringen, die Rückenmuskeln zu verspannen. Dadurch werden die Hinterbeine blockiert. Sie bewegen sich nicht mehr in Richtung Schwerpunkt. Wie immer liegt der Schlüssel in dem schwingenden Rücken.

Geschlossenes, engagiertes Halten

Arbeitet das Pferd korrekt „über den Rücken", ist gerade gerichtet, in gutem horizontalen Gleichgewicht und willig bei der „Zonen"-übung, dann sollte sich ein engagiertes, geschlossenes Halten ganz automatisch ergeben. Zum Zeitpunkt des Übergangs ist es wichtig, die Hand leicht werden zu lassen, bevor das Pferd den letzten Tritt macht, damit es nicht rückwärts tritt oder ein Hinterbein hinten heraussstehen lässt. Hilfreich ist ebenfalls, kurz vor dem Halten den Oberkörper zu strecken und die Oberschenkel vom Sattel zu lüften. Damit hat das Pferd die Chance, den Rücken gewölbt und die Hinterhand engagiert zu halten. Ist der Rücken angespannt, wird das Pferd mit der Hinterhand hinten heraussstehen bleiben.

Die Trabtritte in das Halten hinein müssen gleichmäßigen Fleiß behalten. Wenn der letzte Tritt träge ist, wird das Pferd ein Hinterbein hinten herausstellen. Für ein junges Pferd ist ein geschlossenes Halten jedoch noch nicht selbstverständlich. Sobald es gelernt hat, nach dem Halten stillzustehen, ist es an der Zeit, ihm das Ausrichten in einen geschlossenen Stand als Vorbereitung auf eine Dressurprüfung beizubringen. Das Pferd soll ein Bewusstsein dafür entwickeln. Zu diesem Training gehört die Berührung mit Gerte oder Sporen auf der Seite, auf der das Hinterbein hinten heraussteht. Neigt das Pferd dazu, auf einem Bein hinten zu ruhen, dann kann es helfen, die Berührung auf die Gegenseite zu verlegen. Auch die besten Reiter brauchen einen Beobachter, der ihnen schnellstens zuruft, ob das Halten geschlossen ist oder nicht. Das ist nicht immer leicht zu erfühlen, ganz besonders nicht, wenn der Boden nicht absolut eben ist.

Häufige Probleme – vom Trab zum Halten

Takt-Verlust oder abruptes Halten

- Das kann passieren, wenn das Pferd nicht wirklich in Selbsthaltung fleißig vorwärtsgeht. Dann stoppt es eher mit der Vorhand, als die Hinterhand engagiert und aktiv als Stoßdämpfer zu benutzen. Abhilfe schafft man, indem man das Pferd während des Übergangs seitwärtsbewegt oder es in eine ganz leichte Schulterherein-Stellung bringt, abgewandt zu der Seite, wo es seitlich blockiert ist.

Widerstand gegen die Hand – das Pferd drückt den Rücken weg oder kommt über den Zügel.

- Das Problem tritt auf, wenn das Pferd nicht anhalten will oder weil der Reiter am Zügel zieht, anstatt seine Körpersprache, unterstützt von taktmäßigen annehmenden und nachgebenden Zügelhilfen, zum richtigen Zeitpunkt einzusetzen. Die Unterschenkel bleiben am Pferd, um die Hinterhand engagiert und die Verbindung über den Rücken zu halten. Wer zu schwer sitzt und sich nicht im Oberkörper aufrichtet, um damit seinen Sitz zu erleichtern, bei dem wird das Pferd im Rücken eher hohl werden. Das führt zum Widerstand.

Das Pferd steht im Halten mit der Hinterhand heraus.

- Das geschieht, wenn das Pferd nicht genügend fleißig ist. Daran denken, dass der Schenkel im Übergang im Kontakt zum Pferdeleib bleibt. Falls notwendig werden beide Schenkel abwechselnd eingesetzt, ganz besonders auf den letzten zwei oder drei Tritten vor dem Halten.

Das Pferd bleibt nicht gerade oder wird hinten beim Übergang breit.

- Der Hals wird vermutlich zu kurz im Übergang oder der Reiter hat unvorbereitet zu viel beim Übergang verlangt. Dann werden die Hinterbeine zur Seite herausgesetzt, entweder ein- oder sogar beidseitig, weil das Pferd unter seinem Körper keinen Platz fand.

Häufige Probleme – vom Halten zum Trab

Kopf und Hals kommen hoch, das Pferd geht gegen die Hand.

- Das Pferd kommt über den Zügel, weil es den ersten Tritt mit dem Vorderbein anstatt mit dem Hinterbein macht. Dann fällt der Rücken durch oder wird fest. Der Reiter kann helfen, indem er das Pferd während des Haltens am Gebiss hält. Außerdem hat er das deutliche Gefühl, dass der Rücken gewölbt bleibt. Dann wird der erste Tritt über Druck mit dem inneren Schenkel und gleichzeitigen Vorgehen der Hand und der entsprechenden Körpersprache verlangt.

Der Übergang zum Trab ist schleppend, nicht unmittelbar aus dem Halten.

- Der Reiter muss sein Pferd mehr motivieren und wachsam und schneller in seinen Reaktionen halten.

Das Pferd bleibt nicht gerade auf der Linie, zum Beispiel auf der Mittellinie.

- Die Ursache liegt vermutlich darin, dass das Pferde nicht in sich gerade gerichtet ist, nicht in der Linie, oder weil der Reiter andauernden Druck mit dem Schenkel als Hilfe zum Antraben gibt. Deshalb weicht das Pferd dem Schenkel aus. Beim Übergang zum Halten und im Stand mag es helfen, eine seitliche Abstellung im Genick zu erarbeiten, hin zu der Seite, zu der das Pferd bei dem Übergang in eine höhere Gangart ausweicht.

2. Galopp–Schritt–Galopp

Einleitende Sitzposition und Körpersprache

Während des Galopps muss das Pferd ganz klar die einleitende Sitzposition für den Galopp spüren, auch wenn die Körpersprache unterstützt von Hand und Schenkel den Übergang direkt in den Schritt vorbereitet und schließlich verlangt. Im Schritt muss die einleitende Sitzposition mittig im Sattel erfolgen, sodass es für das Pferd kein Missverständnis über Galopp oder Schritt gibt. Dann wird die einleitende Sitzposition für den Galopp vorbereitet, abhängig davon, ob man auf derselben Hand weitergaloppieren oder über einen einfachen Wechsel auf die andere Hand gehen möchte. Der Reiter bereitet die Hilfen vor, indem er die Sitzhaltung verändert und einseitig im Sattel einsitzt, den inneren Zügel verkürzt und die äußere Schulter zurücknimmt, um vorzugehen und die innere Hüfte zu öffnen. Das alles erfolgt, während die Körpersprache über den entsprechenden Takt und einen entspannt mitschwingenden Sitz dem Pferd weiter „Schritt“ ansagt.

Ausführen und Ausbilden

Verschiedene Faktoren beeinflussen die Fähigkeit des Pferdes, den Übergang in die niedrigere Gangart, vom Galopp zum Schritt, geschmeidig auszuführen:

- Die Haltung, einschließlich Geraderichtung, Gleichgewicht und Engagement der Hinterhand. Das Hinterbein muss genügend Fleiß zeigen, um auch als Bremse fungieren zu können. Wenn das Pferd versucht, den Übergang auf der Vorhand auszuführen, wird es sein Gleichgewicht verlieren und deshalb einige Tritte im Trab brauchen, um das Gleichgewicht wiederzuerlangen und Schritt weiterzugehen. Deshalb ist diese Lektion natürlich eine versammelnde Übung. Damit sie überhaupt gezeigt werden kann, muss das Gleichgewicht in Richtung Hinterhand verlagert werden und über eine Verbesserung des Übergangs verbessert sich auch das Verständnis und die Fähigkeit des Pferdes zur Versammlung.
- Die Geschwindigkeit im Galopp muss der Geschwindigkeit im Schritt möglichst nahe kommen, bevor der Übergang gezeigt wird. Verdeutlichen kann man das an einem Beispiel: Ein Mensch steigt aus einem fahrenden Bus. Fährt der Bus schneller als Schritttempo, dann ist es unmöglich, aus dem Bus zu steigen, ohne gleich sofort mitlaufen zu müssen. Um die Geschwindigkeit zurückzunehmen und trotzdem den Galopp beizubehalten, muss das Pferd einen Weg finden, um seine Sprünge zu verkürzen. Es kann das auf der Vorhand tun – und dabei an Schwung verlieren und damit die Schwebephase im Galopp einbüßen und einen Viertakt zeigen. Oder es kann die Lende wölben, sein Hinterbein engagieren und damit die Hinterhand benutzen, um

sein Gleichgewicht zu erhalten. Ist die Hinterhand stark genug, dann kann das Pferd den Schwung im Galopp beibehalten und damit das Ausgreifen des Vorderbeins noch verstärken.

Der Reiter kann über seine Körpersprache, unterstützt von annehmenden und nachgebenden Hilfen am äußeren Zügel, helfen, um einen kürzeren Galoppsprung anzuzeigen. Der Körper „spricht", indem er stiller sitzt. Wie schon an anderer Stelle erklärt: Das Gesäß beeinflusst die Länge des Galoppsprungs, der Schenkel den Fleiß. Der Reiter muss versuchen, seine Hüften zu entspannen, und das Gefühl haben, den Oberschenkel vom Sattel nehmen zu können und trotzdem mit dem Unterschenkel, der Gerte oder dem Sporen das Pferd zu aktivieren, um sich bei dem kürzeren Galoppsprung etwas mehr ins Zeug zu legen. Das alles muss geschehen, ohne die Sitzhaltung für den Galopp zu verlieren.

Sowie das Pferd in einen besser versammelten Galopp zurückkommt, wird es sich oftmals in Hals und Rücken versteifen. Es zeigt das über ein Nicken von Kopf und Hals nach oben und unten. Dem wirkt der Reiter über eine Entspannung im Genick oder seitliche Nachgiebigkeit entgegen. Dazu muss das Pferd eine seitliche Stellung nach außen anbieten. Gelegentlich wird der Reiter dazu leicht im Sitz. Das wird ganz natürlich geschehen bei Reitern, die es sich angewöhnt haben, ihre seitliche Sitzposition regelmäßig zu überprüfen.

Eine ganz leichte Stellung in eine Schulterherein-Position ohne übertriebene Abstellung im Hals wird dem Pferd auch helfen, die innere Hinterhand fleißiger zu engagieren. Das ist ein gutes Mittel, besonders für solche Pferde, die bei zunehmender Versammlung im Galopp schiefer werden.

Indem der Reiter an der Qualität des versammelten Galopps über einen schwingenden Rücken mit genügend Schwung arbeitet, trifft er die beste Vorbereitung für den Übergang in den Schritt. Der Fehler, den ich oft beobachten kann, ist ein Reiter, der die Anlehnung verstärkt und tiefer mit treibendem Gesäß einsitzt. Damit verursacht er Probleme in Gleichgewicht, Selbsthaltung und Engagement der Hinterhand. Mit anderen Worten: Er ruiniert die Qualität des Galopps.

Die ersten Male, wenn man den Übergang vom Galopp in den Schritt vom Pferd verlangt, muss die Hilfengebung deutlich genug sein, so als wolle man einen Übergang zum Halten reiten. Das Pferd wird nicht in der Lage sein, ausbalanciert zu stehen, selbst wenn es momentan zum Halten kommt, und stattdessen Schritt gehen, sofern der Reiter in der Hand weicher wird. Hat das Pferd diese Übergänge einige Male erlebt, dann wird es in der Lage sein, gleich auf den Schritt zu zielen anstatt auf das Halten, und dann werden die Übergänge geschmeidiger. Wenn das Pferd dazu neigt, zu ziehen und durch die halben Paraden zu rennen, dann wirkt eine Sporenhilfe – innen etwas stärker als außen, um den seitlichen Effekt zu erzielen. Die Sporenhilfe erfolgt in dem Moment, wo der Körper und die annehmenden und nachgebenden Zügelhilfen den Übergang abfragen. Der Reiter produziert damit eine reflexartige Antwort des Pferdes, mit dem Hinterbein unter den Körper zu springen. Dies ist eine Ausnahme von der bestehenden generellen Regel: „Schenkel ohne Hand, Hand ohne Schenkel."

In der fortgeschrittenen Ausbildung, wenn der Übergang vom Galopp zum Halten gefordert wird, ist die Hilfengebung genau die gleiche, aber die Körpersprache sagt „Halten" anstatt „Schritt". Viele Reiter versuchen, vom Galopp direkt in einen unbeweglichen Stand zu kommen, aber sie erreichen damit nur einen abrupten Übergang auf der Vorhand. Es ist besser, zunächst einen guten Übergang in den Schritt zu verlangen und dann, wenn die Körpersprache „Halt" fordert (so wie oben bei den Übergängen vom Trab zum Halten beschrieben), wird sich das Pferd im Stand ausrichten.

Häufige Probleme

Der Übergang erfolgt nicht direkt in den Schritt.

- Das kann daran liegen, dass die Haltung des Pferdes nicht gut genug ist und es deshalb nicht im Gleichgewicht bleiben und keine Last auf den stoßdämpfenden Hinterbeinen aufnehmen kann. Oder daran, dass der Galoppsprung vor dem Übergang zu lang ist und das Pferd nicht in der Lage ist, die Geschwindigkeit innerhalb eines Galoppsprungs weit genug zurückzunehmen.

Das Pferd zeigt Widerstand oder hat innerhalb des Übergangs Probleme im Seitenbild.

- Die Ursache ist für gewöhnlich ein Mangel in der Selbsthaltung vor dem Übergang oder es liegt daran, dass der Reiter mit der Hand zieht, anstatt seine Körpersprache mit Unterstützung von einer momentan durchhaltenden Hand einzusetzen. Der Fehler kann aber auch geschehen, wenn der Reiter vergisst, während des Übergangs mit der Hand vorzugeben.

Schritt – Galopp

Ist die Sitzhaltung für den Galopp gesichert, kann der Reiter lernen, den richtigen Moment im Schritt zu erspüren. Wenn das innere Hinterbein vorschwingt, dann ist dies der richtige Zeitpunkt, um mit der Körpersprache und der unterstützenden Schenkelhilfe den ersten Galoppsprung einzuleiten. Der Moment des Unterspringens des Hinterbeins stimmt überein

Vom Schritt in den Galopp

mit dem Abwärtsnicken des Pferdekopfes im Schritt.

Innerhalb der Galopp-Schritt-Galopp-Übung soll der Schritt gleichmäßig und im Takt vor dem Beginn des Galopps sein, egal ob man auf der gleichen Hand oder über einen einfachen Wechsel auf der anderen Hand weitergaloppiert. Dieser Schritt soll sich auch nicht verändern, wenn die Einleitende Sitzposition für den Galopp vorbereitet wird. Wenn ein Taktverlust droht, wird über gleichmäßige halbe Paraden oder leichten und abwechselnden Schenkeldruck bei entspannter Hüfte das Pferd daran erinnert, weiter im korrekten Schritt zu bleiben. Trotzdem ist es auch wichtig, dass das Pferd lernt, aus der konsequenten Einleitenden Sitzposition zu erkennen, dass ein Angaloppieren bevorsteht. Einige Pferde brauchen dazu einen Weckruf, damit der Reiter das Gefühl hat, sie wissen, was jetzt kommt. Andere, die dazu neigen vorzugreifen, muss man entspannen und an den Schritt erinnern, bevor man den ersten Galoppsprung abruft.

Beim ersten Galoppsprung hebt sich das Pferd durch den Widerrist. Kopf und Hals werden nach oben „gezogen" und der Reiter behält seinen Sitz in diesem ersten Schritt bei. Es ist wichtig, nicht vor die Bewegung zu geraten. Dabei ist es hilfreich, auf eine verzögerte Reaktion eingestellt zu sein, auch bei einem schon fortgeschrittenen Pferd. Wenn das Pferd dann sofort anspringt, wird man angenehm überrascht sein. Eine festere Anlehnung am äußeren Zügel während des Übergangs hilft, Kopf und Hals zu stabilisieren, aber eine stärkere Anlehnung innen blockiert den Galoppsprung und provoziert Widerstand.

Häufige Probleme

Das Pferd kommt im Übergang über das Gebiss.

- Es kann notwendig werden, zurückzuschalten zu den Übergängen zwischen Trab und Galopp. Dabei ist darauf zu achten, dass nicht der äußere Schenkel das Zeichen zum Galopp gibt. Der Übergang muss sich aus der Sitzhaltung und der Körpersprache ergeben, unterstützt hauptsächlich vom inneren Schenkel. Der äußere Schenkel muss am Gurt bleiben, eher unterstützend als treibend. Über seitliche Nachgiebigkeit erzielt man Verbindung über den Rücken. Es hilft auch, die seitliche Biegung nach außen vor dem Übergang zu überprüfen. Wenn das Pferd die seitliche Nachgiebigkeit akzeptiert, dann kommt der Übergang durch, ohne dass das Pferd gegen die Hand geht. Gelingt der Übergang vom Trab zum Galopp ohne Widerstand, dann kann man die gleiche Technik beim Übergang vom Schritt zum Galopp anwenden.

Das Pferd ist beim Übergang zum Galopp schief.

- Das kann daran liegen, dass der innere Zügel zu stramm ist, während der äußere Schenkel zu weit zurückliegt und damit die Hilfe zum Galopp gegeben wird. Das Pferd muss auf der Spur und in der Linie bleiben bei relativ leichter Anlehnung während des Übergangs.

Versammelnde Übungen – mittlerer Schwierigkeitsgrad

Volten im Trab und Galopp

Ziel
Dem Pferde anspruchsvollere Aufgaben stellen, die es dazu bringen, sich zu versammeln. Das Ziel in diesen Übungen ist es, Gleichmaß der Tritte/Sprünge beizubehalten und den Takt bei vermehrtem Schwung zu erhalten. Das erreicht man über vermehrte seitliche Nachgiebigkeit, die wiederum zu einem verstärkten Engagement der Hinterhand und einem Leichtwerden der Vorhand führt. Die Anlehnung an beiden Zügeln und ganz besonders am inneren verstärkt sich nicht, sondern soll im Gegenteil leichter werden. Die Übungen werden ergänzt durch Schulterherein und Pirouetten und bereiten das Pferd für Travers, Renvers und Traversalen vor.

Definition
„Volte" kommt aus dem Französischen und bedeutet Kreis, Zirkel. In der Sprache der Dressur ist eine Volte definiert als Kreis von sechs, acht oder zehn Metern Durchmesser. Die tatsächliche Kreisgröße im Training steht in Relation zur Größe des Pferdes und seiner Schrittlänge. Die Anforderungen dieser Lektion müssen das Pferd fordern, aber dürfen seine Möglichkeiten nicht übersteigen.

Reiten und Ausbilden
Die Sitzhaltung ist die gleiche wie bei jeder seitwärtsgerichteten Arbeit, d.h. nach innen sitzen, den inneren Zügel verkürzen, innere Hüfte öffnen. Das unmittelbare Ziel ist es, das Pferd auf der Spur und in der Linie zu halten und die gleichmäßige Anlehnung beizubehalten und das Pferd damit aufzufordern, als Antwort auf Hilfengebung und Körpersprache zu wenden. Unterstützend wirken Schenkelhilfen, ganz ähnlich wie für eine Wendung auf der Hinterhand oder eine Pirouette. Im Takt gegebene Zügelhilfen am äußeren Zügel erinnern das Pferd bei jedem zweiten Tritt daran, auf der Spur zu bleiben, und erlauben ihm trotzdem abzuwenden und seitliche Dehnung anzubieten. Die annehmenden und nachgebenden Zügelhilfen fordern das Pferd auch auf, im Takt zu bleiben. Die angemessene Berührung mit dem Schenkel, üblicherweise mit dem inneren, muntert auf, damit der Schwung erhalten bleibt oder verstärkt wird, während der äußere Schenkel das Pferd so beeinflusst, dass es auf der Spur bleibt.

Im Trab können kleine Zirkel/Volten auch in Form einer Acht geritten werden, um Gleichgewicht, Reaktion und Leichtigkeit des Pferdes zu verbessern. Dem Pferd wird eine Seite leichter fallen als die andere und es kann dort besser das Gleichmaß, den Takt und die Kadenz erhalten. Beim Reiten von einem Zirkel zum anderen verändert sich die Sitzhaltung und damit die seitliche Stellung im Genick ganz kurz vor dem Wechsel auf die andere Hand. Das höchste Ziel bei dieser Übung ist es, dass der Reiter in der Lage ist, die „Acht" mit einer Hand zu reiten.

Häufige Probleme
Das Pferd verliert das Gleichmaß der Tritte.

- Das liegt vermutlich daran, dass es mit der Größe des Zirkels noch Probleme hat. Die Fähigkeit, auf einem kleinen Zirkel zu gehen und dort den Takt und das Gleichmaß der Tritte beizubehalten, hängt von der Bereitwilligkeit ab und von der körperlichen Fähigkeit, im Rücken zu schwingen. Dies führt zum Engagement der Hinterhand und zu Gleichgewicht und Geraderichtung. Es ist eine klassische „Was-war-zuerst-da-Henne-oder-Ei"-Situation, wie alle versammelnden Lektionen. Um sie auszuführen, verlangt die Übung Voraussetzungen, aber um diese Voraussetzungen zu entwickeln, muss man das Pferd mit gerade diesen gymnastizietrenden Übungen herausfordern. Es ist Sache des Reiters, die Ziele für sein Pferd festzulegen und dann die Ausführung zu analysieren, um entweder aufzufordern, zu ermuntern oder das Pferd zu ermutigen. Auch die Festlegung des passenden Umfangs des Zirkels fällt unter diese Aufgaben.

Die Anlehnung wird innen stärker, meistens in Verbindung mit zu viel Biegung des Pferdehalses nach innen.

- Wahrscheinlich verlässt sich der Reiter zu sehr auf den Zügel, um sein Pferd zu wenden. Deshalb neigt es eher dazu, über die äußere Schulter auszufallen. Versuchen Sie an der seitlichen Nachgiebigkeit und an der Dehnung zu arbeiten, so wie in der Korridorübung im ersten Teil des Buches beschrieben. Darüber kommt die Schulter wieder in die Linie und Dehnung bzw. Biegung werden wieder möglich. Eine andere Möglichkeit ist die Einbeziehung von mehr Übergängen zurück zum Schritt, gefolgt von einer Pirouette, um das Pferd zu erinnern, auf die Sitzhaltung des Reiters und die Einwirkung des äußeren Schenkels zu achten und damit nach der halben Parade die Schulter wieder in die gewünschte Richtung zu bringen. Es kann auch notwendig sein, auf einem etwas größeren Zirkel in der Schulterherein-Position zu arbeiten, damit das innere Hinterbein engagiert und eine seitliche Stellung nach innen erreicht wird. Über allem darf man nicht das oberste Ziel aus den Augen verlieren: Selbsthaltung erzielen bei einem Pferd, welches auf der Spur und in der Linie geht.

Die seitliche Stellung nach innen geht verloren.

- Das kann daran liegen, dass der Reiter am äußeren Zügel vermehrte Anlehnung hält in dem Versuch, die Schulter des Pferdes mit dem Zügel zu halten anstatt über Einwirkung mit dem Schenkel. Nicht vergessen: Die halben Paraden sollen höchstens einen Schritt dauern, selbst wenn sie bei jedem zweiten Schritt wiederholt werden, und vielleicht muss auch einfach mal das „Radio“ etwas lauter gestellt werden.

Travers, Renvers und Traversale

Ziel

Erhöhung der Versammlung und mehr Leichtigkeit der Vorhand über die Stärkung der Hinterhandmuskulatur, die vermehrt Last aufnimmt. Das Pferd lernt, das innere Vorderbein wegzusetzen und das äußere Hinterbein unter den Körper zu setzen. Alle drei Übungen sind sehr ähnlich, was die Haltung des Pferdes angeht. Travers und Renvers ergänzen und bauen auf dem Schulterherein auf, um mehr Versammlung zu entwickeln und damit die Leichtigkeit der Vorhand zu verbessern. Sie verlangen mehr vom Pferd als das Schulterherein und sie bereiten es für die Traversalen vor. Die Traversalen sind meines Erachtens eher von Bedeutung als Test für die Qualität der Versammlung als eine Übung an sich. Allmählich werden innerhalb der einzelnen Dressuraufgaben die Anforderungen in den Traversalen gesteigert, was den Grad der Abstellung angeht. Das verlangt im Gegenzug ein Pferd mit mehr seitlicher Nachgiebigkeit und damit Biegung um den inneren Schenkel.

1. Schulterherein
2. Traversale
3. Renvers
4. Travers

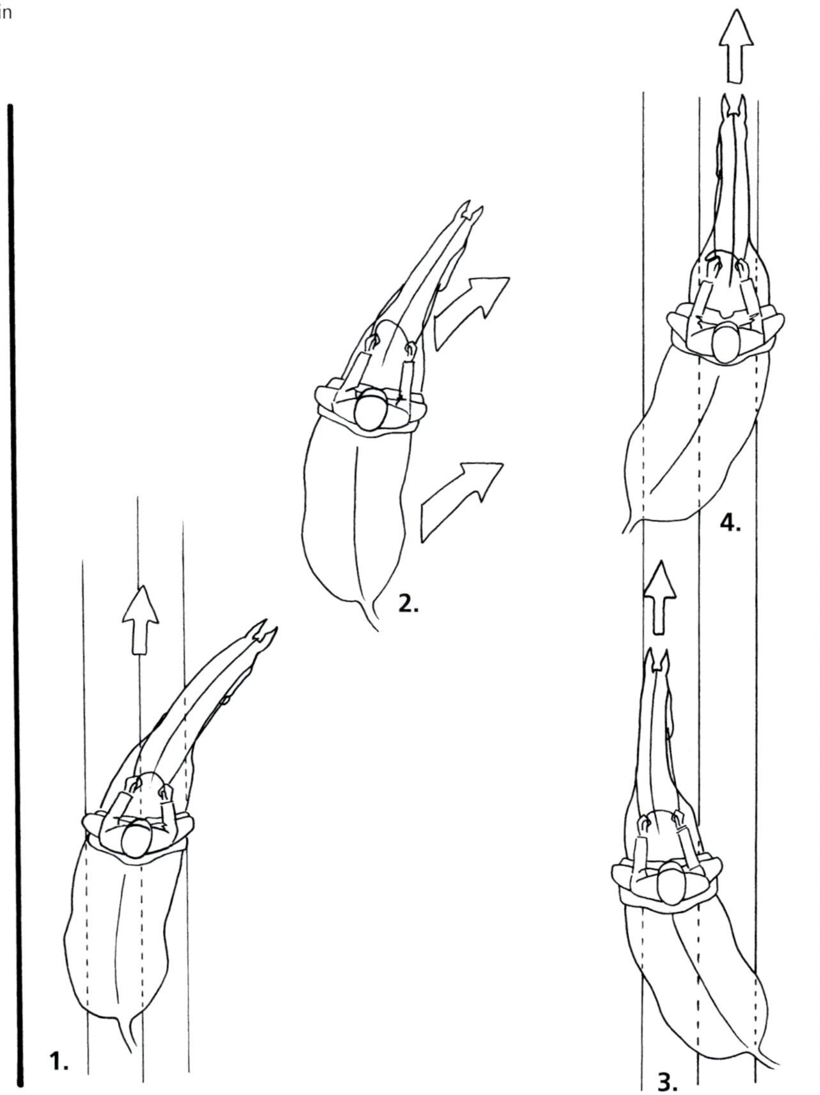

BESCHREIBUNG

Während Travers, Renvers und Traversale ist das Pferd gleichmäßig vom Genick bis zum Schweif in die Bewegungsrichtung gebogen. Wie beim Schulterherein entspricht der Grad der Biegung, bis zu dem das Pferd in der Ausbildung allmählich gebracht wird, dem einer Volte von sechs Metern Durchmesser. Ist das Pferd tatsächlich von ehrlicher seitlicher Nachgiebigkeit, dann wird es die seitliche Stellung im Genick anbieten ohne jede Schiefneigung des Kopfes. Bei Travers, Renvers und Traversale hilft es, wenn man sich sein Pferd als Einhorn vorstellt: Das Horn zeigt genau auf die Markierungspunkte an der Bande.

Travers

Beim **Travers** bleiben die Schultern und Vorderbeine auf dem Hufschlag, das Pferd blickt in die Bewegungsrichtung. Die Hinterhand ist auf dem zweiten Hufschlag, das äußere Hinterbein folgt dem inneren Vorderbein. Somit hinterlässt das Pferd genau wie beim Schulterherein drei Fährten. In einer Dressurprüfung muss man eine etwas größere Abstellung wählen, weil die nach Ansicht der Richter nie groß genug ist.

Beim **Renvers** ist die Position des Pferdes fast genauso. Allerdings bewegen sich die Schultern und die Vorderbeine auf dem zweiten Hufschlag, das Pferd blickt in die Bewegungsrichtung, aber die Hinterhand geht auf dem Hufschlag. Travers und Renvers werden im Allgemeinen auf dem Hufschlag an der Bande gezeigt. Deshalb ist es ganz leicht zu merken: Bei der Traversale blickt der Reiter zur Wand, bei Renvers sieht er in die Bahn. Renvers wird in keiner Dressuraufgabe verlangt, aber man kann diese Lektion sehr wirkungsvoll bei Kürvorführungen einsetzen. Die Lektion ist ganz besonders nützlich zur Verbesserung der Traversale.

Die **Traversale** entspricht im Grundsatz dem Travers, aber sie wird auf der Diagonalen durch die Bahn geritten, weniger an der langen Seite. Das Pferd ist im Genick gestellt, schaut auf den Punkt, zu dem geritten wird.

Die Traversale. Gestion Krack, geritten von Anky van Grunsven.

Die Vorhand sollte jederzeit ganz leicht vor der Hinterhand sein, sodass sich der Pferdekopf, von vorn betrachtet, vor der inneren Hüfte befindet. Die Anforderungen in der Traversale steigen in Relation zur Abstellung, mit der durch die Bahn geritten wird. In mittelschweren Dressurprüfungen ist die volle Diagonale auf einem 20-x-60-m-Viereck (also 20 m seitwärts und 48 m vorwärts) verlangt. In Grand-Prix Prüfungen wird die Traversale von der Viertellinie bis zur Mittellinie, also 20 m seitwärts und 24 m vorwärts, geritten.

Wenn die Anforderungen in Seitwärtsbewegungen steigen, ganz besonders in der Traversale, muss das Pferd in der Lage sein, mehr Biegung im ganzen Körper anzubieten, damit es in der Lage ist, in die Bewegungsrichtung zu sehen und trotzdem nicht die Hinterhand hinterherschleifen zu lassen. Es muss in der Lage sein, das innere Vorderbein in die Bewegungsrichtung zu führen und das äußere Vorderbein vor dem Körper und inneren Vorderbein zu kreuzen. Zur gleichen Zeit muss es mit dem äußeren Vorderbein ausreichend Vorgriff zeigen, sodass es nicht mit der Rückseite des äußeren Vorderfußwurzelgelenks an die Vorderseite des inneren Vorderfußwurzelgelenks anstößt, wenn dieses Bein vorgesetzt wird. Das innere Hinterbein muss weit vorwärts und in die Bewegungsrichtung abgestellt werden, während das äußere Hinterbein vorwärts, über Kreuz und unter den Körper gesetzt wird.

Die Qualität der Traversale wird nicht nur im Hinblick auf die Position der Hinterhand hinter der Schulter und dem Grad der Abstellung in der Seitwärtsbewegung bewertet, sondern auch hinsichtlich der Qualität der Versammlung. Die spiegelt sich in Takt und Gleichmaß der Tritte/Sprünge und dem Schwung, der die Kadenz der Trab- oder Galopp-Bewegung erhält.

Einleitende Sitzposition für Travers, Renvers und Traversale

- Wie bei jeder seitwärtsgerichteten Arbeit: nach innen sitzen, den inneren Zügel verkürzen und die innere Hüfte öffnen. „Innen" bezieht sich jeweils auf die Seite, zu der das Pferd gebogen ist.
- Beim Verkürzen des inneren Zügels wird der Unterarm leicht gedreht, sodass die Finger leicht nach oben weisen. Dann wird der innere Zügel als indirekter Zügel (indirect rein) an den Hals angelegt.
- Die innere Hüfte wird, ohne Druck auszuüben, geöffnet. Das innere Knie und die Fußspitze weisen in die Richtung der Bewegung.

Bei Travers, Renvers und Traversale werden die Hände in Richtung der äußeren Hüfte geführt.

- Der Unterschied in der Sitzhaltung für Travers, Renvers und Traversale und für Schenkelweichen und Schulterherein besteht in der Handhaltung. Beim Schenkelweichen und Schulterherein werden die Hände mehr in Richtung innerer Hüfte getragen, während sie für Travers, Renvers und Traversale mehr Richtung äußerer Hüfte weisen. Dabei muss jedoch in jedem Fall die Zügellänge so reguliert werden, dass die Hände bzw. die Zügel zwar zum Hals oder Widerrist geführt werden, aber niemals kreuzen.

Reiten und Ausbilden für Travers und Renvers

- Über Schulterherein und Volten werden die seitliche Nachgiebigkeit und gleichmäßige Biegung gefördert.
- Zu Anfang der Ausbildung wird das Travers aus der Volte oder aus der Ecke eingeleitet. Die Sitzposition muss so frühzeitig eingenommen werden, dass der Reiter die Seitwärtsbewegung beginnen kann, wenn er den passenden Punkt erreicht hat. Die Körpersprache dazu besteht aus Verbindung mit annehmenden und nachgebenden Zügelhilfen am äußeren Zügel abseits vom Hals und Anlegen des äußeren Unterschenkels am Gurt. Später in der Ausbildung ist es dann möglich, das Travers von der geraden Linie oder aus dem Schulterherein zu entwickeln.
- Beim Reiten des Renvers entlang der Bande wird die Außenseite die Innenseite des Renvers.
- Sowohl Travers als auch Renvers können auf einem Zirkel oder der Geraden geritten werden. Beides sind nützliche Übungen für die Traversale (siehe nachfolgende Seite). Es ist auch ratsam, diese Übungen abseits der Bande oder der Viereck-Begrenzung zu reiten. Der Reiter muss sich dazu aber eine imaginäre Linie vorstellen. Nutzen Sie einen Pfosten oder einen Baum in der Ferne als Markierung der Richtung, in die Sie reiten.
- Das Timing der halben Paraden ist abgestimmt auf den Moment, wenn der äußere Vorderhuf den Boden berührt. Im Trab ist das der gleiche Moment, in dem das innere Hinterbein aufsetzt und stützt.
- Das Anlegen des äußeren Schenkels oder Sporens am Gurt oder knapp dahinter ist abgestimmt auf den Moment, in dem das äußere Vorderbein vorzugehen beginnt. Es ist ein häufig zu beobachtender Fehler, dass der Reiter den Absatz hoch und nach hinten zieht und zu viel Druck ausübt.
- Die Körpersprache ermuntert das Pferd, seitwärts- und vorwärtszugehen. Dies erfolgt über eine Bewegung in die Richtung der Bewegung und das Halten des Gewichts im inneren Steigbügel. Während des Travers kann man den Grad der Abstellung variieren. Um ihn zu vergrößern, nimmt der Reiter die äußere Schulter zurück und betont damit eine Zügelhilfe abseits vom Hals und das Anlegen des äußeren Schenkels. Um den Winkel zu verringern, bringt der Reiter die äußere Schulter vor, gibt am äußeren Zügel nach und legt den inneren Schenkel an. Das bringt das Pferd auch dazu, mehr vorwärtszugehen und sich ein bisschen mehr zu biegen.
- Zu Beginn der Arbeit in Versammlung ist der Grad der Abstellung in Travers und Renvers nur leicht, genauso wie beim Schulterherein. Der entscheidende Punkt ist die seitliche Nachgiebigkeit im Genick, weniger die Abstellung von der Bande/Linie. Je besser das Pferd Engagement und Versammlung versteht und Bereitschaft dazu zeigt, desto größer wird auch seine Fähigkeit, sich „um den inneren Schenkel" zu biegen.

Reiten und Ausbildung der Traversale

- Die Traversale wird weitgehend so wie das Travers geritten. Sie wird aus einer Ecke oder einer Volte, aber entlang der Diagonalen und nicht an der langen Seite geritten. Beim Beginn aus einer Ecke ist es wichtig, die Ecke besonders tief auszureiten, um die seitliche Nachgiebigkeit zu betonen. Die entsprechende Sitzposition muss frühzeitig vor der Ecke oder nach der ersten Hälfte des Zirkels eingenommen werden und sie entspricht der zum Travers. Die Traversale wird dann mit einer annehmenden und nachgebenden Hilfe am äußeren Zügel begonnen, während die Körpersprache, unterstützt vom Anlegen des äußeren Unterschenkels (nicht zu weit hinten) das Pferd in die Linie führt.
- Aus einem Sitz zur inneren Seite des Sattels mit dem Gewicht im inneren Steigbügel unter der inneren Hüfte konzentriert sich der Reiter auf die Vorwärtsbewegung entlang der Linie. Das wird durch leichtes Öffnen des inneren Knies und der inneren Hüfte erreicht, sodass die innere Fußspitze in die Richtung zeigt, wohin die Traversale zielt. Dabei wird eine gleichmäßige Biegung beibehalten und ganz besonders die seitliche Nachgiebigkeit und Dehnung im Genick beachtet. Eine Kombination aus Anlegen des äußeren Schenkels und unterstützenden Zügelhilfen (gezielt auf die äußere Hüfte), fordern die Hinterhand auf, der Vorhand zu folgen. Versucht das Pferd die Linie zu übertreten, dann werden die annehmenden und nachgebenden Zügelhilfen am äußeren Zügel verstärkt. Versucht das Pferd bei vorgeschobener Hinterhand zu schnell seitwärtszugehen, dann muss es mit mehr innerem Schenkel geritten werden. Ziel ist ein gleichmäßiger Kontakt mit den Schenkeln und den Zügeln.
- Oft machen Reiter den Fehler, zu viel Druck mit dem äußeren Schenkel zu geben, um die Hinterhand herumzudrücken. Das Pferd beantwortet das entweder damit, dass es mit der Hinterhand führt, oder die Biegung nach innen geht verloren. Je stärker der Dauerdruck mit dem äußeren Bein, desto eher interpretiert das Pferd ihn als Aufforderung zum Schenkelweichen und versucht, sich in die andere Richtung zu stellen. Durch zu viel Druck neigt der Reiter auch dazu, sich im Sattel nach außen zu ziehen und die Bewegung mit dem inneren Zügel zu blockieren.
- Bei den ersten Versuchen sollte die Diagonale, auf der die Traversale geritten wird, nicht zu spitz sein. Eine Linie von der Viertel- zur Mittellinie oder umgekehrt (zum Beispiel F-G, G-F) ist anspruchsvoll genug. Die Priorität liegt immer auf dem Erhalt der seitlichen Nachgiebigkeit und der Qualität der Gänge, nicht darauf, wie weit man das Pferd hinüberbringt. Sobald das Pferd die Aufgabe versteht und die Versammlung sich über die Arbeit in Schulterherein und Travers verbessert, können die Anforderungen erhöht werden.
- Das Renvers ist eine besonders geeignete Übung, um nach der Traversale von der Mittellinie zur Seite geritten zu werden, weil damit die Aufgabe des inneren Hinterbeins zum Erhalt der seitlichen Nachgiebigkeit und der Biegung am Ende der Traversale betont wird. Das hilft dem Reiter und dem Pferd dabei, sich anzugewöhnen, die Qualität der Traversale bis zum Ende beizubehalten.

Häufige Probleme bei Travers, Renvers und der Traversale

Die meisten Fehler und Schwierigkeiten zeigen sich in den Grundlagen. Bei steigenden Anforderungen an die Versammlung durch diese Lektionen wird es schwierig, die seitliche Nachgiebigkeit oder die Verbindung über den Rücken und Engagement und Fleiß der Hinterhand zu erhalten. Es ist immer das Beste, einen möglichst sanften Weg bei der Ausbildung in diesen Lektionen zu wählen. Je mehr der Reiter „kämpft", desto eher wird er zu viel Druck mit dem Schenkel oder der Hand ausüben, und dagegen wird sich das Pferd entweder auflehnen oder die Aufforderungen falsch verstehen.

Beim Reiten von Traversale oder Travers beginnt das Pferd in korrekter Stellung und Biegung, aber verliert sie dann oder verstellt sich im Genick.

- Die Sitzposition kann falsch sein, ganz besonders, wenn der Reiter zu viel Druck mit dem äußeren Schenkel ausübt. Beim Verlust der seitlichen Stellung muss man vorwärtsreiten, entweder auf gerader Linie oder in leichter Schulterherein-Stellung, während man an diesem Problem arbeitet. Beim Reiten der Traversale kann man sogar im Schenkelweichen zurück in die andere Richtung reiten. Das hilft bei vermehrter Biegung um den inneren Schenkel und der seitlichen Stellung im Genick.
  Eine nützliche Vorbereitung oder Übung in der Ausbildung für Schulterherein, Travers, Renvers und Traversale ist es, das Pferd gerade an der Bande oder auf dem Hufschlag zu reiten und aufzufordern, so viel seitliche Stellung wie möglich, ohne Verwerfen des Kopfes und ohne Biegung am Halsansatz anzubieten. Zu Beginn wird das Pferd eher Schulterherein oder Travers anbieten, aber mit den entsprechenden Schenkelhilfen wird das korrigiert, bis der Körper so gerade wie möglich auf der Linie bleibt.

Die Tritte werden unregelmäßig, bis das Pferd sogar lahm erscheint.

- Es ist wahrscheinlich, dass das Pferd das innere Hinterbein zu stark seitlich wegsetzt, anstatt nach vorwärts zu treten. Wahrscheinlich führt es sogar mit der Hinterhand. Das geht für gewöhnlich einher mit dem Verlust der seitlichen Nachgiebigkeit nach innen. Dies kann auch passieren, wenn das Pferd mit dem äußeren Hinterbein nicht fleißig genug ist und es zu lange auf dem Boden lässt, weil die Haltung oder die Verbindung über den Rücken verloren gegangen ist. In diesem Fall reitet man mit weniger Abstellung während der Lektion, aber konzentriert sich auf Erhaltung der seitlichen Nachgiebigkeit/Stellung und der Haltung des Pferdes als oberste Priorität.

Die Tritte werden kürzer und der Takt verändert sich.

- Wahrscheinlich bemüht sich der Reiter zu stark, übt zu viel Schenkeldruck aus, entweder über den Unterschenkel oder durch Pressen mit dem Oberschenkel. Der Takt wird sich bei einem verspannten Pferd beschleunigen, je mehr es sich im Rücken festhält. Bei einem faulen Pferd wird er langsamer. Der Reiter muss versuchen, in der Hüfte locker zu bleiben und, falls notwendig, die Gerte zur Unterstützung des Schenkels einzusetzen, anstatt mit dem Schenkel mehr Druck zu machen.

Einführung in die Piaffe

Das Ziel

Die Piaffe wird von den meisten Reitern als Lektion betrachtet, die fortgeschrittenen Dressurpferden vorbehalten bleibt. Das ist richtig, wenn man sie als Lektion in einem Dressurwettkampf sieht. Aber als gymnastische Übung ist das Training in Richtung der Piaffe eine gute Vorbereitung, um Versammlung zu entwickeln. Die Arbeit lehrt das Pferd die Selbsthaltung anzunehmen, die für einen höheren Versammlungsgrad notwendig ist. Sie ist eine natürliche Bewegung für ein Pferd mit guter Selbsthaltung und einem hohen Grad an Aufregung oder Energie, das daran gehindert wird, diese Aufladung in einer Vorwärtsbewegung loszuwerden. Stattdessen wird die Energie abgegeben in einer Trabbewegung auf der Stelle.

Die Einführung dieser Übung zur Gymnastizierung auf diesem Stand der Ausbildung zielt darauf, dem Pferd beizubringen, die Sitzhaltung und die Körpersprache für die Piaffe zu erkennen. Aus diesem Verständnis entsteht die Möglichkeit, ihm eine Haltung beizubringen, die seine Vorhand durch die vermehrte Lastaufnahme der Hinterhand erleichtert. Die Hinterbeine werden noch stärker gebeugt als beim Reiten nach vorwärts. Dieses Verständnis ist nicht nur für Dressur-, sondern auch für Spring- und Vielseitigkeitspferde nützlich, weil

Die Schulung in Richtung einer Piaffe wird bei diesem Stand der Ausbildung als gymnastische Übung zur Entwicklung der Versammlung eingeführt. Richard Davison mit Askari.

es daraus einfacher wird, zu springen oder nach dem Sprung zurück ins Gleichgewicht zu finden. Die Ausbildung in Richtung dieser Lektion, die für die Entwicklung des Reiters so wertvoll wie für das Pferd ist, wird nicht immer zu einer Piaffe führen, die in Takt, Höhe und Anzahl der Tritte der Auffassung von Turnierreife entspricht. Denn dazu braucht es ein sowohl körperlich wie auch von seinem Temperament her besonders talentiertes Pferd.

Beschreibung

Bei der Ausführung einer klassischen Piaffe tritt das Pferd mit gut engagierten Hinterbeinen, die in allen Gelenken von der Kruppe bis zu den Fesseln gebeugt sind, auf der Stelle. Die Energie wird innerhalb dieser gebeugten Muskeln der Hinterhand und durch die Verbindung über den Rücken („elastische Anspannung“) gehalten, die zu einer Anhebung der Vorhand führt, bei der der Hals erhoben, das Genick aber nachgiebig ist. Die klassische Piaffe sieht natürlich aus, mit gleichmäßigem Takt und regelmäßigen Tritten. Jeweils das diagonale Beinpaar wird abwechselnd mit einem ganz leichten Moment der Verzögerung angehoben oder abgesetzt, sodass es wirklich so aussieht, als ob das Pferd von einer Diagonalen in die andere hineinfedert, anstatt einfach nur zu treten. Die engagierten und gebeugten Hinterbeine tragen das meiste des Gewichts des Pferdes und erlauben damit den Vorderbeinen die leichtfüßigen Bewegungen.

So wie schon zuvor im Kapitel 3 „Wissen zur Biomechanik“ erklärt, unterstützen die schwingenden Rückenmuskeln die Aufwölbung der Wirbelsäule des Pferdes und tragen gleichzeitig das Reitergewicht. Bei aufgerichtetem Hals bewirkt dieses einen aktivierenden Effekt auf die Hinterhand. Ist das Genick in Aufrichtung sowohl seitlich als auch in Längsrichtung nachgiebig, kann die Hinterhand mehr gebeugt werden und dadurch mehr Gewicht aufnehmen. Das ist ein natürliches Bewegungsmuster, das vom Pferd blockiert werden kann, zum Beispiel, wenn es die seitliche Nachgiebigkeit verliert, weil es die Muskeln an der Oberseite des Halses anspannt.

Einleitende Sitzposition

Die Einleitende Sitzposition für die Piaffe ist einigermaßen widersprüchlich. Sie ist sehr fein, muss aber dabei trotzdem sehr deutlich und beständig sein, damit das Pferd sie zu erkennen lernt.

- Das Gesäß ist mittig im Sattel, der Oberkörper nach oben gestreckt mit einem Hals, der hoch herausragt und hinten am Kragen anliegt, sodass das Kreuz angespannt ist, ohne dabei über das Gesäß zu treiben oder zu schieben. Sie müssen auf dem Pferderücken so sitzen, dass das Pferd ermutigt wird, den Rücken oben zu halten, sodass es seine Lenden wölben und die Hinterhand engagieren kann.
- Die Zügel werden verkürzt, bis die Ellbogen immer so eben vor der Hüfte und die Hände vor dem Widerrist stehen.
- Die Beine hängen sehr entspannt aus der Hüfte, am Pferdeleib herab mit dem Absatz so nah wie möglich an der lotrechten Linie von der Schulter durch die Hüfte bis in den Absatz. Die Fußspitze wird etwas angehoben, um das Knie zu stabilisieren. Je entspannter und leichter der Kontakt zwischen Oberschenkel und Sattel, desto besser. Das ist nur dann möglich, wenn die Anlehnung über den Zügel zum Pferdemaul leicht ist.

Körpersprache

Sie muss einerseits die Energie für die Piaffe vermitteln, aber zur gleichen Zeit auch das Gefühl geben, mehr oder weniger auf der Stelle zu bleiben. Die Energie wird über die Haltung vermittelt, unterstützt von der Berührung des Schenkels, der Gerte oder Sporen, sehr viel mehr als jede Einwirkung über das Gesäß. Bis hierhin sollte das Pferd gelernt haben, positiv auf die Berührung mit Schenkel, Gerte und Sporen zu reagieren, indem es sie in Energie und Vorwärtsdenken ummünzt.

Je stiller der Körper und das Gesäß, desto besser. Sobald der Reiter versucht, mit dem Gesäß zu schieben oder zu treiben, wird das Pferd entweder mit der Hinterhand nach vorn treten, anstatt abzuwarten, oder es wird sich verspannen und den Rücken wegdrücken. Die Energie, die durch die Körpersprache „geschaffen" und von Schenkel, Gerte und Sporen unterstützt wird, wird dann über annehmende und nachgebende Zügelhilfen aufgehalten, die dem Pferd sagen „Warte ab" oder „Bleib hier".

Ausführung und Ausbildung

Erlernen und entwickeln der Piaffe sind eine natürliche Weiterentwicklung in der fortgeschrittenen Ausbildung. Mit der Arbeit an der Piaffe sollte jedoch nicht eher begonnen werden, bis das Pferd durchlässig und über Seitwärtsarbeit gut gerade gerichtet und seitlich nachgiebig geworden ist. Nach meiner Erfahrung ist die seitliche Nachgiebigkeit im Genick der Schlüssel zur Piaffe. Die Pirouette, Schulterherein, Travers und Renvers geben eine Idee von Versammlung und bilden die Grundlage für die Arbeit an vermehrter Versammlung in der Piaffe. Das beste Zeichen für eine „seitliche Nachgiebigkeit im Genick" ist die Bereitschaft des Pferdes, bei diesen Lektionen seitliche Stellung im Genick anzubieten, ohne sich zu verstellen und den Kopf zu neigen.

Bei der Einführung der Piaffe sind die heranführenden Übungen die Vorhandwendung und die Schritt-Pirouette, beide mit dem Ziel, die Hinterhand zu engagieren und die Hinterbeine zu aktivieren und zu vermehrter Lastaufnahme anzuregen. Eine gute Gelegenheit zur Heranführung an die Piaffe ist dann gegeben, wenn das Pferd besonders eifrig oder aufgeregt ist, etwa wenn man nach der Arbeit zum Stall zurückkehrt oder wenn sich Aufregung durch äußere Einflüsse einstellt. Die Nutzung einer leichten Schräge bergab ist hilfreich bei der Ermunterung der Hinterbeine zu vermehrtem Engagement. Solange die Durchlässigkeit erhalten bleibt, kann der Reiter helfen, indem er an der Aufrichtung und gleichzeitig an der Entspannung des Genicks über leichte seitliche Stellung arbeitet und dabei zur gleichen Zeit wie immer auf die Arbeit auf der Spur und in der Linie konzentriert bleibt.

Es liegt in der Verantwortung des Reiters, das Maß an Aufmunterung und Zurückhaltung zu bestimmen. Der Reiter sollte lernen, die Aufwölbung des Rückens und das Senken der Kruppe zu erkennen, die mit dem Engagement der Hinterbeine einhergehen. Der wichtigste Ratschlag an einen Reiter, der gerade mit der Arbeit an der Piaffe anfängt, ist der, dass die Piaffe sich nicht wie Trab anfühlt und dass der Reiter nicht zu viel Bewegung unter seinem Gesäß erwarten darf. Das Engagement und die Beugung der Hinterbeine vermitteln eher ein wechselseitig abfallendes Gefühl unter dem jeweiligen Gesäßknochen als eine Hebung nach oben. Der Reiter darf nicht mit dem Gesäß in dem Versuch treiben, das Gefühl einer Trabbewegung zu erzeugen. Je stiller der Sitz und je entspannter die Hüfte und je leichter damit der Kontakt des Ober- und Unterschenkels, desto besser. Die Tendenz des

Pferdes, sich dem Engagement der Hinterhand über eine Schiefstellung zu entziehen, muss aufgehalten werden. Es ist die Verantwortung des Pferdes, auf die aktivierenden und ermunternden Hilfen zu reagieren und trotzdem gehorsam auf die Korrekturen von Schenkel und Hand zu bleiben.

Es ist wichtig, dass das Pferd erkennt, dass der Druck nachlässt, sobald es die Piaffe-Position und einige diagonale Tritte anbietet. Dann sofort anhalten, entspannen und belohnen. Danach versucht man es erneut. Der Druck darf nicht lange anhalten. Wenn das Pferd überhaupt nicht auf die aktivierenden Hilfen reagiert, dann kann es notwendig sein, etwas Aufregung über einen plötzlichen Gebrauch von Schenkel, Gerte oder Sporen zu schaffen, um einen Sprung nach vorwärts zu erzeugen. Ich nenne das oft eine Hilfe „aus dem Doppellauf", weil beide Unterschenkel und Sporen oder die Gerte gleichzeitig benutzt werden, um das Pferd zu überraschen und nach vorn springen zu lassen. Wenn das Pferd überreagiert und sich erschrickt, dann muss der Druck eher nachgelassen werden, entweder über Anhalten und Entspannen oder über die Bewegung in den Trab nach vorne. Es besteht eine feine Grenze zwischen zu hohem Anspruch und Erwartung und zu wenig Aktivierung. Der wichtigste Punkt ist im Sinn zu behalten, dass das Endergebnis ein natürlicher, aktiver, elastischer Schritt von einer Diagonalen zur anderen mit einem leichten Moment der Verzögerung ist und nicht nur ein erdgebundener Schritt von einer Seite zur anderen.

Die Arbeit an den Piaffe-Tritten darf nicht zu intensiv sein oder zu lange dauern. Ich benutze eher den Begriff „Spiel" als Arbeit. Es ist wichtig, dass das Pferd diese Arbeit nicht mit Schmerz oder Unbehagen verbindet, weil das zu einer Blockade seiner Reflexe oder ernsterer Widersetzlichkeit führt. Einige Minuten höchstens innerhalb des Trainings oder auch nur ein paar Tritte, wenn das Pferd sich aufregt, führen eher zu einer natürlichen Piaffe. Selbst wenn das Pferd schon gut in der diagonalen Trittfolge gefestigt ist, darf die Arbeit an einer Verbesserung der Höhe der Tritte und dem Absenken der Kruppe nur in sehr kurzen Abschnitten erfolgen und muss immer in Bezug zum natürlichen Talent des Pferdes und seiner Energie stehen. Das Pferd muss immer das „Licht am Ende des Tunnels" erkennen können.

Wenige Pferde haben das Talent zu einer Piaffe, die hohe Noten in einer Dressurprüfung bringt. Aber die meisten Pferde können die Haltung zur Piaffe einnehmen und ein oder zwei diagonale Tritte zeigen. In diesem Stadium der Ausbildung genügt das, denn die Arbeit an den Piaffe-Tritten zielt in erster Linie auf eine Verbesserung der Haltung und die Fähigkeit zur Versammlung, weniger auf das Erreichen von zehn oder zwölf regelmäßigen und gleichmäßigen Tritten, wie sie in der Dressurprüfung verlangt werden. Das Gefühl, das Reiter und Pferd bei dieser Arbeit gewinnen, kann mit hinübergenommen werden in andere versammelnde Arbeit, ganz besonders die herabführenden Übergänge vom Trab zum Halten und im versammelten Galopp hin zu Galopp-Pirouetten.

Häufige Probleme

Das Pferd wird schief, sobald der Reiter die Hilfen zur Piaffe gibt.

- Es ist ratsam anfänglich an der Bande zu arbeiten, die dem Pferd hilft, gerade zu bleiben. Eine leichte Abstellung zum Schulterherein ist ebenfalls hilfreich, wenn das Pferd dazu neigt, mit der Hinterhand gegen den inneren Schenkel zu drängen. Aber dabei muss man vermeiden, das Pferd im Hals zu stark abzustellen.

Das Pferd wird eng im Genick und will eher mit der Hinterhand schieben, als sich in der Hinterhand zu engagieren und die Kruppe zu senken.

- Über die Grundlagenübung der Vorhandwendung kann der Reiter versuchen, die Hinterhand zu aktivieren. Die Pirouette veranlasst eine Verlagerung des Gewichts nach hinten.

Das Pferd kommt gegen die Hand und spannt die Muskeln an der Oberseite des Halses an.

- Das verursacht eine Anspannung im Rücken und verhindert Engagement und Beugung der Hinterbeine. Der Reiter muss versuchen, durch gefühlvolles, rhythmisches Mitgehen mit der Hand in Richtung Pferdemaul mitzugehen und angemessenen Druck des Schenkels einzusetzen, um in der Korridorübung (beschrieben in der Grundausbildung, siehe Seite 108) eine seitliche Nachgiebigkeit zu erzielen. Über eine Lockerung im Genick wird das Pferd zunächst veranlasst, sich auf der bevorzugten Seite zu biegen und dann erst auf der anderen.

Das Pferd kommt in der Kruppe hoch, um Engagement und Beugung der Hinterhand zu vermeiden.

- Die Streckung und Mattigkeit des Hinterbeins hängt zusammen mit einem Senken des Halses. Das Gegenmittel ist die vermehrte Aufrichtung des Halses bei gleichzeitiger Arbeit an der seitlichen Nachgiebigkeit im Genick.

Nützliche Kombinationen verschiedener Lektionen

Die Kombination aus verschiedenen Lektionen hilft in vielerlei Hinsicht: Die Reaktion auf die Körpersprache des Reiters, seinen Sitz und seine Hilfen verbessert sich genauso wie die seitliche Nachgiebigkeit, Haltung, das Gleichgewicht und der Schwung in den versammelten Gangarten. Die Kombination hilft auch, das Pferd auf schnell aufeinanderfolgende Lektionen vorzubereiten. Viele solcher Kombinationen sind bereits in Dressuraufgaben festgeschrieben, wie zum Beispiel die Volte in Kombination mit Seitengängen. Auf jeden Fall sind Zusammenstellungen verschiedener Lektionen das Experiment wert, wenn es gilt, bestimmte Probleme zu lösen, die in der Ausbildung auftreten.

Übungen in Schritt und Trab

Vom Schulterherein zum Schritt zur halben Pirouette

Als Mittel zur Ermunterung des Pferdes, im versammelten Trab das Gewicht auf dem inneren Hinterbein zu lassen, und die Reaktion auf die kontrollierende Funktion des äußeren Schenkels und der annehmenden und nachgebenden Zügelhilfen am äußeren Zügel zu verbessern.

Schulterherein zu Travers auf der Geraden und umgekehrt

Zur Verbesserung der Reaktion auf Körpersprache, Schenkel- und Zügelhilfen und zur Verbesserung der Leichtigkeit der Vorhand und des Ausdrucks in den versammelten Trabtritten.

Traversale nach rechts und Schenkelweichen nach links oder umgekehrt
Zur Steigerung des Gleichgewichts des Pferdes, Verfeinerung des Gehorsams auf den inneren Schenkel und Verbesserung der seitlichen Nachgiebigkeit in der Traversale. Wenn das Pferd in der Traversale gegen den inneren Schenkel drängt und seine Kontrolle nicht akzeptiert, wird der Reiter gezwungen, das Pferd über einen stärkeren Kontakt am inneren Zügel zu „halten". Ziel dieser Lektions-Kombination ist es, den Reiter spüren zu lassen, dass er die Seitwärtsbewegung mehr mit dem Schenkel als mit dem Zügel kontrolliert. Der innere Zügel dient als haltungsweisender Zügel und behält eine relativ passive, gleichmäßige Anlehnung.

Schulterherein nach links und Renvers nach rechts oder umgekehrt
Als Mittel zur Steigerung der seitlichen Nachgiebigkeit und Durchlässigkeit. Sie lässt das Pferd willig und leicht die seitliche Stellung und Biegung von einer Seite zur anderen innerhalb der Seitwärtsbewegungen wechseln, ohne dabei den Takt und das Gleichmaß zu verlieren. Eine ähnliche Übung ist ein Wechsel der seitlichen Stellung innerhalb der Traversale.

Übungen im Galopp

Von Galopp zum Schritt zur halben Pirouette zum Galopp
Zur Steigerung der Qualität des versammelten Galopps in guter Selbsthaltung. Sie sollten sich Zeit nehmen für den korrekten Schritt-für-Schritt-Prozess vor jedem Übergang und vor der Pirouette, um die korrekte Sitzposition einzunehmen. Die Pirouette muss aktiv geritten werden, aber im Takt mit der Körpersprache, unterstützt von Zügel und Schenkel. Ein wichtiges Augenmerk liegt auch auf dem korrekten Timing für die Hilfen in den Übergängen zum Galopp und aus dem Galopp zurück zum Schritt. (Siehe das Kapitel Übergänge: Galopp–Schritt–Galopp, S. 176ff.) Allmählich und mit fortschreitendem Verständnis für die Übung wird das Pferd versuchen vorzugreifen. Dann muss der Reiter bereit sein, über halbe Paraden zu korrigieren.

Galopp in Schulterherein-Position
Zur Stärkung der Lastaufnahme des inneren Hinterbeins im Galopp. Bei der Ausführung dieser Übung ist es sehr wichtig, die Biegung im Hals zu begrenzen und die Schulter mithilfe des äußeren Beins und des äußeren Zügels „in der Linie" zu halten. Die natürliche Anlage des Pferdes zur Schiefe zeigt sich am stärksten im Galopp. Deshalb wende ich diese Übung unter besonderer Vorsicht an. Es gilt, das oberste Ziel im Auge zu behalten, und das ist Geraderichtung des Pferdes und die Belastung des inneren Hinterbeins, anstatt die Schiefe noch zu verstärken. In Dressurprüfungen sieht man oft Pferde, die an der langen Seite oder auf der Mittellinie mit übermäßiger Biegung des Halses in Schulterherein-Position in dem Versuch vorgestellt werden, die Richter zu überzeugen, das Pferd sei gerade.

Galopp auf kleinem Zirkel oder Volten in Travers
Zur Stärkung des Gleichgewichts und Kräftigung im versammelten Galopp, aber nur mit Vorbehalt empfohlen. Ich rate nicht zu Travers und Renvers im Galopp, weil das Pferd die natürliche Anlage dazu schon hat, üblicherweise verstärkt eher nach rechts als nach links. Trotzdem kann die Travers-Stellung wertvoll sein, wenn man im versammelten Galopp auf einem kleinen Zirkel von weniger als acht Metern Durchmesser arbeitet. Dann dient

diese Übung der Verbesserung des versammelten Galopps und bereitet das Pferd auf Galopp-Pirouetten vor, die im nächsten Stadium der Ausbildung anstehen. Voraussetzung ist allerdings immer, dass der innere Schenkel das Pferd kontrolliert und das innere Hinterbein anregt.

Galopp-Traversale gefolgt von leichter Schulterherein-Stellung auf der Mittellinie
Zur Verstärkung der Kontrollfunktion des inneren Schenkels und der Festigung der Sitzhaltung: auf der Innenseite des Sattels sitzen, über dem inneren Hinterbein, mit geöffneter innerer Hüfte, mit innerem Schenkel am Gurt. Oft sieht man Reiter, die in der Traversale nach außen rutschen. Das macht es schwierig, Kontakt mit dem inneren Schenkel zu behalten. So gehen das Gleichgewicht des Pferdes und sein Schwung im Galopp verloren.

Außengalopp auf kleinen Zirkeln und engen Schlangenlinien
Das Reiten im Außengalopp auf kleinen Zirkeln und engen Schlangenlinien benötigt erhöhtes Engagement des inneren Hinterbeins (Anm.: innen ist in diesem Zusammenhang immer die Seite des Handgalopps), bis der Reiter die Tendenz des Pferdes zur übertriebenen Biegung im Hals und das Fallen auf die äußere Schulter korrigiert. Dabei ist es wichtig, nicht im Sattel nach außen zu rutschen und eine gleichmäßige Anlehnung mit beiden Schenkeln und Zügeln zu behalten. Die Wendung wird mehr über Körpersprache, unterstützt von den Schenkeln, eingeleitet, nicht über den Zug an den Zügeln.

Die Nutzung der Versammlung in der Ausbildung

Die versammelnden Lektionen von Anfangs- und mittlerem Schwierigkeitsgrad ermöglichen die Entwicklung der verstärkten Gangarten und der damit einhergehenden Übergänge, besonders im Trab und Galopp. Die Versammlung und die Geraderichtung des Galopps, die sich aus dieser Arbeit ergeben, sind außerdem eine Vorbereitung auf die Arbeit an den fliegenden Wechseln, die nicht nur vom Dressurpferd verlangt werden, sondern auch von fortgeschrittenen Vielseitigkeits- und Springpferden.

Mitteltrab und starker Trab

Ziel und Beschreibung

Im starken Trab lässt das Pferd so viel Boden wie möglich unter sich. Unter Beibehaltung der Kadenz verlängert es als Ergebnis des Schubs aus der Hinterhand seine Tritte zur größtmöglichen Weite. Der Reiter muss dem Pferd erlauben, seinen Rahmen zu erweitern und Boden zu gewinnen. Dabei bleibt es am Gebiss, ohne sich darauf zu lehnen. Die Vorderhufe berühren den Boden an der Stelle, zu der sie zeigen. Die Bewegung von Vorder- und Hinterbeinen soll gleich, d.h. parallel sein in der Vorwärtsbewegung der Verlängerung. Die ganze Bewegung hat in gutem Gleichgewicht zu sein und die Übergänge zum versammelten Trab sind geschmeidig auszuführen, ohne Taktverlust, bei vermehrter Lastaufnahme auf der Hinterhand.

Mitteltrab. Farbenfroh geritten von Nadine Capellmann.

Ausführung und Ausbildung

Die Entwicklung des starken Trabes beginnt ursprünglich aus der „Zonen“übung, die im Kapitel über Grundlagenausbildung beschrieben ist (siehe Seite 117). Diese Übung führt zu einem Mitteltrab. Die mittelschweren versammelnden Übungen führen zu verstärktem Schub und mehr Engagement im versammelten Trab und zu vermehrter Lastaufnahme der Hinterhand. Beides, in Kombination mit seitlich biegender Arbeit, erleichtert die Vorhand und ermöglicht dem Pferd, die Schulter zu „öffnen“ und im starken Trab weiter auszugreifen, um damit bei jedem Tritt mehr Boden zu decken.

Häufige Probleme

Das Pferd wird hinten breit oder kommt mit der Kruppe hoch.

- Das Problem entsteht, wenn das Pferd nicht bereit ist, die Hinterhand engagiert zu halten. Das kann an seinem Gebäude liegen: Pferde mit geradem Hinterbein oder Sprunggelenken, die übertrieben nach außen drehen (ein häufiges Problem bei Vollblütern), neigen eher dazu, mit der Hinterhand auszufallen. Die passende Übung zur Verbesserung des Engagements in den mittleren und starken Gangarten ist die „Zonen“übung in Verbindung mit einem Schulterherein auf großem Zirkel, das dann wiederum kombiniert wird mit der Entwicklung von Mitteltrab auf dem großen Zirkel. Wird der Mitteltrab auf dem Zirkel besser, dann kann man den starken Trab auf der Geraden reiten. Über die Aufforderung an das Pferd, den Hals und die Vorhand oben zu behalten, ohne über das Gebiss zu kommen, fällt es dem Pferd leichter, das Vorderbein höher und weiter zu strecken. (Siehe dazu mehr über den Brachiocephalicus-Muskel im Kapitel über Biomechanik.) Das gibt dem Hinterbein Raum zum Untertreten unter den Körper. Ein gutes Bild für das innere Auge ist die Illustration der Räder-Mechanik (siehe Seite 95).

Die Vorderbeine bewegen sich mehr und höher als die Hinterbeine.

- In diesem Fall tritt das Pferd nicht willig an das Gebiss heran. Das Pferd ist nicht reell in der Verbindung über den Rücken. Das Hinterbein kann wohl engagiert sein, aber ohne genügenden Schub, und der Hals kann zu stark aufgerichtet sein. Abhilfe schafft man, indem man den Mitteltrab aktiver nach vorn reitet und im Leichttraben auf dem Zirkel beginnt, bis das Pferd die Anlehnung annimmt und „über Rücken und Hals" nach vorne in die Anlehnung „hineinzieht".

Der starke Trab beginnt gut, aber verliert dann nach wenigen Tritten an Gleichgewicht und damit auch an Kadenz und Takt.

- Das Problem kann aus Anspannung oder Übereifer entstehen, die das Pferd dazu bringen, sich mit den Hinterbeinen selbst über den Punkt des Gleichgewichts nach vorn zu schieben. Korrektur schafft man, indem man das Pferd über Körpersprache in Verbindung mit annehmenden und nachgebenden Zügelhilfen am äußeren Zügel daran erinnert, Gleichgewicht und Takt beizubehalten. Es ist außerdem hilfreich, das Pferd aufzufordern, die Vorhand durch passende Einwirkung mit Zügel und wechselseitigen Schenkelhilfen oben zu halten, um damit den Takt im starken Trab vorzugeben.

Das Pferd kommt zu Beginn des starken Trabes hinter den Zügel und nimmt das Gebiss nicht an.

- Diese Schwierigkeit ähnelt der vorigen, aber sie tritt auch bei Pferden auf, die nicht faul sind, sondern im Gegenteil angespannt. Der Rücken wird weggedrückt und die Energie des Hinterbeins wird nicht durch und über den Rücken auf die Vorhand übertragen. Abhilfe schafft man durch ein Zurückschalten bis in die Basisarbeit, um mit Hilfe der dort beschriebenen Übungen zunächst eine bessere Verbindung über den Rücken zu schaffen.

Das Pferd geht gegen die Hand und verliert Takt und Kadenz beim Übergang vom starken zum versammelten Trab.

- Das Problem entsteht, wenn das Pferd sein Gleichgewicht verliert oder aus Übereifer nicht in den versammelten Trab zurückkommen will, ohne sich dabei auf das Gebiss zu lehnen. Das Pferd muss lernen, die Körpersprache des Reiters zu beachten. Wenn es die halben Paraden ignoriert, sollte unmittelbar ein Übergang in den Schritt oder zum Halten erfolgen. Während die begrenzende Zügelhilfe so entschlossen wie nötig erfolgt, um eine Reaktion zu erreichen, muss die Berührung mit Schenkel oder Sporen deutlich genug sein, um das Hinterbein zu aktivieren und zu engagieren. Nur so kann sich das Pferd über das Hinterbein aufnehmen und kommt zurück.

Beim starken Trab auf der Diagonalen oder an der langen Seite muss solch einem Pferd bewusst gemacht werden, dass es hier mit einem Übergang zum Schritt oder zum Halten zu rechnen hat. Verstärkte Arbeit mit der „Zonen"übung sorgt für die Entwicklung von verstärktem Engagement und Schub. Beides hilft, den Takt zu erhalten und mehr Kadenz in den Tritten des Übergangs in die untere Gangart zu schaffen.

Fliegende Wechsel

Ziel und Beschreibung

Das Ziel dieser Übung ist ein Wechsel des Handgalopps, ohne aus dem Galopp auszufallen. Ein Pferd in Freiheit wechselt ganz natürlich den Galopp, um sein Gleichgewicht zu erhalten, wenn es langsam oder schnell im Gelände galoppiert. Jedes junge Pferd in Freiheit ist anders in seinem natürlichen Gleichgewicht und in der Schwebephase in seinem Galopp. Davon hängt es ab, ob es einen „korrekten" Wechsel während der Schwebephase zeigt oder zuerst vorne und dann hinten umspringt oder sogar erst über den Trab wechselt.

Dem Spring- oder Vielseitigkeitspferd fällt es leichter, einen guten Galopp in der Wendung auf ein Hindernis beizubehalten, wenn es in der Lage ist, einen fliegenden Wechsel zu springen. Oft sieht man Pferde im Kreuz- oder Außengalopp aus der Wendung kommen. Der Begriff Kreuzgalopp bezeichnet einen Galopp, bei dem die Vorderbeine auf einer Hand springen, meistens der inneren, während die Hinterbeine auf der anderen Hand galoppieren. Ich ziehe den Begriff „unverbundenen" Galopp vor. Dabei sind die Hinterbeine nicht genügend engagiert. Ein Außengalopp beschränkt die Enge der Wendung, die sich reiten lässt, und nimmt meistens auch die Kraft aus dem Galopp, sodass das Pferd dann ohne genug Schwung an das Hindernis herankommt.

Dressur- und weiter ausgebildete Geländepferde müssen auf dem Turnier einen oder mehrere fliegende Wechsel in ihren Dressuraufgaben zeigen. Es gibt Prioritäten nach denen solche fliegenden Wechsel bewertet werden – oder so sollte es zumindest sein. Leider scheint es, als ob zumindest in der Vielseitigkeitsdressur jeder Richter eine andere Reihung dieser Prioritäten verfolgt.

Ein fliegender Wechsel wird bewertet nach einer ganzen Reihe von Qualitäten. Wenn der Wechsel über Trab oder Schritt erfolgt, ganz egal wie schnell, dann kann er nicht als fliegend bezeichnet werden. Manche Pferde sind so schnell im Schummeln, dass ein unerfahrener Zuschauer oder Richter das nur schwer entdecken kann. Sie sehen nur einen kurzen flachen Tritt im Rahmen des Galopps. Solche Wechsel dürften nicht mit mehr als einer Vier (ungenügend) bewertet werden, ganz gleich wie geschmeidig, ruhig oder gerade sie auch sein mögen. Vermeidet ein Reiter absichtlich den fliegenden Wechsel, indem er einen einfachen oder einen schnellen Wechsel über Trab zeigt, dann sollte er überhaupt keinen Punkt erhalten, weil er die Lektion nicht gezeigt hat. Solch eine Handlung ließe sich vergleichen mit dem Auslassen eines schwierigen Sprunges auf der Strecke, weil der das Pferd aus dem Konzept bringen könnte.

Beim korrekten fliegenden Wechsel ändern die Vorder- und Hinterbeine ihre Führung während des Moments der Schwebephase. Auch wenn da sonst noch manche weitere Probleme in der Ausbildung auszubügeln sein mögen, so sollte solch ein Wechsel mindestens mit einer Fünf (genügend) bewertet werden. Macht das Pferd den Wechsel über zwei Sprünge – meistens vorne während einer

Schwebephase und hinten während der nächsten – dann sagt man, der Wechsel sei „hinten spät" bzw. nachgesprungen. Wechselt das Pferd zuerst hinten und dann vorne, was weniger häufig vorkommt, dann spricht man von „vorne verzögert". Wie ich später noch erläutern werde, sind solche Begriffe nicht immer absolut korrekt, denn manchmal ist solch ein Pferd in Wirklichkeit eher „vorne früh" als „hinten spät". Ganz gleich, wie geschmeidig solche Wechsel gezeigt werden, sie sollten nicht mehr als eine Vier (ungenügend) wert sein. Manche Pferde sind so geschickt in der Ausführung ihrer Wechsel in dieser unkorrekten Art und Weise, dass ein unerfahrener Zuschauer das gar nicht erkennen kann. Auch ein erfahrener Richter kann da Schwierigkeiten haben, wenn der Wechsel auf ihn zukommend ausgeführt wird anstatt auf der Gegenseite der Bahn.

Abgesehen davon, dass der Wechsel vorne und hinten im gleichen Galoppsprung gewechselt werden muss, sind auch der Takt und die Gleichmäßigkeit des Galopps vor und nach dem Wechsel zu bewerten. Ferner spielt die Haltung des Pferdes, d.h. Anlehnung, Geraderichtung, Durchlässigkeit und Engagement der Hinterhand vor, während und nach dem Wechsel eine Rolle.

Wo der Takt und das Gleichmaß des Galopps erhalten bleiben und das Pferd die Hilfen des Reiters ohne Widerstand akzeptiert und dabei die Verbindung über den Rücken während des Wechsels beibehält, sollte die Note mindestens Sechs lauten. Wenn dazu noch der Wechsel gerade gesprungen ist, sowohl vor und nach als auch während des Wechselns, dann ist per Definition das Hinterbein angemessen engagiert und deshalb müsste in solch einem Fall eine Sieben oder Acht gegeben werden.

Wenn die Qualität des Galopps verbessert wird und vermehrtes Engagement und Unterspringen eine längere Schwebephase erzeugen, dann ist es auch möglich, ausdrucksvollere Wechsel zu zeigen. Der fliegende Wechsel erscheint ebenso groß oder sogar größer als die anderen Galoppsprünge und mit mehr Raumgewinn. Solange das Gleichgewicht auf der Hinterhand ruht und das Hinterbein während des Wechsels engagiert bleibt und das Pferd nicht die Kruppe hochzudrücken scheint, dann sind eine Acht oder Neun gerechtfertigt. Verstärkte Versammlung, die zu einem Leichtwerden der Vorhand führt und dem Wechsel eine ausdrucksvolle „Bergauf"-Erscheinung bei einer klaren Schwebephase gibt, darf mit einer Neun oder sogar Zehn (ausgezeichnet) belohnt werden.

Das Maß der Versammlung, das von einem Vielseitigkeitspferd in seiner Dressuraufgabe verlangt wird, ist geringer als bei einem Dressurpferd. Deshalb bedeutet der „ausgezeichnete" mit Zehn bewertete Wechsel des Vielseitigkeitspferdes bei einem Dressurpferd vermutlich nur eine Acht oder Neun, weil er nicht genügend Ausdruck und „Bergauf"-Erscheinung hat. Das weitausgebildete Dressurpferd muss dazu noch sein Gleichgewicht und die Versammlung in den Wechseln so korrekt und ausdrucksvoll beibehalten, dass es akkurate Serienwechsel bei jedem vierten, dritten, zweiten und schließlich jedem Galoppsprung zeigen kann und dabei noch gerade sowohl auf der Spur als auch in der Linie bleibt.

Robert Dover zeigt einen beispielhaften Galoppwechsel: ausdrucksvoll, gerade und mit guter Schwebephase.

Ausführung und Ausbildung

Es dauert zwischen sechs Monate und einem Jahr, um dem Durchschnittspferd den fliegenden Wechsel beizubringen. Dieser Zeitraum wird eine Folge von „Zwei Schritte vor und einer zurück" darstellen. So wie bei aller Ausbildung nutzen wir auch hier die natürlichen Reflexe des Pferdes, um die gewünschte Reaktion zu erzeugen. Zu diesen Reflexen gehört das natürliche Bemühen, im Galopp im Gleichgewicht und in Koordination zu bleiben. Ein Pferd in Freiheit wird nicht für mehr als einige Sprünge im Außengalopp bleiben und auch nur dann länger im Kreuzgalopp durchspringen, wenn es von Natur aus ganz besonders unkoordiniert oder faul ist.

Die Qualität des Galopps

Ein guter fliegender Wechsel kann nur aus einem korrekten Galopp kommen. Er ist unmöglich, aus einem zweigeteilten Galopp ohne Verbindung über den Rücken, aus untaktmäßigem (Vierschlag) und ohne Moment der Schwebephase einen gelungenen Wechsel zu reiten. Genauso wenig ist es möglich, wenn sich das Pferd nicht ohne ständige Unterstützung durch den Reiter in Selbsthaltung trägt. Das sind die Mindestanforderungen. Ein schiefes Pferd kann einen Wechsel zeigen, aber normalerweise nur schiefe Wechsel hervorbringen. Ein guter Arbeitsgalopp ist ausreichend für viele Pferde, solange er eine gute Schwebephase zeigt und in angemessenem Gleichgewicht ist. Ein guter versammelter Galopp verleiht den Wechseln mehr Ausdruck und ermöglicht größere Genauigkeit. Ein schlechter versammelter Galopp, mit kurzen Sprüngen und ohne Schwung, wird auch nur kurze Wechsel erzeugen, bei denen das innere Hinterbein oft kaum genügend durchspringt. Kurz gesagt, die Leistungsfähigkeit und die Qualität des fliegenden Wechsels spiegeln die Qualität des Galopps wider.

Ein talentiertes junges Pferd mag einen korrekten fliegenden Wechsel unter dem Sattel schon in jungen Jahren zeigen. Solche Pferde sind jedoch selten. In den meisten Fällen zeigt ein junges Pferd die Anlage, von rechts nach links umzuspringen, aber kaum von links nach rechts. Selbst mit einem solchen Pferd, was beides kann, muss die Arbeit an der Qualität des Galopps im Vordergrund stehen. Dazu gehört die Durchlässigkeit sowohl in der Wendung als auch auf der Geraden und im Außengalopp.

Eines der Ziele dieser Grundlagenarbeit ist es, im versammelten Galopp Schwung zu erzeugen, der dann zu einer großzügigen Schwebephase in klarem Dreitakt führt. Sobald das Pferd Selbstvertrauen hat und in der Lage ist, den Schwung im Außengalopp beizubehalten, ist es vorbereitet, um mit den fliegenden Wechseln zu beginnen. Selbst wenn die Voraussetzungen noch nicht alle ideal sind, kann es angeraten sein, mit der Ausbildung anzufangen. Wer auf die Perfektion des Galopps wartet, so wie ich ihn beschrieben habe, der wird vielleicht nie damit beginnen, seinem Pferd den Galoppwechsel auf präzise Hilfe beizubringen.

Drei Phasen in der Schulung zum fliegenden Wechsel

Die Ausbildungsphase lässt sich unterteilen in drei Abschnitte.

Die erste Phase beinhaltet die Schulung des Pferdes, auf die Hilfen des Reiters zu reagieren, auf seine Körpersprache und seine Sitzhaltung unterstützt von Schenkelhilfen. Während dieser Phase werden Übungen angewendet, die in aller Wahrscheinlichkeit eine Wechsel-Reaktion des Pferdes als Antwort auf un-

Phase 1 – Reaktion auf die Hilfen

sere Signale hervorrufen. Wenn das Pferd reagiert, ist es unerheblich, ob die Reaktion gut oder richtig gewesen ist. Hauptsache, es hat sich versucht. Allmählich wird das Pferd lernen und den Wechsel sogar vorausahnen. In dieser Hinsicht ähnelt die Schulung dem Springen, bei der das Pferd zunächst vielleicht zögert, aber dann später anfängt zu rennen, wenn es den Sprung erst kennt.

Phase 2 – Verbesserung der Qualität im Galopp und im Wechsel

Während der zweiten Phase nutzt der Reiter und Ausbilder die Bereitschaft des Pferdes, einen fliegenden Wechsel zu springen. Das Pferd reagiert bereits, wenn der Reiter seine Sitzposition verändert, da es weiß, dass der fliegende Wechsel gefordert wird. Der Reiter arbeitet an der Qualität und der Korrektheit des Galopps, aber weil das Pferd den Wechsel inzwischen erwartet, müssen leichtere Hilfen gegeben werden, ganz besonders mit dem Schenkel, um den Wechsel abzurufen. Aus dem verbesserten versammelten Galopp rührt die Qualität des Wechsels. Zu diesem Zeitpunkt ist die Qualität der Ausführung des Wechsels wichtiger als die Ausführung an einem bestimmten Punkt.

Phase 3 – Präzision und Qualität

In der dritten Phase arbeitet der Reiter an der Präzision und der Qualität. Das Pferd muss lernen, die Einwirkung und Körpersprache des Reiters zu erkennen, gehorsam auf das Signal zur Ausführung zu warten, während es den Galopp verbessert, und dann genau am vorbestimmten Punkt auf das Signal des Reiters zur Ausführung zu reagieren.

Die Hilfen für den Wechsel – Körpersprache und Einwirkung

Der Reiter gibt die Hilfe für den fliegenden Wechsel durch seine Körpersprache und eine Veränderung in seiner Sitzhaltung von einem Handgalopp zum anderen. Das wird unterstützt durch eine leichte Veränderung der Schenkellage, ganz besonders bei dem neuen äußeren Bein. Einer der besten Hinweise, um einem Reiter das richtige Gefühl für den Galoppwechsel beizubringen, ist der, einmal auf eigenen Beinen zu galoppieren und dann einen Wechsel zu springen, so wie es Kinder tun, wenn sie im Garten „Pferd" spielen. Der wichtige Punkt, den es zu erkennen gilt, ist das Vorgehen der neuen inneren Hüfte und das Zurücknehmen der neuen äußeren Schulter.

Es kann hilfreich sein, den Galoppwechsel auf einem Lehrpferd zu erleben. Aber dabei bleibt zu bedenken, dass der Schulmeister nicht unbedingt denselben Galopp hat wie das eigene Pferd, und somit wird das Gefühl beim Galoppwechsel mit dem erfahrenen Lehrpferd und dem Neuling unterschiedlich sein. Beim Erlernen des Galoppwechsels als Reiter und auch für den erfahrenen Reiter, der ein junges Pferd schult, ist es unbedingt wichtig, jemanden von unten als Beobachter dabeizuhaben. Der Helfer muss in der Lage sein, einen korrekten Wechsel zu erkennen, d.h. einen Wechsel, der mit Vorder- und Hinterbeinen im gleichen Galoppsprung gesprungen wird. Im Anfangsstadium des Lernens ist es bei den meisten Pferden wegen der dabei erzeugten Spannung schwierig zu fühlen, ob der Wechsel korrekt war. Sobald man das Gefühl für den richtigen Wechsel „gespeichert" hat und ihn von einem falschen unterscheiden kann, bedarf es keines Beobachters mehr von unten.

Wie bei jeder Ausbildung geht es darum, die Hilfen zu minimieren. Oft sieht man Reiter, die mit einem weitschwingenden äußeren Bein oder über ein Herumwerfen des Körpers von einer Seite zur anderen, oft noch verbunden mit einem Ruck am Zügel, das Pferd in den Wechsel heben wollen. Wer auf höchstem Niveau in der Dressur mitreiten will, der muss sich allerdings vor Augen halten, dass es wohl schwierig sein wird, Zweier- oder gar Einer-Wechsel zu zeigen, wenn das Pferd auf solche „große" Hilfe trainiert ist. Denken Sie an den Spruch: „Es gibt keine Grenze, wie wenig, sondern nur wie viel."

Um das Ausmaß einer übermäßig „lauten" Körpersprache zu beschränken und die beste Gelegenheit zum Erfühlen des richtigen Wechsels zu schaffen, kann es helfen, sich von Anfang an anzugewöhnen, weit vor das Pferd zu schauen, wenn nicht sogar leicht wegzusehen von der Richtung, in die der Wechsel gesprungen wird. Das hilft bei der Beibehaltung der korrekten Haltung mit zurückgenommener äußerer Schulter und damit Erhaltung des Gleichgewichts während des Wechsels.

Das Timing der Hilfen ist eine wichtige Verantwortung des Reiters. Fordern Sie den Wechsel in dem Moment, wo das äußere Vorderbein auffußt. Die nächste Phase des Galopps ist der Moment, wo das bislang vorspringende Vorderbein den Hufschlag berührt, einen Bruchteil einer Sekunde später gefolgt von der Schwebephase, in der das neue innere Hinterbein vorwärts- und untergesetzt wird, zusammen mit dem Wechsel des neuen führenden Vorderbeins.

Am Anfang hilft es hinzuschauen, aber dann muss man versuchen, das Gefühl allein zu entwickeln.

Es ist auch wichtig, die Bedeutung des unterstützenden Schenkels beim Wechsel hervorzuheben. Der Schenkel, der vor dem Wechsel der äußere war und der nach dem Wechsel der innere wird, muss während des Wechsels am Pferd bleiben, um das neue innere Hinterbein aufzufordern, klar nach vorne zu springen. Sie werden feststellen, dass Sie in diesem Stadium der Ausbildung, da das Pferd die Wechsel erwartet, oft die besten Wechsel erreichen, wenn Sie gar keinen wollen, zum Beispiel beim Reiten einer Schlangenlinie im Galopp, weil Sie den äußeren Schenkel im Außengalopp am Pferd behalten haben.

Nützliche Übungen

Man bewegt sich auf einem haarfeinen Grat bei der Schulung der Wechsel. Immer die gleiche Übung als Vorbereitung auf den Wechsel zu wiederholen, immer an der gleichen Stelle der Bahn, das kann helfen, das Pferd auf den Wechsel vorzubereiten. Aber wenn sich Spannung aufbaut und der Galopp jedes Mal an Qualität verliert, wenn man diese Übung reitet oder diesen Teil der Bahn erreicht, dann muss man etwas anderes versuchen. Manche Übungen wirken besser bei dem einen als bei dem anderen Pferd, abhängig von dem Temperament, der natürlichen Begabung und der ursprünglichen Klasse ihres Galopps. Nichts kann das Experimentieren überbieten auf diesem Gebiet. Jedes Pferd, das ich ausgebildet habe, hat mich etwas Neues gelehrt.

Übung 1

Reiten Sie die Traversale im Galopp als Vorbereitung, dann geradeaus und dann den Wechsel. Wenn die Traversale beendet ist, soll der äußere Schenkel, der das Pferd seitwärts dirigiert hat, am Pferd bleiben, wenn der neue äußere Schenkel das Signal für den Wechsel gibt.

Übung 2
Reiten Sie eine Volte in einer Ecke der Bahn. Die Anforderungen dieser Volte, geritten in der Sitzhaltung und mit Schenkel- und Zügelhilfen wie bei der Kurzkehrtwendung, helfen beim Engagement des Hinterbeins. Reiten Sie aus der Volte in Richtung Hufschlag und fordern Sie zum fliegenden Wechsel auf, sobald das Pferd gerade gerichtet ist.

Übung 3
Reiten Sie sehr tief in eine Ecke und dann aus der Ecke in einem sanften Bogen zur Seite. Fordern Sie den Wechsel zum Außengalopp beim Abbiegen in den Bogen und reiten Sie dann zurück zum Hufschlag (z.B. Schlangenlinie an der langen Seite). Man sollte denken, dass diese Übung in diesem frühen Stadium der Ausbildung zu schwer ist, aber ich finde sie oft hilfreich bei Pferden, die zunächst gar keine Neigung zum Wechsel an den Tag legen. Sie werden diese Übung am besten verstehen, wenn Sie ein junges oder unerfahrenes Pferd in der ersten Galopparbeit reiten. Dabei stellt man sehr oft fest, dass solche Pferde entweder Kreuzgalopp gehen oder in den Außengalopp springen, wenn sie aus der Ecke kommen. Das liegt an den Schwierigkeiten, die solche Pferde in engen Wendungen mit dem Engagement des inneren Hinterbeins haben.

Übung 4
Eine Schlangenlinie durch die Bahn mit Wechseln auf der Mittellinie funktioniert gut bei Pferden mit einer natürlichen Anlage zum korrekten Wechsel. Beim Ausreiten der Schlangenlinie müssen die Bögen so geritten werden, dass die äußere Schulter gut unter Kontrolle bleibt. Der Hals muss so gerade wie möglich bleiben.

Übung 5
Bei Pferden ohne jede Neigung zum Wechsel kann man über eine Stange auf dem Boden beginnen. Aus meiner Erfahrung führt das jedoch fast immer zu dem Problem, dass die Pferde zuerst vorne und dann hinten umspringen und die Kruppe hochkommt. Bei einem korrekten fliegenden Wechsel kommt das neue innere Hinterbein nach vorne und setzt unter, aber beim Überspringen der Stange drückt sich das Hinterbein ab wie bei einem kleinen Hindernis.

TIPPS zur Verbesserung des Galopps in Phase 2 und 3

Die seitliche Stellung im Genick soll unabhängig vom fliegenden Wechsel sein.
Eines der Ziele bei der Schulung des Galopps ist die Geraderichtung. Um sie zu erreichen, muss das Pferd die seitliche Stellung nach außen annehmen, weg vom führenden Vorderbein, so wie es in der Korridorübung in der Grundausbildung erklärt worden ist. Bei der Vorbereitung des Pferdes auf die fliegenden Wechsel muss die Umstellung vorgenommen sein, bevor das Signal für den Wechsel gegeben wird. Auf diese Weise lernt das Pferd nicht, schon zu wechseln, sobald es umgestellt wird. Das kann zu Problemen in der Geraderichtung im Galopp führen und beim Springen gerader Wechsel.

Die Reihenfolge der Prioritäten beim Wechsel ist Takt, Länge des Galoppsprungs und Schub.
So wie im Springtraining muss der Reiter den Galopp vor und nach dem Wechsel beobachten. Indem er sich so gut wie möglich auf die Qualität des Galopps nach dem Wechsel konzentriert, wird er auch korrekt in der Vorbereitung und beim Wechsel agieren. Falls nötig,

muss man auch bereit sein, zu einfachen Wechseln zurückzugehen, wenn das Pferd das Kommando übernimmt und entweder den Takt beschleunigt oder seinen Galoppsprung verlängert. Die annehmenden und nachgebenden Zügelhilfen, die zur Unterstützung der Körpersprache im Galopp gegeben werden, erfolgen am äußeren Zügel. Daraus folgt, dass man, sobald die seitliche Stellung gewechselt hat und die Hilfen für den Wechsel, die annehmenden und nachgebenden Zügelhilfen an dem Zügel gibt, der nach dem Wechsel der neue äußere Zügel sein wird.

Fordern Sie den Wechsel bei jedem zweiten Galoppsprung. Über die Wiederholung der Hilfe bei jedem zweiten Galoppsprung hat man bessere Gelegenheit, die Zügelhilfen einzusetzen und kann über Sitzhaltung und Körpersprache weiter an der Qualität des Galopps zwischen den Hilfen arbeiten. Es ist wichtig, dass das Pferd lernt, dann umzuspringen, wenn die Hilfe gegeben wird, und nicht erst einen Galoppsprung danach. Sobald man in der gehobenen Dressur weiterarbeitet, wo Serienwechsel bei jedem vierten, dritten oder zweiten Sprung gefordert sind, ist es unmöglich, diese Wechsel genau zu reiten und richtig zu zählen, wenn das Pferd die Neigung hat, erst bei dem Galoppsprung nach der Hilfe umzuspringen.

Die fliegenden Wechsel müssen auf der Spur und in der Linie sein.
In der ersten Phase der Ausbildung für die Wechsel kann man akzeptieren, dass das Pferd auf den Zirkel abwendet unmittelbar nach dem Umspringen. Das ist für das Pferd logisch und der Sinn des Umspringens. Trotzdem muss man in der zweiten Phase das Pferd über den äußeren Zügel korrigieren, der die Körpersprache des Reiters unterstützt, damit das Pferd lernt, nach dem Wechsel gerade auf der Linie zu bleiben. Das hilft bei der Verstärkung des Engagements des inneren Hinterbeins und auch, wenn das Pferd dazu neigt, hinten zu spät umzuspringen. Beim Wechsel auf der langen Seite sollte man am Beginn der langen Seite zum Umspringen auffordern und nicht erst gegen Ende. Fordern Sie weiter bei jedem zweiten Sprung zum Wechsel auf, aber lassen Sie das Pferd nicht in der Ecke umspringen, falls es bis dahin nicht gewechselt hat. Reiten Sie stattdessen durch die Ecke im korrekten Außengalopp und fordern Sie erst danach wieder zum Umspringen auf, entweder an der langen Seite bleibend oder beim Abwenden auf einen Zirkel von zwanzig Metern Durchmesser.

Zu den fortgeschrittenen Übungen zählen:
- fliegende Wechsel auf einer Zirkellinie und an der langen Seite aus dem Handgalopp in den Außengalopp,
- fliegende Wechsel auf der Diagonalen über der Mittellinie,
- Schlangenlinien durch die ganze Bahn mit fliegendem Wechsel über der Mittellinie.

Sobald das Pferd dieses Stadium in der Arbeit an den Wechseln erreicht hat, richtet sich das Augenmerk in der Hauptsache auf die Verbesserung der Qualität der Wechsel hinsichtlich des Engagements des Hinterbeins, der Bergauf-Erscheinung, der Bewegung des führenden Vorderbeins und der Geraderichtung der Wechsel. Dann ist das Pferd bereit für Lektionen der höheren Dressur wie Serienwechsel, Wechsel in der Traversale (Zickzack), dem Übergang vom Mittel- und starken Galopp zurück zum versammelten Galopp mit darauf folgendem Wechsel oder sogar dem fliegenden Wechsel im Mittelgalopp, so wie er im Grand Prix gefordert ist. Gerade Letzteres ist ein echter Test für die Qualität der Wechsel. Man sieht viele Reiter, die einen korrekten fliegenden Wechsel nur aus dem versammelten Galopp erzeugen können, weil das Pferd an Engagement und Durchlässigkeit verliert, sobald es Mittelgalopp geht.

Fortgeschrittene versammelnde Lektionen

Die fortgeschrittenen versammelnden Lektionen sind reserviert für Pferde, die auf Dressur spezialisiert sind. Diese Lektionen sind für die meisten Pferde jenseits der Leistungsgrenze, um sie wirklich gut zeigen zu können. Sie verlangen einen beträchtlichen Grad an anhaltender Versammlung, die von einer Reihe von Faktoren abhängt, die man bei den meisten Pferden selten findet. Die anhaltende Versammlung erfordert Kraft in Rahmen und Muskulatur, verbunden mit einer natürlichen Energie, die es dem Pferd ermöglicht, beträchtliches Gewicht in der Hinterhand bei Piaffe und Galopp-Pirouetten aufzunehmen. Die natürlichen Gangarten beeinflussen die Fähigkeit, Kadenz und Ausdruck in einer engagierten Passage zu zeigen und ausdrucksvolle, ausbalancierte und gerade Einerwechsel zu springen. Der Vollblüter, dessen Gebäude, Körperkraft und natürliche Gangarten die eines Langstrecklers sind, wird mit seiner geraden Aktion mehr Schwierigkeiten haben, diese Kraftübungen zu zeigen als Pferde, die mit runderen Bewegungen speziell für die Dressur gezüchtet worden sind. Diese Lektionen verlangen ein hohes Maß an gebündelter Energie, die freiwillig eingebracht werden muss, damit die Darbietung leichtfüßig aussieht. Ein Pferd von gutem Gebäude, was von Natur aus faul ist, kann nicht lange genug motiviert werden, um die Mühen durchzuhalten, die auf dieser Ebene gefordert sind. Das ist der Grund, warum es nur so wenige Pferde gibt, die auf Grand-Prix-Niveau glänzen. Genauso wenig Pferde von natürlicher Begabung gibt es für erfolgreiche Grand-Prix-Springprüfungen oder mit ausreichend Tempo, Durchhaltevermögen und Mut, wie sie für ein Weltklasse-Vielseitigkeitspferd für Drei-Sterne-Prüfungen nötig sind. ■

Springen – weiterführende Ausbildung

KAPITEL 6

Das bisherige Training hat das Pferd mit den Anfängen des Springens vertraut gemacht, begonnen mit Stangentreten und weitergeführt über einfache Gymnastikreihen. Dann wurde das Springen aus dem Galopp begonnen und über kleine Parcours. Auch das Vertrautmachen mit verschiedenen Farben und Formen der Hindernisse gehört dazu. Die weiterführende Ausbildung baut parallel zur Dressurausbildung auf. Die Fähigkeit zum Überwinden höherer Hindernisse, Veränderung des Galoppsprungs in zusammenhängenden Distanzen und die Beibehaltung des Gleichgewichts zwischen Steil- und Hochweitsprüngen ist abhängig von der Dressurausbildung des Pferdes. Wenn auch die Dressurarbeit im Trab unerheblich für das Springpferd ist, so sind die Qualität des Galopps und die Fähigkeit, ein unabhängiges Gleichgewicht im Galopp zu behalten, umso wichtiger.

Sobald das Pferd selbstbewusst genug ist, um kleine Hindernisse bis zu einem Meter in Höhe und Weite aus dem Trab oder im Galopp zu springen, kann es an höhere Hindernisse und mehr technische Schwierigkeiten herangeführt werden. Die Art und Weise, wie es damit fertig wird, bestimmt dann die folgenden Trainingsaufgaben. In den meisten Fällen hängen die jetzt auftretenden Probleme mit der Dressurausbildung des Pferdes oder mit Reiterfehlern zusammen. Natürlich stehen sie manchmal auch in Bezug zu technischen Schwierigkeiten auf Seiten des Pferdes, zum Beispiel schlechter Vorderbein- oder Hinterhand-Technik, die wiederum die natürliche Veranlagung des Pferdes zum Springen widerspiegeln. Solche Technikfehler können oft über gezielte Springgymnastik verbessert werden.

Die talentiertesten Springpferde haben keine solchen technischen Schwierigkeiten und bedürfen nur des Gehorsams in der Dressurarbeit und des korrekten Heranreitens an die Sprünge. Bis zu einer bestimmten Höhe und einem bestimmten Schwierigkeitsgrad können auch untalentierte Pferde springen, sofern sie korrekt geritten werden, aber an irgendeinem Punkt stößt jedes Pferd an seine Grenze. Die Fähigkeit des Pferdes zu springen hängt ab von der natürlichen Veranlagung, sowohl mental als auch körperlich, aber auch von seinem Dressurtraining (Schulung, Gymnastik und körperliche Entwicklung).

Zu den Schulungsaufgaben, die zu diesem Zeitpunkt eingeführt werden, gehören solche, die mit dem Reiten von Parcours zusammenhängen, aber auch gymnastische Übungen zur Verbesserung der Technik über dem Sprung oder der Stärkung des Selbstvertrauens und der Erfahrung beim Überwinden von Kombinationen. Diese Übungen schulen sowohl den Reiter als auch sein Pferd. Es ist immer wichtig, beide Partner im Auge zu behalten, wenn man die Ziele der Trainingseinheit festsetzt.

Liegt der Schwerpunkt auf der Schulung des Reiters, dann müssen die Aufgaben im Bereich des komfortabel Machbaren für das Pferd liegen, und umgekehrt gilt natürlich das Gleiche.

Das Ziel der Schulung im Parcoursreiten ist die Kombination der Dressurarbeit mit dem Springen, um den Reiter in die Lage zu versetzen, in einem Wettkampf im Parcours die Dressurerfahrungen umsetzen zu können. Dazu gehören das Überwinden verschiedener Hindernisse auf der Geraden und aus einer Wendung, das Überwinden von Sprüngen auf Distanzen, sei es auf Geraden oder Wendungen oder Spitzkehren, das Hinzufügen oder das Weglassen von Galoppsprüngen, Veränderungen von Steil- zu Hochweitsprüngen und umgekehrt von Hochweit- zu Steilsprüngen. In der Verantwortung des Reiters liegt weiter das, was er auch beim Dressurreiten zu beachten hat: sein Sitz, sein Gleichgewicht, klare Verständigung mit dem Pferd und das Bestimmen und die Erhaltung des Fleißes, Takt, Länge des Galoppsprungs, Linienführung, Gleichgewicht usw. Sie müssen Ihr Pferd an seine Verantwortungsbereiche erinnern, wenn notwendig, und es bis zu einem bestimmten Grad unterstützen, aber Sie dürfen ihm seine Pflichten nicht abnehmen.

Technik verbessern

Die Übungen, mit denen man die Technik des Pferdes verbessert, sind von Pferd zu Pferd unterschiedlich, je nachdem welche Probleme zu beheben sind und je nach mentaler Einstellung und Selbstvertrauen des Pferdes. Die Übungen umfassen Möglichkeiten zur Verbesserung der Bascule über dem Sprung, der Vorderbein- oder Hinterhandtechnik und der Geraderichtung. Mit gymnastischen Übungen lässt sich auch das Selbstvertrauen des Pferdes verbessern und seine Fähigkeit, schwierigere Kombinationen oder Distanzen zu bewältigen. Es besteht kein Zweifel, dass manche Pferde sehr vorsichtig sind und alles in ihrer Macht Stehende tun, um die Berührung eines Hindernisses zu vermeiden, während andere nicht so empfindlich sind. Jedes Pferd kann einmal im Wettkampf eine Stange herunterwerfen, aber wenn ein Pferd dauernd Fehler macht, dann gibt es meistens einen anderen Grund dafür, als dass das Pferd einfach unvorsichtig wäre. Das Problem ist oft der Reiter, denn in meiner Erfahrung machen Pferde beim Freispringen nur selten Fehler. Der Fehler kann aber auch in der Körperhaltung liegen, weil die Dressurarbeit nicht genügend gefestigt worden ist, oder in den Schwierigkeiten in der Technik, die man über eine Kombination aus gymnastischen Übungen und ein anderes System beim Anreiten des Sprunges lösen kann.

Zutrauen

Fehlendes Zutrauen ist ein Haupthinderungsgrund für eine gute Leistung, sowohl beim Reiter als auch beim Pferd. Das Zutrauen bezieht sich nicht nur auf das Vertrauen des Pferdes in Formen, Farben und generell in das Aussehen eines Hindernisses, sondern es braucht natürlich auch Vertrauen gegenüber Höhe und Weite der Sprünge und den verschiedenen Kombinationsmöglichkeiten. Pferde tun sich nicht gern weh und springen nur dann über höhere Hindernisse, wenn sie sich das zutrauen. Es ist sehr leicht, ein Pferd im Training oder im Wettkampf zu überfordern. Genauso ist es aber auch möglich, ein Pferd zu langweilen oder nachlässig gegenüber den Hindernissen zu machen, wenn man es unterfordert. Die Stangen höher zu legen ist nicht die einzige Möglichkeit, das Interesse und die Aufmerksamkeit des Pferdes aufrechtzuerhalten. Veränderungen an der

Pferde tun sich nicht gern weh. Man muss aufpassen, dass man ein Pferd im Training oder im Wettkampf nicht überfordert.

Form oder am Standort des Hindernisses und in der Übungsreihe oder die Kombination aus verschiedenen Sprüngen können Abwechslung schaffen, genauso wie ein Training auf fremden Plätzen oder in anderer Umgebung. Hier sind die Urteilskraft und das Gefühl des Reiters gefragt, und das ist ein Aspekt in der Ausbildung, den man nicht aus Büchern lernen kann.

Kopfsache

Seine mentale Verfassung und sein Zutrauen beeinflussen auch die Technik des Pferdes über dem Sprung. Ein mutiges Pferd, ein nervöses, faules oder ängstliches Pferd zeigt sich jeweils unterschiedlich beim Springen, und es ist überaus wichtig, das bei der Behandlung eines Problems richtig zu beurteilen. Oft genug ist ein junges Pferd, das unvorsichtig erscheint, in Wirklichkeit am Rand der Panik. Jeder Versuch, es über noch anspruchsvollere Übungen, die ihm „eine Lektion verpassen" sollen, vorsichtiger zu machen, ist dann nur schädlich. Es ist immer besser anzunehmen, dass das Pferd in jedem Fall sauber springen will, wenn es das nur irgend kann. Die Lösung ist über Dressurarbeit oder Gymnastikreihen zu suchen, anstatt es bewusst auszutricksen. Solche Maßnahmen überlässt man besser einem sehr erfahrenen Reiter oder Ausbilder.

Manche „guckige" Pferde reagieren, indem sie höher springen, während andere genau das Gegenteil tun. Sie halten sich im Rücken fest und gewinnen weniger Höhe über dem Sprung.

Übungen

In dem Kapitel über die Grundlagen für die Springausbildung (siehe Seite 124ff.) wurde der Gebrauch von Stangen beschrieben, um dem Pferd (und seinem Reiter) beizubringen, eine gleichmäßige Länge des Galoppsprungs beim Anritt des Sprunges und zwischen den Hindernissen einzuhalten. Sobald dieses Kriterium geschafft ist und das Pferd einen gleichmäßigen Takt in Selbsthaltung über eine gerade Reihe oder Stangen auf der Zirkellinie halten kann, ist es für anspruchsvollere Aufgaben vorbereitet.

Springen auf dem Zirkel

Das Ziel

Beibehaltung des Gleichmaßes an Takt und Länge des Galoppsprungs vor und nach dem Sprung mit der gleichen Anzahl von Galoppsprüngen zwischen jedem Hindernis.

Stellen Sie die Sprünge auf, indem Sie sich den Zirkel von 20 Metern Durchmesser als Zifferblatt vorstellen und drei kleine Sprünge bei 12 Uhr, 3 Uhr und 9 Uhr errichten. Zur besseren Genauigkeit kann man zwei Ständer ohne Stangen beim 6-Uhr-Punkt aufstellen. Es ist Sache des Reiters, am äußeren Zügel die Qualität des Galopps und die Kontrolle der Geschwindigkeit zu regeln. Es hilft, den Hals des Pferdes gerade oder leicht nach außen gestellt , d.h. weg vom führenden Vorderbein, zu halten mit dem obersten Ziel einer besonders leichten Anlehnung am inneren Zügel.

Die Übung

Man beginnt im Galopp über Stangen, um den Takt und die Linienführung im Kopf des Reiters zu verankern. Das Augenmerk liegt auf der Kontrolle von Richtung und Takt über den Einsatz der Sitzposition, der Schenkel und des äußeren Zügels. Sobald Takt und Linienführung im Galopp festgelegt sind, werden nach und nach die Sprünge eingebaut und bei vorgezogener Grundlinie an jedem Sprung erhöht. Der Reiter muss einen sehr leichten Sitz behalten und vermeiden, mit dem Gesäß zu schieben. Das Gewicht muss mehr im inneren Steigbügel lasten, die äußere Schulter bleibt zurück. Der Reiter darf sich nicht „zusammenfalten" über dem Sprung. Die Anlehnung am inneren Zügel bleibt leicht. Wenn Takt und Linienführung verloren gehen oder das Pferd in den Trab fällt, dann pariert man durch zum Schritt und beginnt von Neuem. Immer direkt aus dem Schritt angaloppieren. Nachdem man den Zirkel zweimal auf einer Hand umrundet hat, wird ein guter Übergang aus dem Galopp direkt zum Schritt geritten.

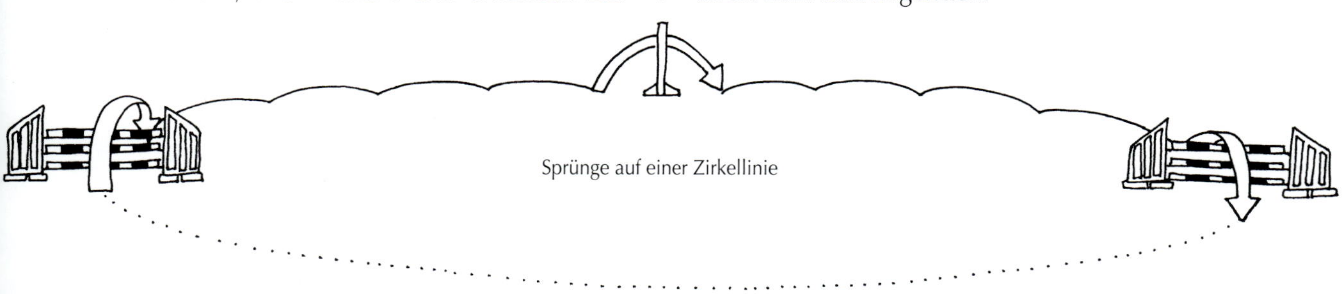

Sprünge auf einer Zirkellinie

Anpassung der Zahl der Galoppsprünge in Kombinationen und Distanzen

Eine Kombination bedeutet ein oder zwei Galoppsprünge zwischen den Sprüngen, während alles andere mit mehr als zwei Galoppsprüngen als Distanz bezeichnet wird. Alles, was mehr als sechs Galoppsprünge umfasst, selbst wenn auf gerader Linie, kann man nicht mehr als Distanz bezeichnen. Ich erzähle meinen Schülern oft, dass es so etwas wie eine zusammenhängende Distanz gar nicht gibt. Das eine Pferd kommt bequem mit drei Galoppsprüngen zurecht, während ein anderes mit kürzeren Galoppsprüngen es einfacher hat mit vier Galoppsprüngen. Selbst in Kombinationen oder In-Outs habe ich schon Pferde gesehen, ganz besonderes kleinere, die die Aufgaben gut bewältigen konnten, indem sie noch extra Sprünge zugefügt haben.

Wenn der Galopp über die Dressurarbeit zufriedenstellend gefestigt ist und das Pferd einen gleichmäßigen Takt im Gleichgewicht und in Selbsthaltung erhalten und sich bis zu einem gewissen Grad versammeln und strecken kann, dann kann man anfangen, die Anzahl der Galoppsprünge auf einer zusammenhängenden Distanz zu bestimmen.

Das Ziel

In der Lage zu sein, die Länge der Galoppsprünge zu verändern und dabei einen gleichmäßigen und beständigen Takt mit Schub nach vorne beizuhalten. Der Reiter will in der Lage sein, mehr oder weniger Galoppsprünge reiten zu können, um sich der Art des Hindernisses oder des Geländes, in dem er unterwegs ist, anpassen zu können.

Die Übung

Kontrollieren Sie in der Bahn, ob Sie in der Lage sind, den Galopp in einem gleichmäßigen Takt zu verändern, ohne an Schwung im Galopp einzubüßen. Zählen Sie die Anzahl der Sprünge zwischen zwei Punkten, zum Beispiel den Buchstaben an der Bande. Prüfen Sie, ob Sie einen oder später zwei Sprünge hinzufügen können und danach über Verlängerung der Galoppsprünge ein oder zwei Sprünge weniger zwischen den Bahnpunkten machen können.

Wenn das gut gelingt und das Pferd dabei in guter Selbsthaltung bleibt, d.h. den Galopp von selbst beibehält, ohne dass der Reiter das Pferd „tragen" muss, dann kann man diese Übung auch über Hindernisse versuchen. Dazu werden zwei Steilsprünge auf etwa 26 Meter Entfernung zunächst auf gerader, dann auf gebogener Linie aufgestellt. Wählen Sie den Galoppsprung mittig innerhalb der Reichweite Ihres Pferdes und erhalten Sie den Takt und die Länge des Galoppsprungs vor und nach dem Sprung. Zählen Sie die Anzahl der Galoppsprünge zwischen den Sprüngen. Wenn Sie das erreicht haben, verkürzen Sie betont ruhig die Länge des Galoppsprungs weit vor dem ersten Hindernis, aber ohne dabei an Energie einzubüßen. Das Ziel ist es, einen Galoppsprung mehr zwischen den Hindernissen zu reiten. Das bedeutet die Bereitschaft, mit Sitzposition und falls notwendig mit Unterstützung von Zügel- und Schenkelhilfen das Pferd wieder zu Takt und Länge des Galoppsprungs sofort nach der Landung nach den Hindernissen zurückzubringen.

Dann verlängern Sie den Galoppsprung weit vor dem ersten Hindernis, aber ohne dass das Pferd dabei flach wird, um zwischen den Hindernissen mit einem Galoppsprung weniger auszukommen. Es ist wichtig, sowohl am Verlängern als auch am Verkürzen der Galoppsprünge zu arbeiten, aber je nach Pferd immer zunächst am Gegenteil dessen, was das Pferd von Natur aus anbietet, sei das nach dem Hindernis wegzulaufen oder faul zu werden.

Es ist wichtig, nicht zu vergessen, dass der Absprungpunkt umso näher am Hindernis liegt, je kürzer der Galoppsprung ist. Im Gegensatz dazu rückt der Absprungpunkt weiter weg, je länger der Galoppsprung ist. Wenn Sie also feststellen, dass Ihr Pferd oft zu nah an das Hindernis herankommt, dann reiten Sie es in einen beständigen taktmäßigen Galopp nach Vorwärts, um die Galoppsprünge zu verlängern. Damit bleibt es weiter vom Hindernis entfernt, anstatt zu unterlaufen. Dieses Problem entsteht oft bei Reitern, die zu vorsichtig sind und versuchen, ihrem Pferd zu sehr zu helfen, indem sie den Absprungpunkt bestimmen wollen und zu sehr „rückwärts" reiten, anstatt sich auf einen aktiven Vorwärtsgalopp zwischen den Hindernissen zu konzentrieren.

Distanzen im Training bauen – wann weiter, wann enger stellen

Im Wettkampf werden die Distanzen zwischen den Hindernissen und in Kombinationen auf ein oder zwei Galoppsprünge vom Parcoursbauer aufgestellt, mehr oder weniger nach den Bestimmungen im Regelbuch. Trotzdem haben Form, Art und Erscheinung des Hindernisses sowie der Boden und die Beschaffenheit des Geläufs Auswirkungen darauf, ob die Distanzen weit oder eng zu reiten sind. Auch die natürliche Länge des Galoppsprungs hat Auswirkungen. Ein kleines Pferd kann einen langen, kräftigen Galoppsprung zeigen, während ein relativ großes Pferd auch einen natürlichen, kleinen haben kann.

Es ist ein wichtiger Teil der Ausbildung, einem Pferd beizubringen, den Galoppsprung in Kombinationen und Distanzen zu verlängern oder zu verkürzen. Die Dressurarbeit lehrt das Pferd, den Galoppsprung über eine Aufwölbung der Lenden und ein Engagement der Hinterhand und ohne Schwungverlust zu verkürzen. Damit nimmt es mehr Last auf der Hinterhand auf und die Vorhand wird leichter. Die Springübungen ergänzen diese Arbeit, solange der Reiter vermeidet, ausschließlich die Hand einzusetzen, um den Galoppsprung zwischen den Hindernissen zu verkürzen. Das würde beim Pferd zum Festhalten im Rücken führen.

Dem Pferd muss im Training die Verantwortung zurückgegeben werden, sich selbst zwischen den Hindernissen in Kombinationen aufzunehmen. Wenn das Pferd keinen Respekt vor den Hindernissen hat und deshalb nicht versucht sich aufzunehmen, kann man über verschiedene gymnastische Übungen mit verschiedenen Formen und Arten von Hindernissen dem Pferd beibringen, diese Sprünge ernst zu nehmen. Freispringen kann ebenfalls helfen, dem Pferd beizubringen, auf sich selbst aufzupassen.

Es ist sehr leicht, das Zutrauen eines Pferdes zu verspielen, indem man Distanzen setzt, die das Pferd als zu schwierig empfindet, entweder weil sie zu weit oder weil zu eng sind. Reiter und Ausbilder am Boden müssen erkennen, ob das Pferd die Distanz als zu weit oder zu eng empfindet. Natürlich beeinflussen die Länge des Galoppsprungs und der Schwung im Galopp beim Anritt die Fähigkeit des Pferdes, mit der Distanz fertig zu werden. Aber wenn man die Länge des Galoppsprungs als frischen Vorwärtsgalopp anstelle eines versammelten oder verstärkten Galopps reitet, dann sollten die Distanzen im Training so angepasst werden, dass sie dem Pferd entgegenkommen. Von dieser Stelle aus kann man dann die Distanzen erweitern oder verkürzen, je nachdem welche Schwierigkeiten das Pferd hat. Ein Pferd wird sich auch während der Springstunde verändern, und es kann sein, dass es am

Anfang weitere Distanzen braucht, weil es sehr munter ist, oder kürzere Distanzen, weil noch „guckig". Im weiteren Verlauf der Reitstunde kann es dann notwendig sein, die Distanzen anzupassen, wenn das Pferd sich entspannt hat.

Es braucht Erfahrung des Reiters und des Ausbilders am Boden, um zu erkennen, ob das Pferd eine Distanz als eng oder weit empfindet. Als Betrachter muss man darauf achten, ob der höchste Punkt der Flugkurve über dem höchsten Punkt des Hindernisses liegt. Die Flugkurve wird sich hinter dem Sprung aufbauen, wenn die Distanz zu eng ist, und das Pferd wird die vordere Stange entweder mit dem Vorder- oder dem Hinterbein reißen. Im Gegensatz dazu ist die Distanz zu groß, wenn die Flugkurve vor dem Hindernis ansteigt und man das Gefühl hat, das Pferd senkt sich zu früh auf die hintere Stange. Es wird die hintere Stange entweder mit der Vor- oder der Hinterhand herunterholen. Wenn bei einem neuen Pferd Zweifel bestehen, empfehle ich immer, die Distanz zu Anfang eher enger zu stellen, wenn die Sprünge noch niedrig sind, und dann nach Bedarf zu verlängern. Es ist immer sicherer für Pferd und Reiter, wenn das Pferd das Hindernis auf dem Weg nach oben anschlägt, als wenn die Möglichkeit besteht, dass es zu früh auf der hinteren Stange landet.

Grundlinien

Die Position der Absprungstange vor einem Sprung hat einen bedeutenden Einfluss auf den Sprung des Pferdes. In Springprüfungen liegt die Absprungstange bei den meisten Steilsprüngen oder Karree-Oxern unmittelbar unter der Vorderseite des Sprunges. Indem man die Grundlinie im Training weiter vor das Hindernis vorzieht, wird der Sprung für das Pferd leichter. Die Form des Hindernisses wird runder und der Absprungpunkt kommt näher an die Basis des Hindernisses, ohne dass die Gefahr besteht, dass das Pferd zu nah an das Hindernis herankommt, um die vordere Stange noch überwinden zu können.

Die Grundlinie vorzuziehen ist ganz besonders zu empfehlen, wenn es darum geht, eher den Reiter als das Pferd zu schulen. Pferd und Reiter müssen dann weniger genau sein beim Anritt und sind trotzdem in der Lage, das Hindernis zu bewältigen. Trotzdem gibt es Momente im Training, wo es angebracht sein kann, die Grundlinie unmittelbar unterhalb der vorderen Stange zu markieren, um dem Pferd mehr Vorsicht beizubringen.

Das Pferd soll außerdem dazu erzogen werden, eher die oberen Abmessungen des Hindernisses zu beachten als die Absprungstelle. Um das zu schulen, ist es bei einigen Pferden hilfreich, die Grundlinie ganz wegzunehmen, entweder bei einzelnen Hindernissen oder in Reihen oder Kombinationen. Das kann bis zum Überspringen von einer einzigen „nackten" Stange führen.

Übergang zum Schritt oder zum Halten zwischen den Hindernissen

Das Ziel

Mit dieser Übung soll das Pferd lernen Ihrem Sitz und der Körpersprache zwischen den Sprüngen Aufmerksamkeit zu schenken, damit Sie den Takt und die Länge des Galoppsprungs regulieren können. Das gilt ganz besonders nach dem Sprung, ohne am Zügel ziehen zu müssen. Das würde Widerstand im Maul hervorrufen und ein Festhalten im Rücken zur Folge haben.

Stellen Sie eine auf fünf oder sechs Galoppsprünge zusammenhängende Distanz, zunächst auf gerader Linie, und reiten dann einen guten Übergang zum Halten, so wie Sie das auch in einer Dressurprüfung tun würden, wenn Parieren aus dem starken in den versammelten Galopp und dann zum Halten verlangt ist. Die Bedeutung liegt hier auf dem Gehorsam bezüglich der Körpersprache und dem Engagement der Hinterhand. Wenn das Pferd dazu neigt, nach dem Sprung zu beschleunigen, sitzen Sie in ganz leichtem Sitz, nicht mit einem tiefen, treibenden Gesäß. Unterstützen Sie die Einwirkung über Schenkeldruck oder Sporen, um das Hinterbein zu engagieren, und über angemessene durchhaltende Aktion mit der Hand. Vermeiden Sie dauernden Zug am Zügel, denn das bringt das Pferd nur dazu, sich auf die Hand zu legen oder dagegenzugehen.

Diese Übung verlangt einen Reiter mit von Beginn an klarer Zielsetzung, der dann auch konsequent in der Durchsetzung ist, ohne dabei jedoch grob zu werden. Wenn Sie sich das Halten zwischen den Hindernissen vorgenommen haben und dann in letzter Sekunde Ihren Plan ändern, wird das Pferd verunsichert, und die Übung ist kontraproduktiv. Sobald das Pferd anhält, muss es belohnt werden und sich entspannen dürfen, bevor man im Schritt wieder anreitet. Wie oft diese Übung wiederholt wird, hängt davon ab, wie sehr das Pferd zwischen den Hindernissen beschleunigt.

Achten reiten über einen einzelnen Sprung

Das Ziel

Diese Übung lehrt das Pferd, sich zu einem Sprung zurückwenden zu lassen und bringt das Gewicht in der Wendung auf die Hinterhand, ohne dass dabei die Vorwärtsorientierung im Galopp verloren geht und der Galoppsprung kürzer wird. Auch lernen Reiter und Pferd, eine genaue Linie einzuhalten.

Ein einzelner Sprung wird in der Mitte der Bahn aufgestellt. Zu Anfang sollte es eine geneigte Senkrechte (ein Steilsprung mit einer Absprungstange davor und dahinter) sein, springbar von beiden Seiten. Später kann man den Sprung in einen Oxer verändern, der von beiden Seiten zu springen ist. Um dem Reiter zu helfen, die genaue Linie beizubehalten und auch um die Übung weiterzuentwickeln, ist es hilfreich, auf beiden Seiten des Hindernisses jeweils zwei Ständer in einer Entfernung von zwei Galoppsprüngen zum Hindernis aufzubauen. Damit lässt sich die Übung schließlich auch in eine dreifache Kombination auf zwei Galoppsprünge verändern.

Es wird ein fleißiger Galopp gewählt, bei der sich der Reiter auf Takt und Linienführung konzentriert. Der Sprung wird schräg angeritten, aber so nah an der Außenseite wie möglich, um den Winkel so flach wie möglich zu halten. Nach dem Sprung wendet man auf dem Weg zurück durch die Ständer ab, um aus der Wende wieder schräg zum Sprung zurückzukommen. Zu dieser Übung gehört Kontrolle über die Abstellung im Pferdehals, damit die Schulter nicht nach außen wegdrückt. Das Pferd wird über die Sitzposition gewendet, und der äußere Schenkel spricht die Vorhand des Pferdes an wie bei einer Hilfe zur Pirouette. Dabei bleibt der Kontakt am inneren Zügel so gleichmäßig und leicht wie möglich.

Das Pferd wird anfänglich wahrscheinlich im Außengalopp landen, aber wenn der Reiter sich bemüht, das Gewicht auf der inneren Seite zu behalten und die Anlehnung innen leicht zu lassen, wird das Pferd schließlich lernen, im Handgalopp zu landen. Es ist Sache des Pferdes, sein Gleichgewicht zu erhalten, und deshalb muss es lernen, im richtigen Galopp zu landen oder wenigstens sofort umzuspringen. Das wird es schnell begreifen. Es ist falsch, dem Pferd zu helfen indem man zum

Trab oder Schritt durchpariert und dann wieder richtig angaloppiert.

Diese Übung lässt sich weiterentwickeln, wenn man Hindernisse entlang der Mittellinie aufstellt. Beim Reiten von Schlangenlinien durch die Bahn überwindet man die Hindernisse. Das System entspricht dem der vorher beschriebenen Achten.

Eine andere Variation ist der Aufbau des Hindernisses sechs bis acht Meter entfernt von der Bande. Man reitet auf einer großen Zirkellinie, wendet in einem Bogen auf das Hindernis zu, um dann hinter dem Sprung wieder in einem Bogen (halbe Volte) zur Bande, auf der anderen Hand auf der Zirkellinie weiterzureiten.

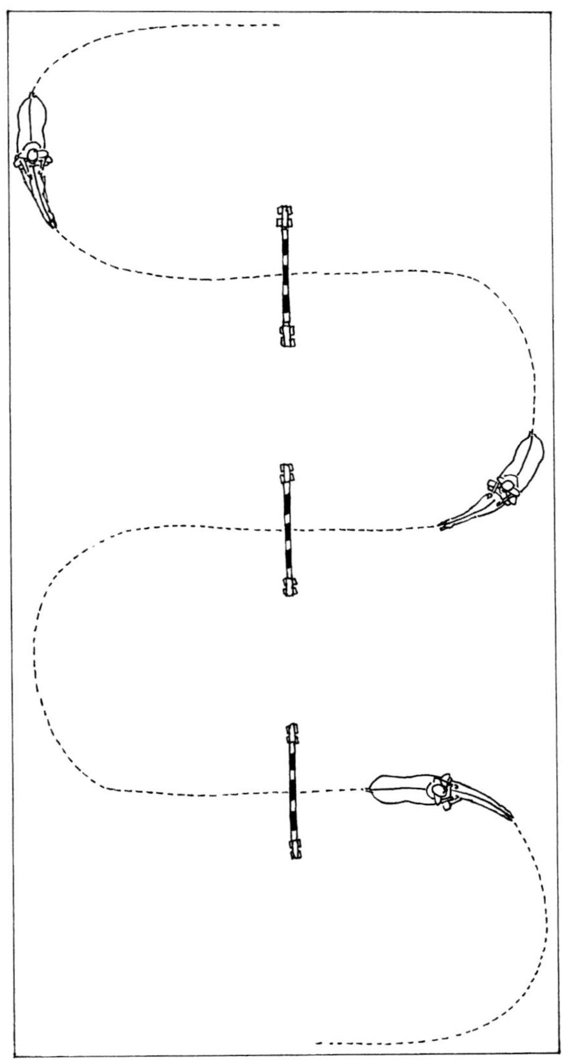

Sprünge entlang der Mittellinie, die beim Reiten von Schlangenlinien überwunden werden

Probleme in der Springmanier – weiterführende gymnastische Übungen

Jedes Pferd hat seinen eigenen Springstil. Der geeignete Stil für ein Parcoursspringpferd ist anders als der eines Pferdes, das aus hoher Geschwindigkeit springt wie ein Vielseitigkeitspferd. Dies hat vorsichtig genug zu sein, aber es darf darüber hinaus kein Tempo verlieren, indem es auf dem Geländekurs zu hoch springt. Die gymnastischen Übungen, die dem einen helfen, sind nicht unbedingt passend für den anderen. Im Training muss man jederzeit das oberste Ziel für das jeweilige Pferd im Auge behalten und die Stärken und Schwächen des Pferdes in Relation zu diesem Ziel erkennen. Es geht außerdem darum, das äußerste Limit der angeborenen Fähigkeit des Pferdes zu erkennen. Nicht jedes Pferd ist ein Superstar, so wie das auch nicht jeder Reiter ist, und es ist sehr leicht, das Zutrauen des Pferdes zu verspielen, wenn man zu schwere Aufgaben stellt oder die Anforderungen höher schraubt, als das Pferd zu leisten in der Lage ist.

Man kennt den Ausspruch „Nichts reparieren, was nicht kaputt ist." Manche Pferde haben ihren ganz besonderen Stil, und auch wenn der nicht klassisch sein mag, so springen sie doch immer sauber. Der einzige Grund, die Technik eines Pferdes zu verändern, ist der, wenn diese Technik im Hinblick auf das Ziel für das Pferd Fehler schafft.

Deshalb ist es wichtig, gut zu beobachten, ob die Übungen das gewünschte Resultat zeigen oder nicht. Auch hier gilt: Erfahrung lässt sich nur gewinnen über Zeit, und es gibt keine genaue Formel oder ein System für alle Pferde, das sich in einem Buch erklären ließe.

In-Out-Kombination

„In-Out" sind zwei oder mehr Sprünge, die jeweils auf einer Distanz von dreieinhalb bis vier Metern gestellt werden. Sie sind nützlich bei Übungen, die das Pferd aufmerksamer und weniger heftig zu den Hindernissen machen oder es in seiner Reaktion schneller und in besseres Gleichgewicht vor und nach dem Hindernis bringen. Sie sind auch hilfreich, das Pferd zu lehren, seinen Hals zu benutzen und besser zu basculieren.

Beim Reiten durch einen oder mehrere In-Outs muss der Reiter mit seinem Oberkörper so still wie möglich sitzen, um das Gleichgewicht des Pferdes nicht zu stören. Der Unterschenkel bleibt am Pferd, das Gewicht wird in Richtung Absatz gelenkt. Reiten Sie den ersten Sprung im leichten Sitz an, mit dem Oberkörper leicht vor der Senkrechten und dem Großteil Ihres Gewichts in den Steigbügeln, aber halten Sie einigen Kontakt mit dem Gesäß am Sattel, damit Sie den Galoppsprung des Pferdes fühlen und reagieren können, falls das Pferd den Galoppsprung verkürzt. Nach dem Sprung über das erste Element bleibt der Schenkel am Pferd, es kommt mehr Gewicht in den Steigbügel und weg vom Gesäß, der Oberkörper richtet sich mehr auf. Arme und Hände bleiben entspannt und halten eine leichte, aber gleichmäßige Anlehnung. Es ist das Pferd, das dem Reiter entgegenkommt und dann wieder von ihm weggeht, wenn es springt. Übertreiben Sie nicht das „Zusammenfalten", denn das stört die Balance des Pferdes.

Zu Variationen gehört das Springen einer Reihe von In-Outs aus Kreuzen auf einer geraden Linie. Die Höhe der gekreuzten Stangen kann allmählich gesteigert werden, um das Pferd zu mehr Aufmerksamkeit zu bringen und es zu verlangsamen. Ein Pferd, das den

Rücken wegdrückt, lernt bessere Bascule und seinen Rücken über dem Sprung zu benutzen. Seien Sie vorsichtig bei einem Pferd, das schon aus Mangel an Zutrauen zögert oder weil es übervorsichtig ist. Man kann es mit dieser Übung leicht überfordern. Ein Pferd, das faul ist und nicht willig vorwärtsgeht, sollte mit einer Dressurgerte geritten werden, um es in dieser Übung, falls nötig, zu motivieren. Ist das Pferd sehr faul oder unwillig vorwärtszugehen, dann ist diese Übung nicht geeignet.

In-Out-Kombination auf dem Zirkel zur Verbesserung der Vorderbeintechnik

Eine Reihe aus sechs In-Outs, bestehend aus einzelnen Stangen oder Cavaletti, auf gebogener Linie gestellt, die einem Zirkel von 20 oder mehr Metern Durchmessern entspricht,

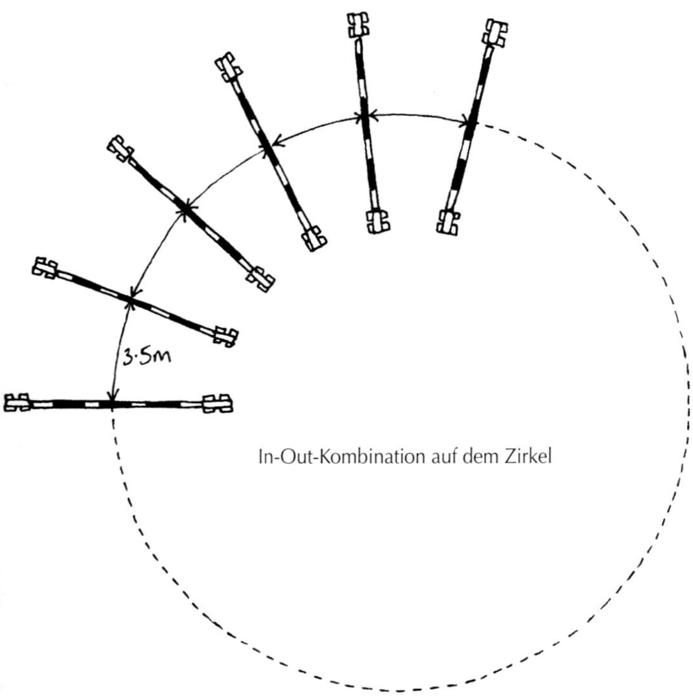

In-Out-Kombination auf dem Zirkel

ist nützlich, um einem Pferd mit mehr Erfahrung eine schnellere Reaktion der Vorhand beizubringen und es aufmerksamer zu machen. Diese Übung sollte beginnen mit Stangen auf der Erde. Wenn man dann bei den niedrigen Stangen fortgeschritten ist, kann man die Anforderungen weiter erschweren, indem man jeden zweiten Sprung erhöht. Diese Variante verhindert eine Überforderung des Pferdes und erhält trotzdem die Aufmerksamkeit. Der Reiter führt mit dem inneren Zügel, aber ohne daran zu ziehen, und er behält das Gewicht auf dem inneren Steigbügel, die äußere Schulter bleibt zurück.

Zu Anfang reitet man die Stangen mittig an. Später lassen sich auch hier Variationen schaffen, indem man weiter innen anreitet, um die Distanzen zu verkürzen und das Pferd in seinen Reaktionen schneller zu machen. Oder man reitet weiter außen, um dem Pferd mehr Platz zu bieten, wenn es die Distanzen als unbequem eng empfindet.

Übungen zur Verbesserung der Bascule

Manche Pferde neigen dazu, auf die Hindernisse loszurennen und dann mit hohlem Rücken zu springen. Diese Pferde profitieren oft vom Springen aus dem Schritt. Diese Übung ist geeignet für einigermaßen erfahrene Reiter und verhilft ihnen zu einem unabhängigeren Sitz und Gleichgewicht und sie schult die Reflexe, beim Sprung besser der Bewegung zu folgen, besser „mitzukommen". Die Übung ist ungeeignet für Pferde, die faul oder unwillig vorwärtszugehen, und für nervöse oder unerfahrene Reiter.

Eine Markierungsstange wird im Abstand von 2,60 Meter vor dem Hindernis abgelegt.

Übung zur Verbesserung der Bascule

Der Sprung selbst besteht nur aus einer einzelnen Stange, ohne Markierung der Grundlinie. Hinter dem Sprung wird eine Planke ausgelegt, ungefähr gleichweit entfernt, wie das Hindernis hoch ist. Die Planke soll das Pferd dazu bringen, seinen Kopf zu senken und den Hals über dem Sprung fallen zu lassen, wenn es zur Planke hinschaut, um nicht darauf zu landen. Man kann auch eine Stange nehmen, aber dabei bleibt das Risiko, dass das Pferd daraufspringt. So wie der Sprung allmählich erhöht wird, so wird die Planke weiter vom Hindernis weggeschoben. In geringerem Maß gilt das auch für die Markierungsstange vorne. Wenn nötig, können Fänge auf beiden Seiten des Sprunges aufgestellt werden, um dem Pferd zu helfen, die Richtung zu halten.

Der Reiter nähert sich dem Sprung im Schritt und pariert etwa drei oder vier Meter vor der Markierungsstange zum Halten durch. Wenn das Pferd sicher steht und entspannt ist, erlaubt der Reiter die Dehnung zu einem langen Zügel und gibt dann Druck mit dem Schenkel, notfalls unterstützt durch ein Schnalzen mit der Zunge. Das Pferd hat komplette Freiheit und die volle Verantwortung, diesen Sprung zu überwinden. Der Reiter bemüht sich, bei stabilem Unterschenkel in der Bewegung zu bleiben. Erst nach dem Sprung, wenn das Pferd vom Hindernis weggaloppiert, nimmt der Reiter die Zügel wieder auf, kommt zurück zu einem ausbalancierten Galopp und schließlich zurück in den Schritt.

Wenn der Sprung höher wird, sollte der Reiter dem Drang widerstehen, sich zu weit über der Markierungsstange und dem Hindernis vorzulehnen. Wenn das Pferd sich wirklich Mühe gibt, hat man eher das Gefühl, es hebe sich mit dem Widerrist in Richtung Brust des Reiters hoch. Bei dieser Übung muss der Ausbilder am Boden die Vorderbeintechnik im Auge behalten. Das Vorderbein soll weiter bei gebeugtem Vorderfußwurzelgelenk weiter nach vorn gezogen werden. Gelegentlich wird das Pferd das Knie und das Vorderbein hängen lassen, während es den Widerrist hochdrückt, anstatt sie zu beugen und zu basculieren. In diesem Fall muss die Distanz von der Markierungsstange zum Sprung vergrößert werden, weil der Absprungpunkt für das Pferd zu nah am Hindernis liegt. Damit liegt der höchste Punkt der Flugkurve hinter anstatt über dem Sprung.

Fingerspitzengefühl bei der Erhöhung des Hindernisses ist hier wichtig. Bei einigen Pferden wirkt die Übung nur, wenn das Hindernis hoch genug ist und das Pferd sich wirklich ins Zeug legen muss, um den Sprung fehlerfrei zu schaffen. Aber man muss auch sehr auf Zeichen von Beunruhigung des Pferdes achten, wenn es zum Beispiel seitwärts oder gar rückwärts schaut anstatt vorwärts. Macht das Pferd einen Fehler, legt man sofort die Stange niedriger, noch bevor man erneut anreitet. Dabei muss der Reiter außerdem über der Stange und dem Sprung gerader sitzen bleiben. Wenn das Pferd sich über dem Sprung im Rücken festmacht, kann das daran liegen, dass nicht genügend Zügel gegeben wird oder dass der Reiter sich über dem Sprung am Zügel festhält, wenn er hinter der Bewegung bleibt. Der Reiter darf sich bei diesem Sprung nicht einmischen.

Leitstangen in Sprungreihen zur Entwicklung der Geraderichtung

Aus welchem Grund auch immer haben manche Pferde beim Springen, ganz besonders in Gymnastikreihen, die Anlage, nach der Seite wegzudriften und meistens nach einer ganz bestimmten Seite. Man kann Leitstangen benutzen, um sie dazu zu bringen gerade zu bleiben ohne dass der Reiter mit der Hand einwirken muss und dadurch vor oder während des Sprunges verstärkten Kontakt zu einer Seite des Mauls bekommt. Solch eine Verstärkung der Anlehnung könnte das Pferd dazu bringen, sich im Rücken festzumachen, was wiederum oft Hinterhandfehler zur Folge hat.

Die Leitstangen werden ohne einen scharfen Winkel an die vordere Stange des Hindernisses gelehnt, damit sichergestellt ist, dass sie nicht ins Rollen geraten, wenn sich das Pferd nähert. Meistens braucht man die Leitstange nur auf einer Seite, aber gelegentlich benutzt man auch zwei, die dann nicht zu nah in der Mitte des Hindernisses liegen dürfen, weil sie dann das Pferd zum Zögern veranlassen könnten. An einem bestimmten Punkt bekommen diese beiden Leitstangen die Wirkung von „V-Stangen“.

V-Stangen zur Verbesserung der Vorderbeintechnik

Legt man die Leitstangen zu beiden Seiten des Hindernisses auf, aber nicht zu dicht zusammen, dann veranlasst die Form des auf den Kopf gestellten „V“ das Pferd dazu, auf den vorderen Teil des Hindernisses zu achten, leicht zurückzukommen und die Knie hoch- und vorwärtszuziehen. (Es sei erwähnt, dass diese Aufbauart auf den Vorbereitungsplätzen von Turnieren nicht erlaubt ist! Es besteht aber die Möglichkeit, die Stangen des V auf die zweite Hindernisstange von oben aufzulegen.)

Diese Übung ist angebracht bei Pferden mit der Tendenz, eine Reihe oder Kombination heftig zu durchspringen und damit den höchsten Punkt der Flugkurve oft erst hinter dem Hindernis zu erreichen. Sie kann sich auch für Pferde eignen, die ihr Vorderfußwurzelgelenk über dem Sprung hängen lassen, anstatt den Oberarm nach vorn zu bewegen und das Knie zu beugen. Allerdings darf man diese Übung nicht zu früh von einem Pferd fordern, das noch kein großes Zutrauen zu seinen Fähigkeiten im Springen hat.

V-förmig ausgelegte Leitstangen helfen bei der Verbesserung der Vorderbeintechnik Auf dem Vorbereitungsplatz von Turnieren ist diese Aufbauart nicht gestattet. Die Stangen des V dürfen lediglich auf die zweite Stange des Hindernisses von oben aufgelegt werden.

Verbesserung der Hinterhandtechnik

Macht ein Pferd regelmäßig mit der Hinterhand Fehler, dann liegt das Problem wahrscheinlich in einem Festhalten des Rückens, weil der Reiter über dem Sprung nicht weich genug in der Hand und in der Anlehnung sitzt. Sobald ein Pferd gelernt hat, sich gegen die Hand des Reiters abzuschotten, braucht man Zeit und sorgfältige neue Schulung, bis es seinen Hals und Rücken wieder korrekt gebraucht. Ein Reiter kann nur weich in der Hand sein, wenn er ein unabhängiges Gleichgewicht über dem Sprung halten kann und über so viel Koordination verfügt, dass er den Zügel vorgeben kann, ohne die Kontrolle über seinen Oberkörper zu verlieren.

Eine Übung, die das Pferd dazu bringt, ohne Anspannung Hals und Rücken zu gebrauchen, ist das Springen einer Gymnastikreihe aus niedrigen, aber weiten Oxern, bei der die Distanzen allmählich verkürzt werden. Es hilft dem Pferd auch zu lernen, den Hals einzusetzen und die Hinterhand zwischen den Hindernissen zu engagieren, wenn man in die Räume zwischen den Hindernissen eine Stange legt. Das bringt das Pferd zum Hingucken und dazu, den Hals über der höchsten Stelle des Hindernisses zu senken.

Einige Pferde, die sich im Rücken festhalten, haben sich angewöhnt, zwischen den Hindernissen zu rennen. Ihnen kann Freispringen guttun, bei dem sie sich an das Springen gewöhnen, ohne dass ein Reiter die Anlehnung verstärkt, wenn sie zu schnell über die Reihe rennen. Ein Pferd muss lernen, sich selbst auszubalancieren und im Rhythmus zu bleiben, ohne dass ein Reiter es in fester Anlehnung hält.

Ich kenne einige wenige Pferde mit einem bekannten Hinterhandproblem, denen es gut getan hat, kleine Sprünge mit Schlaufzügeln zu springen. Dies ist die seltene Gelegenheit, wo ich glaube, dass Schlaufzügel in einem Springtraining helfen können, allerdings nur, wenn sie von einem sehr erfahrenen Reiter bei einem Pferd mit guter Vorderbeintechnik benutzt werden. Sobald das Pferd den Schlaufzügel akzeptiert und aufgehört hat, gegen den Zügel durch die Reihe zu stürmen, wird die Flugkurve über dem Sprung runder werden und das Pferd kommt dann mit der Hinterhand höher hinaus.

Manche Pferde haben die Angewohnheit, die Hinterbeine unter den Körper zu ziehen anstatt sich mit dem Hinterbein nach hinten zu öffnen. Das sieht man bei angespannten oder sehr vorsichtigen Pferden. Abhilfe schafft man über entspannende Arbeit mit kleinen Sprungreihen, bei denen die Distanzen etwas weitergestellt sind als gewöhnlich. Dann verkürzt man allmählich die Distanzen und verbreitert gleichzeitig die Hindernisse. Die Höhe wird erst dann gesteigert, wenn das Pferd anfängt, die Hinterhand korrekt zu benutzen.

Tipps für das Reiten im Parcours

Aufrecht an Steil- und vorgeneigt an Hoch-Weitsprünge

Der Sprung eines Pferdes zeigt die Form einer Parabel, einer offenen Kurve. Um ein Hindernis genau zu springen, muss der höchste Punkt der Kurve unmittelbar hinter dem höchsten Punkt des Hindernisses liegen. Die Position dieses Punktes variiert zwischen einem Steil- und einem Hoch-Weitsprung. Bei einem Steilsprung wie Mauer, Planke, Gatter usw. liegt der höchste Punkt natürlich genau über dem Hindernis, während er bei einem geneigten Steilsprung wie der Triplebarre oder einem ansteigenden Oxer mehr gegen den hinteren Teil des Hindernisses rückt. Ein Karree-Oxer hat seinen höchsten Punkt in der Mitte zwischen vorderer und hinterer Stange.

Diese Unterschiede haben Auswirkungen auf den Sitz des Reiters am Punkt des Absprungs. Der Oberkörper des Reiters soll niemals vor die Flugkurve geraten. Beim Sprung über einen Steilsprung oder einen Karree-Oxer behält der Reiter beim Absprung eine mehr aufrechte Sitzposition bei, die es dem Pferd erlaubt, mit Schultern und Widerrist dem Reiter entgegenzukommen anstatt dass der Reiter sich zum Pferd neigt. So übersteigt die Flugkurve die vordere Stange des Sprunges. Ist die Flugkurve flacher wie zum Beispiel über einen geneigten Hoch-Weitsprung oder einen Wassergraben, dann ist die Sitzposition des Reiters beim Absprung weiter vorgeneigt. Damit wird die Flugkurve in Richtung der hinteren Begrenzung des Hindernisses verlagert. Für gewöhnlich wird Reitern beigebracht, sich über dem Sprung „zusammenzufalten", um zu verhindern, dass sie hinter die Bewegung geraten. Aber das führt in der Praxis oft dazu, dass sich der Reiter dem Pferd entgegenneigt, anstatt ihm zu erlauben, zu ihm hochzukommen. Hat das Pferd durch die Berührung der vorderen Stange mit dem Vorderbein einen Fehler gemacht, dann liegt das oft daran, dass die Schultern durch einen zu sehr nach vorn gebeugten Reiter zu schwer belastet worden sind.

An einen Weitsprung muss das Pferd in einem ausreichend schwungvollen Vorwärtsgalopp herangebracht werden, damit die Flugkurve die hintere Stange einschließt. Bei einem breiten Oxer oder einer Triplebarre muss der Galopp schon weit vor dem Hindernis beschleunigt werden, ganz besonders wenn der Sprung aus einer engen Wendung zu nehmen ist. Denken Sie daran, auf der Innenseite des Sattels mit vermehrtem Gewicht im inneren Bügel zu sitzen. Die Wendung muss aus Schenkel und Gesäß in Richtung eines kontrollierenden äußeren Zügels vorwärtsgeritten werden anstatt zurück durch eine ziehenden inneren Zügel. Der würde das Pferd dazu bringen sich festzuhalten und über die äußere Schulter auszufallen. Die Faustregel lautet: gerade an Steil-, vorwärts an Weitsprünge.

Springen auf der Innenseite der Sprungmitte

Beim Anreiten eines Hindernisses aus der Wendung ist es wichtig, auf dem gesamten Weg eine genaue Linie einzuhalten. Ein Pferd, das sich beim Springen aufregt, wird dazu neigen, bei einer Wendung nach innen zu kommen, während ein faules oder zögerliches Pferd eher nach außen drängt. Auch ein gelassenes, aber frisch vorwärtsgehendes Pferd kann seine seitliche Balance verlieren und sollte korrigiert werden. Der Reiter ist verantwortlich für die genaue Linie des Anritts auf das Hindernis. Für die weniger erfahrenen Reiter gibt es eine weitere Faustregel: Springen immer auf der inneren Seite der Mitte des Hindernisses. Ganz gleich wie eng die Wendung ist: Zieht man im Geiste eine Linie mit 90 Grad Abstellung von der Mitte des Sprunges, dann sollte der Reiter versuchen auf der Innenseite dieser Linie zu bleiben, sowohl vor als auch nach dem Sprung. Wenn man einen ganzen Parcours springt, sind einige Sprünge aus einer Linkswendung linksseitig zu springen und andere aus einer Rechtskurve rechtsseitig. Damit wirkt man auch der Neigung des Pferdes entgegen, sich über die äußere Schulter nach außen wegzudrücken, entweder beim Anreiten oder beim Landen nach dem Sprung. Kreuzt man aus der Wendung diese gedachte Mittellinie, wird fast immer ein unpassender Anritt zum nächsten Sprung daraus.

Parcours abgehen und reiten

Beim Abgehen des Parcours ist es wichtig, genau auf der Linie zu gehen, die man auch reiten will. Dazu sucht man sich markante Punkte an der Außenseite des Platzes, die einem helfen, ganz genau die angedachte Linie zu treffen. Beim Abgehen denken Sie an alle Vorbereitungen, die Sie über Ihren Sitz treffen müssen: Wann Sie im Sattel das Gewicht verlagern, wann die äußere Schulter zurückkommen muss, wann der Kopf des Pferdes nach außen zu weisen, hat, damit Sie es über den äußeren Zügel kontrollieren können und innen nur zu führen brauchen. Wann muss das Pferd wieder ausbalanciert werden, besonders während oder nach einer komplizierten Linie? Wo muss man mit dem äußeren Schenkel in der Wendung vorwärtsreiten?

Springen innen entlang der mittleren Linie

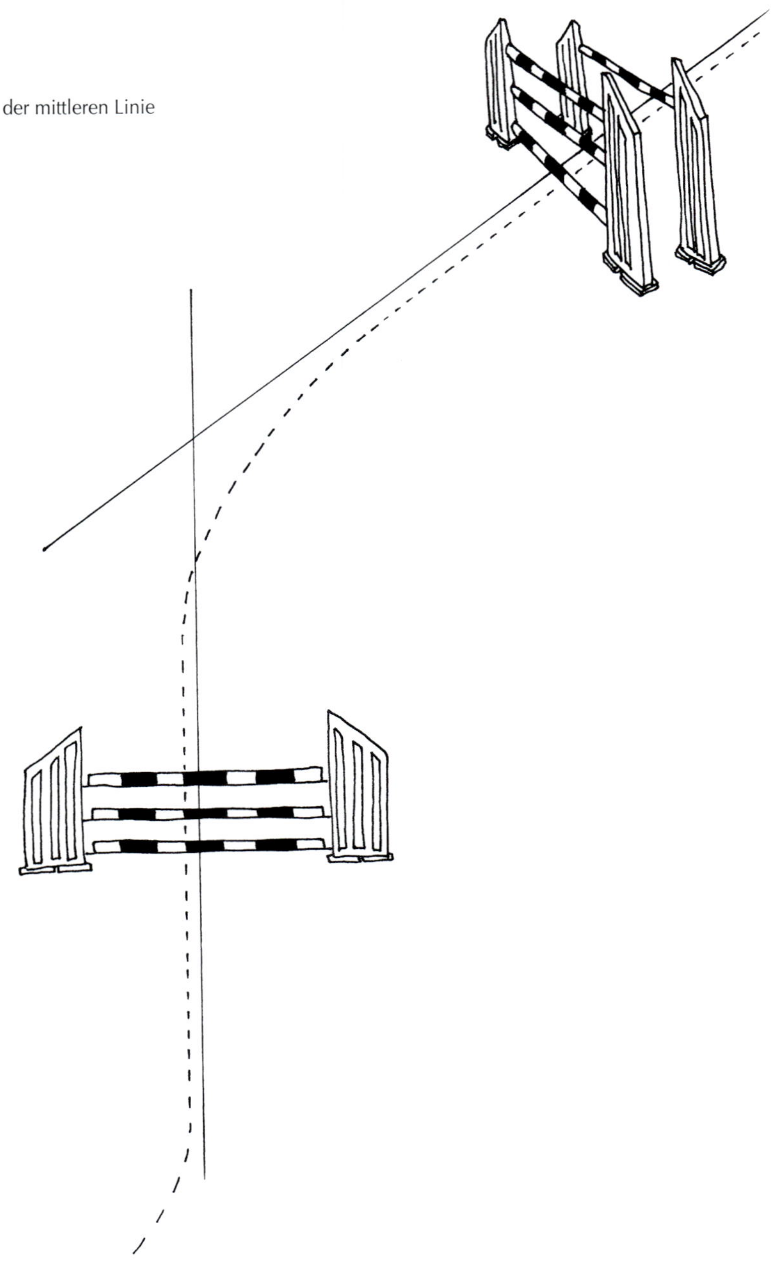

Wendungen kann man ausnutzen, besonders auf einer langen Linie zwischen zwei Hindernissen, um den Galopp in Gleichgewicht, Schwung und Geraderichtung zu verbessern.

Suchen Sie die Ideallinie zum Anritt des ersten Sprungs und behalten Sie dabei die Faktoren im Auge, die das Pferd besonders beeinflussen, wie Lage des Einritts oder Ausgangs, Ausrichtung des Hindernisses und ob man besser aus dem Links- oder Rechtsgalopp herankommen sollte. Als Faustregel gilt, dass weniger erfahrene Reiter den ersten Sprung immer mit mehr Gesäß und Schenkel anreiten sollten, ganz besonders mit einem unerfahrenen Pferd. Achten Sie darauf, dass der Galopp gut eingestellt ist, schwungvoll und in einem gleichmäßigen, frischen Takt. Reiten Sie den ersten Sprung an, als hätten Sie schon die Hälfte des Parcours hinter sich.

Achten Sie auf die Farbe, Form und allgemeine Erscheinung jedes Hindernisses und bedenken Sie, ob Ihr Pferd dort wohl scheuen könnte. In solch einem Fall ist es besser, schon vorher etwas aggressiver zu reiten. Das gilt für manche Pferde auch in Kombinationen, ganz besonders bei dreifachen. Das Ausmaß und die Anzahl der Hindernisse bringen manche Pferde automatisch zurück oder lassen sie gucken. Beim Anreiten einer dreifachen Kombination ist es meistens besser, etwas größer hineinzukommen und dann mit weicher Hand den Sitz für den zweiten und dritten Sprung beizubehalten. Wenn man weiß, dass das Pferd mutig springt oder sogar leicht aufgeregt ist, dann ist es besser, mit Gesäß und Schenkel beim Einsprung ganz ruhig zu bleiben, damit das Pferd nicht zu groß abspringt und zu viel Boden auf dem Weg in die Kombination gewinnt. ■

Geländetraining

KAPITEL 7

Verantwortung von Reiter und Pferd

In der Vielseitigkeit sind eine Null-Fehler-Runde in der Zeit und die Beendigung der Prüfung mit einem gesunden Pferd die obersten Ziele. Um sie zu erreichen, müssen Reiter und Pferd ihre Aufgabenbereiche erfüllen. Der Reiter braucht einen guten Sitz, Gleichgewicht und Sicherheit im Sattel und dazu gute mentale Reaktionen und die richtige Einstellung. Das Pferd muss vorwärtsgehen und sein Gleichgewicht erhalten. Es bedarf vielleicht manches Mal der Ermutigung durch den Reiter, aber es ist seine Aufgabe, die Sprünge zu nehmen, nicht die des Reiters. Das Pferd muss den Problemen selbst ins Auge sehen und sie lösen und darf sich dazu nicht dauernd auf den Reiter verlassen.

Es liegt in der Verantwortung des Reiters, sicherzustellen, dass er sicher sitzt, damit er schnell genug reagieren kann und sicher

Es ist sicherer, ein bisschen hinter dem Gleichgewichtspunkt zu sitzen, mit dem Schwerpunkt eben hinter dem Steigbügel, so wie es Andrew Nicholson demonstriert.

bleibt, wenn etwas schief läuft. Und das wird zwangsläufig passieren, weil das Pferd stolpert, anschlägt oder langsamer wird, weil es scheut. Beim Anritt an ein Hindernis muss der Reiter die angemessene Vorbereitung hinsichtlich seines Sitzes und der Beinposition und der Zügellänge treffen, um seinen sicheren Sitz zu behalten und trotzdem reagieren zu können und jederzeit mit dem Pferd in steter Kommunikation zu bleiben.

Sicherheit zuerst

Beim Anreiten eines Geländehindernisses ist es sicherer, einen Wimpernschlag hinter dem Gleichgewicht zu bleiben, mit dem Schwerpunkt eben hinter dem Steigbügel. Das bringt den Reiter in eine „Safety-first"-Position. Die Stabilität des Unterschenkels ist sehr wichtig. Das Gewicht soll in den Steigbügel geleitet werden, nicht in ein klemmendes Knie, weil das den Absatz zurückschwingen lässt, wenn das Pferd abspringt, und es damit wahrscheinlicher wird, dass der Reiter sein Gleichgewicht bei der Landung verliert, ganz besonders wenn das Pferd einen Fehler macht. Die Steigbügelriemen sollen kurz genug sein, um den Reiter zwischen den Hindernissen völlig aus dem Sattel zu bringen, und ihm damit helfen, das Pferd freier galoppieren zu lassen. Beim Anreiten des Hindernisses und über dem Sprung sollte das Gesäß nah an den Sattel kommen und manchmal sogar tief einsitzen, zum Beispiel wenn das Pferd stehen bleiben will.

Haltung und Sitzposition über dem Sprung

Beim Sprung bleiben das Gesäß und die Unterschenkel am Platz, aber die Position des Oberkörpers ändert sich bei den unterschiedlichen Arten von Hindernissen. Sie wechselt von weitem Vorneigen bei einem Rennbahnsprung bis zum Zurücklehnen bei einem Wassereinsprung mit tiefer Landestelle wie beim Wasser in Badminton.

Gesäß und Unterschenkel bleiben am Platz, aber die Position des Oberkörpers verändert sich je nach Art des Hindernisses, hier gezeigt von Jean Teulere.

Bisweilen muss der Reiter seine Zügel relativ lang lassen, aber trotzdem in der Lage sein, das Pferd auf der Linie zu halten, so wie Blyth Tait mit Ready Teddy.

„Auf der Spur" und „In der Linie"*

Es ist die Aufgabe des Reiters, sein Pferd „auf der Spur" und „in der Linie" zu behalten. Die Körpersprache unterstützt von Gesäß und Schenkel lenkt das Pferd und die Hand führt es. Die Hände des Reiters müssen in der Lage sein, einen Kontakt zum Pferdemaul zu schaffen, ohne beim Sprung zu stören. Diese Anlehnung ist die Herausforderung des Vielseitigkeitsreiters. Er muss die Verbindung zwischen Hand und Pferdemaul jederzeit erhalten, immer zu einer Korrektur bereit sein, aber er muss dem Pferd immer noch das Springen erlauben. So ist der Reiter bisweilen in der Lage, seine Zügel sehr lang zu lassen, um dem Pferd die notwendige Freiheit zu geben, zum Beispiel bei einem Tiefsprung. Gleichzeitig muss er aber weiter das Pferd auf der Spur halten können.

Das richtige Tempo

Es ist Sache des Reiters, ein Tempo zu wählen, das für das Hindernis und das Gelände passt. Tempo ist eine Kombination aus Takt und Länge des Galoppsprungs. Beim Anreiten sollte der Reiter, der den nächsten Sprung und das Gelände davor und dahinter kennt, die angemessene Sprunglänge wählen und dabei versuchen, den Takt beizubehalten. Es kann ein kurzer Galoppsprung für eine Kombination aus Graben und Stange oder einen Einsprung ins Wasser sein oder es kann ein längerer Galoppsprung für ein Rennbahnhindernis oder einen breiten Oxer sein. Welchen Takt man auch wählt, er soll so gleichmäßig wie möglich sein, während die Sprunglänge verlängert oder verkürzt wird. Hier beweisen sich Nerven und Selbstkontrolle!

Die besten Reiter sind in der Lage, so nah wie möglich an die Bestzeit heranzukommen, ohne dabei so auszusehen, als ritten sie schnell. Sie können den gleichmäßigen Rhythmus beibehalten und enge Linien reiten, weil sie mit ihrem Pferd im Einklang und stets gutem Gleichgewicht sind. Wenn das Unerwartete passiert, zum Beispiel weil das Pferd den Boden verliert oder einen Fehler macht, dann können sie über ihren Sitz reagieren und dem Pferd die Freiheit geben, sich aus der Situation zu retten.

Kontrolle ohne Kampf

Wenn ein Pferd an Selbstvertrauen gewinnt, kann es vorkommen, dass es glaubt, etwas besser zu wissen als sein Reiter, und schneller werden will. Es fängt zwischen den Hindernissen an zu pullen oder rennt in den letzten Galoppsprüngen beim Anritt und bringt sich damit in Schwierigkeiten.

Mark Todd zeigt Kontrolle ohne Kampf.

*Siehe Seite 13 „Begriffliche Erklärungen"

Das Pferd, das zwischen den Hindernissen schnell ist und dann beim Anritt des nächsten Hindernisses langsamer wird, kann eine reine Freude sein – solange man weiß, dass es vor dem nächsten Hindernis langsamer werden wird. Andere Pferde sind sehr mutig und kommen nicht zurück und es ist Aufgabe des Reiters, die richtige Geschwindigkeit beim Anritt festzulegen. Bei solchen Pferden ist es wichtig, zwischen den Hindernissen nicht zu kämpfen. Das macht sie nur noch aufgeregter und bringt ihnen bei, ihren Reiter zu ignorieren, wenn er langsamer reiten will.

So wie es bis hierher in diesem Buch immer wieder gesagt worden ist: Zügel- und Schenkelhilfen unterstützen Körpersprache und Sitzposition. Sehr oft hat ein Reiter, der seinem Pferd im Maul hängt oder dauernd mit ihm kämpft, keine klare Einwirkung und Körpersprache. Und so reduziert sich die Sache auf einen Kampf zwischen Reiterhand und Pferdemaul. Um solch ein Pferd zur Entspannung zu bringen, braucht es eine genügend leichte Anlehnung zwischen den Hindernissen, sodass man einen Unterschied bei der Anlehnung machen kann, wenn man wirklich langsamer reiten will. Die Verstärkung der Anlehnung unterstützt Körpersprache und Sitzposition, aber sie muss auch unterstützt werden über Schenkelhilfen und falls notwendig über Sporenhilfe, um das Pferd dazu zu bringen, das Hinterbein weiter zu engagieren und mit der Hinterhand langsamer zu werden, anstatt nur die Vorhand herunterzuziehen.

Das stete Anfassen, auch bei einer relativ starken Anlehnung, kann bei einigen Pferden ganz richtig sein. Selbst wenn die Anlehnung stark ist, so bedeutet die Stetigkeit doch, dass kein Signal gesendet wird, welches das Pferd ignoriert. Das feste Anfassen, mit dem ein Jockey sein Pferd bei einem Hindernisrennen dazu bringt, zunächst auf einer hinteren Position zu bleiben, funktioniert ohne Kampf. Er will das Pferd dazu bringen, sich zu beruhigen und den Takt zu akzeptieren. Wenn das ohne Kampf vor sich geht, wird das Pferd das allmählich akzeptieren und dann wird allmählich auch die Anlehnung leichter. Ich empfehle immer eine Zügelbrücke beim Reiten im Gelände. Das macht eine stete Anlehnung einfacher, weil das Pferd gegen sich selbst pullt. Eine einfache Brücke ist geeigneter als die doppelte, weil man so die Zügel leichter nachfassen kann vor und hinter dem Sprung. Bei der einfachen Brücke laufen beide Zügel durch die äußere Hand und die innere Hand hält nur den inneren Zügel. Die Zügelbrücke zwischen den beiden Händen wird dann am Hals aufgestützt und hilft, damit auch den Oberkörper beim Reiten zwischen den Hindernissen zu unterstützen.

Andrew Nicholson mit einer Zügelbrücke am Start in die Geländestrecke

Gebisse für den Geländekurs

Ein schärferes Gebiss ist das Erste, an das die meisten Reiter denken, wenn sie ein eifriges Pferd kontrollieren wollen. Man sollte das Problem zunächst aber sehr sorgfältig analysieren. Manchmal bringt ein schärferes Gebiss wie ein Pelham oder eine Aufziehtrense den gewünschten Erfolg. Man kann die meiste Zeit jedoch mit leichter Anlehnung reiten und es nur dann einsetzen, wenn man es wirklich braucht. Dennoch ist schärfer nicht immer die richtige Antwort. Manche Pferde lehnen sich dagegen auf und rennen „durch das Gebiss" oder sie schlagen mit dem Kopf gegen den Druck und werden unstetig in der Anlehnung und machen es damit erst recht schwierig, einen gleichmäßigen Rhythmus beim Anritt an ein Hindernis zu erreichen.

In solchen Fällen kann ein weicheres Gebiss sogar besser sein. Bei solchen Pferden kann im Springen ein Kombinationsgebiss wirkungsvoll sein. Regen die Pferde sich auf und wollen wegrennen, dann wird der kombinierte Druck auf die Nase und das Maul oft besser angenommen. Aber gerade bei diesem Kombinationsgebiss oder einem Hackemore ist es umso wichtiger, dass der Reiter nicht dauernd zieht. Das Pferd muss die Veränderung im Kontakt bemerken und darauf als ein Signal zur Unterstützung der Körpersprache und der aktivierenden Wirkung der Schenkelhilfe reagieren. Und auch, wenn es immer ratsam ist, ein neues Gebiss zunächst zu Hause auszuprobieren, so weiß man doch erst, was man hat, wenn es in der Aufregung des Wettkampfs Wirkung gezeigt hat.

Pullt das Pferd stark und legt sich auf das Gebiss, dann hilft eine spontane Sporenhilfe, um die Aktion des Oberkörpers und der Hand zu unterstützen und Reaktion zu erzwingen, jedenfalls so lange, wie der Reiter nicht schwer einsitzt und zur gleichen Zeit noch mit dem Gesäß treibt. Daher die Bedeutung der Tatsache, dass der Oberkörper des Reiters immer an oder leicht vor der Senkrechten bleiben soll, auch wenn das Pferd stark pullt. Wer sich zurücklegt und zieht, der sitzt unweigerlich schwer ein und treibt auch noch mit dem Gesäß.

Bei jeder Gelegenheit im Training und bei Trainingswettkämpfen muss man sich das Ziel vor Augen halten, das genauso gilt wie in der Dressurarbeit: Es geht darum, dem Pferd beizubringen, die Kommunikation des Reiters zu verstehen und anzunehmen und darüber zu lernen, sich zu entspannen und einen gleichmäßigen Rhythmus und die Länge des Galoppsprungs anzunehmen. Allmählich soll das Pferd lockerer werden und einfacher zu kontrollieren, auch wenn es gleichzeitig mehr Selbstbewusstsein gewinnt.

Geländetraining

Viele von uns haben ein Dressurviereck und/oder einen Springplatz für die Ausbildung zur Verfügung, aber nur wenige auch den Luxus einer Geländestrecke direkt am Stall. Die meisten Topreiter müssen ihre Pferde woanders an Geländehindernissen trainieren. Das ist es, was deren Horizont erweitert, und das ist ein wichtiger Teil der Ausbildung im Gelände. Junge Pferde müssen Selbstvertrauen über Hindernissen bekommen, die ihnen nicht vertraut sind, so wie das auch für Turnierhindernisse gilt.

Das Überraschungselement ist die besondere Schwierigkeit beim Reiten über Geländekurse, und gerade das ist zu Hause schwer nachzuahmen. Das Pferd muss Vertrauen in den Reiter entwickeln, in seine eigenen Fähigkeiten, zu seiner Umgebung, damit es dann, wenn es in fremdem Gelände auf einen Sprung zugaloppiert, seinem Reiter und dem eigenen Urteil vertraut, das ihm sagt, dass da auf der anderen Seite eine sichere Stelle für die Landung sein wird. Oft genug kann das Pferd bei einem Cross-Country-Kurs die Landestelle nicht einsehen.

Die Geländeschulung eines Pferdes verlangt Ausflüge in fremdes Gelände und zu kleinen Trainingswettkämpfen, damit das Pferd Vertrauen gewinnt. Trotzdem lassen sich viele nützliche Aufgaben auch zu Hause üben. Zu den Übungen, die man zu Hause machen kann mit den eigenen Hindernissen, gehören Simulationen wie die Stange-Graben-Stange-Kombination, Schmale und Ecken.

Bei der Geländeausbildung geht es zum großen Teil um vertrauensbildende Maßnahmen, mehr als um blinden Gehorsam. Die unterschiedlichen Formen und Arten von Hindernissen stellen dem Pferd alle möglichen Aufgaben, genauso wie der unterschiedliche Boden, über den das Pferd galoppieren und springen muss. Ein großer Vorteil vieler britischer Reiter ist die Tatsache, dass sie Gelegenheit haben, Jagden zu reiten. Das verschafft Reiter und Pferd Erfahrung in unterschiedlichem Gelände und Geläuf, jeweils in sehr natürlicher Umgebung, und es bringt ihnen bei, sich auf das zu konzentrieren, was plötzlich vor ihnen auftaucht, und mit Überraschungen fertig zu werden.

Aber solche Gelegenheiten werden immer seltener und deshalb muss man heute mehr Gebrauch von strukturiertem Training im Gelände machen. Das ist auch deshalb immer wichtiger, weil die technischen Anforderungen der modernen Geländekurse steigen. Das Pferd muss lernen hinzugucken und selbst Lösungen zu finden. Es lernt seinem Reiter zu vertrauen und sein Selbstvertrauen wächst über kleine Hindernisse, die auch mal einen Fehler verzeihen. Die Ausbildung sollte ein Pferd niemals an seine Grenzen bringen. Die Anforderungen sollten immer gut im Bereich des Machbaren bleiben. Auch soll man erfahrene Pferde hinzunehmen, die als Führpferd dem jungen Pferd ein Beispiel geben und sein Vertrauen stärken. Natürlich muss das Pferd auch wissen, dass eine Verweigerung oder ein Ausbrechen nicht in Frage kommt. Es muss lernen, dass das Springen über die Hindernisse leicht ist und viel mehr Spaß macht, als davor stehen zu bleiben!

Wasserhindernisse

Manche Pferde haben überhaupt keine Angst vor Wasser. Sie sind auf einer nassen Wiese in Irland geboren und haben die meiste Zeit ihrer frühen Jugend im Wasser gestanden. Andere haben noch nie eine größere Pfütze gesehen und wollen erst recht nicht in eine hineintreten. Solche Pferde muss man ganz allmählich mit Wasser vertraut machen. Man kann sie dazu bringen, einem anderen Pferd zu folgen, oder sie in eine sehr niedrige Pfütze hineinführen. Sobald sie drin sind, ist es gut, ihnen Zeit zu geben, etwas zu planschen. Wir haben einen Wassersprung bei uns im Gelände, den man auf viele verschiedene Arten anreiten kann: Das Pferd kann gerade hineingehen, und das Wasser wird allmählich tiefer, oder es kann sich über eine Kante hineingleiten lassen oder man kann über ein Hindernis hineinspringen. So lassen sich die Anforderungen erhöhen – vom Wassertreten zum Hindernisspringen. Man kann Pferde auch lehren, hintereinander Bäche zu überqueren, durch größere Seen zu waten oder sogar hinaus ins Meer zu gehen. Das Wichtigste ist, dass das Pferd weiß, dass das Wasser nicht zu tief und der Untergrund sicher ist. Man darf beim Training im Wasser nie das Vertrauen des Pferdes aufs Spiel setzen, was den Untergrund oder die Wassertiefe angeht. Es darf nicht sein, dass der Untergrund an einem Tag gut und am nächsten Tag schlecht ist.

Wird der Sprung oder der Absatz in das Wasserhindernis tiefer, muss man dem Pferd im Hals mehr Freiheit geben und demnach mit längerem Zügel reiten. Wenn nötig muss man bereit sein, den Zügel über dem Sprung durch die Hand gleiten zu lassen, aber ich empfehle den Reitern für gewöhnlich, die Zügel zu verlängern, bevor sie zum Sprung kommen. Beim Einsprung ins Wasser kann man so dem Pferd die Freiheit geben, die es braucht, ohne dabei die Zügel loszulassen und im Wasser die Kontrolle über die Richtung und das Gleichgewicht zu verlieren. Vorsicht beim Anpassen eines Martingals. Es darf nicht zu kurz sein, weil das beim Pferd einen Zug im Maul nach unten bewirkt, wenn es ins Wasser springt.

Heranführen junger Pferde ans Wasser. Man reitet hinter einem Führpferd oder führt das Pferd ins Wasser. Im Wasser ist Gelegenheit zum Planschen.

Immer in Bereitschaft, über dem Sprung die Zügel durch die Hand gleiten zu lassen, um dem Pferd die Freiheit zu geben, mit seinem Hals zu balancieren.

Bleiben Sie aufrecht mit dem Oberkörper, wenn das Pferd ins Wasser springt, sodass es eher vom Reiter wegspringt. Bleiben Sie wenigstens für den ersten Galoppsprung im Wasser aufrecht in Ihrer Haltung und kommen erst dann, zum Beispiel für längeres Galoppieren durchs Wasser, mehr in eine Vorwärtsneigung. Falls der nächste Sprung schon nach zwei oder drei Galoppsprüngen folgt, dann muss man auf dem gesamten Weg durch das Wasser in der aufrechteren Position bleiben.

Herunterzufallen kann passieren und der erste Galoppsprung nach der Landung ist oft der Zeitpunkt dafür. Das tiefe Wasser stoppt die Bewegung des Pferdes und oft genug stolpert das Pferd auch beim ersten Galoppsprung im Wasser nach der Landung. Die modernen Wasserhindernisse sind normalerweise nicht sehr tief, und so hängt das Problem eher mit dem Verlust des Gleichgewichts zusammen, wenn das Pferd ins Wasser springt. Es kann zu weit vorkommen mit dem Hals oder der Reiter lehnt zu weit vornüber auf der Schulter und verursacht damit den Verlust des Gleichgewichts. Deshalb muss der Reiter in defensiver Haltung mit stabilem Unterschenkel und Kontrolle über den Oberkörper bleiben. Das ist entscheidend, während das Pferd die Freiheit zum Hinschauen braucht und um seinen Hals zu benutzen. Der Hals des Pferdes ist sein „fünftes Bein", und wenn es ihn nach Belieben gebrauchen kann, dann rettet es sich oft selbst aus dem Stolpern.

Aufrecht im Oberkörper bleiben, mindestens für den ersten Galoppsprung im Wasser.

Gräben machen oft Reitern und Pferden Angst, aber beim Abgehen des Geländekurses muss man sich vor Augen halten, dass der Galoppsprung eines Pferdes ziemlich lang ist und die meisten Gräben weniger als die Hälfte davon messen.

Ein Reiter mit schwachem Oberkörper und ungenügender Kontrolle über Bauch- und Rückenmuskeln wird nach vorn geschleudert, wenn das Pferd im Wasser landet. Der Reiter muss genug Kraft haben, um seinen Sitz beim Sprung ins Wasser zu halten.

Gräben

Was einem Reiter Angst macht, ist oft bestimmt von dem, was seinem Pferd Angst macht. Wer sein Pferd kennt, der weiß, was es nicht mag. Manche Pferde haben Angst vor Wällen, einige vor Wasser und manche einfach nur vor bestimmten Farben oder Formen eines Hindernisses. Gräben machen oft das Pferd und den Reiter ängstlich, aber beim Abgehen der Strecke sollte man sich beim Blick in den Abgrund auch vor Augen halten, dass der Galoppsprung eines Pferdes ziemlich lang ist und die meisten Gräben weniger als die Hälfte dieser Sprunglänge messen. Selbst die dicksten Gräben, die ich bislang im Wettkampf gesehen habe, zum Beispiel in Burghley, wo man mit einem Traktor darin entlang fahren kann, stellen eine Überraschung dar, wenn man mit einem Pferd darüberspringt, das vor Gräben keine Angst hat.

Beginnt man mit einem jungen Pferd das Grabenspringen, dann ist es wichtig, dass es erkennt, was es springt, und dass die Aufgabe gut im Bereich seiner Möglichkeiten bleibt, sogar aus dem Stand. Wenn wir Menschen mit unseren zwei Füßen einen ein Meter breiten Graben aus dem Stand überspringen können, dann sollte das Pferd mit vier Füßen und einer größeren Schrittweite erst recht dazu in der Lage sein. Sobald es das Zutrauen hat, aus dem Stand zu springen und sich das, was es tut, gut anzusehen, dann kann man es allmählich auch an breitere und tiefere Gräben aus einem schnelleren Tempo heranbringen. Bei höherer Geschwindigkeit wird das Pferd den Graben gesprungen haben, bevor es überhaupt weiß, wie breit oder tief er ist, aber man sollte das Training nicht auf dieser Grundlage beginnen. Für viele Reiter ist der Graben eine genauso große psychische Barriere wie für das Pferd. Es kommt deshalb darauf an, dieselbe Art von Zuversicht und Vorwärtsdrang in seiner Reitweise zu vermitteln, wie man sie vom Pferd gerne hätte. Am besten gelingt das, indem man weit über den Graben hinwegsieht, nicht hinein. Damit behält man auch besser den korrekten Sitz darüber.

Man beginnt das Training mit der Annäherung an einen sehr kleinen Graben, vorzugsweise im Schritt oder in einem langsamen Trab, mit dem Oberkörper in aufrechter Position und mit langen Zügeln, die aber genügend Kontakt behalten, um das Pferd korrigieren zu können, falls es abwenden will. Man treibt das Pferd an und über den Graben und gibt ihm dabei so viel Zügel wie notwendig, damit es den Hals fallen lässt und hinschaut. Es wird den Graben vermutlich aus dem Stand springen. Deshalb lehnen Sie sich vorwärts, um Hals und Schultern sozusagen vorzuschicken, bevor es abspringt. Versucht das Pferd abzuwenden oder rückwärts zu rennen, muss das korrigiert werden. Solange es den Graben annimmt und nicht seitwärts oder rückwärts läuft, sollte man zunächst erlauben, dass es selbst entscheidet, wann es abspringt. Achten Sie darauf, die Unterschenkel in korrekter Position zu behalten, und seien Sie bereit, die Beine zuzumachen, falls das Pferd plötzlich einen Riesensatz macht. Geraten Sie hinter die Bewegung, so versuchen Sie, nicht im Maul zu reißen.

Das Training beginnt an einem sehr kleinen Graben, am besten aus dem Schritt oder einem langsamen Trab.

Das Pferd muss die Konsequenzen kennen, wenn es keinen Versuch macht. Dazu gehört der Gebrauch der Gerte und vielleicht sogar ein Helfer vom Boden, wenn das Pferd besonders stur ist. Allmählich kann man verlangen, dass solche Pferde auch in flotterem Tempo an den Graben gehen und schlicht darüberhopsen, ohne den Takt zu verlieren. Manche Pferde bleiben immer scheu an Gräben und sie brauchen regelmäßiges Training über kleine Gräben, damit sie ihr Vertrauen behalten. In einer Prüfung sorgt das höhere Tempo dann dafür, dass sie bei der Annäherung an einen Graben keine Chance haben herunterzuschauen und zu sehen, wie breit der Graben ist oder ob unten Wasser fließt, bis sie gut herübergekommen sind.

Graben und Hindernis

Weil ein Graben meist die halbe Länge eines Galoppsprungs misst, kann er manchmal ganz nützlich sein. So hindert ein Graben vor dem Hindernis das Pferd daran, zu nah an das Hindernis heranzukommen. Ein solches Hindernis wird schneller angeritten, weil man ja nur zwei Möglichkeiten hat: Zum einen kann das Pferd etwas zu früh abspringen und dann hilft die Extra-Geschwindigkeit und zum anderen kann das Pferd zu nah an den Sprung kommen, aber davor wird es in diesem Fall durch den Graben bewahrt. Also: mehr Tempo, Galoppsprünge verlängern, drauf zureiten, nicht um den Absprung kümmern, sondern das Pferd entscheiden lassen, und nicht in den Graben heruntersehen!

Beim Anreiten an ein Hindernis mit Graben davor reitet man mit etwas längeren Zügeln, sitzt ein und reitet das Pferd in eine vermehrte Anlehnung hinein, um es dazu zu bringen, den oberen Teil des Hindernisses anzusehen. Das Pferd darf nicht am langen Zügel den Hals fallen lassen und in den Graben gucken, aber andererseits darf man auch nicht mit kurzem Zügel reiten und das Pferd im Hals eng machen. Wenn das Pferd nicht das Gefühl hat, seinen Hals gebrauchen zu können, dann wird es sagen „Ich kann das nicht springen" und verweigern. Immer daran denken: Anlehnung halten, aber dem Pferd einen langen Hals lassen. Das gilt für einen offenen Graben genauso wie für den Graben vor einem Hindernis.

Sprung-Graben-Sprung-Kombination („Coffin")

Bei einer Stange-Graben-Stange-Kombination – die wir früher „Coffin", auf Englisch „Sarg", genannt haben – behält man einen aufrechteren Oberkörper beim Anritt und versammelt den Galoppsprung, reitet also kürzere Sprünge bei verstärktem Engagement der Hinterhand und mehr Schub. Die Zügel werden leicht verlängert, bevor das Hindernis erreicht ist, damit das Pferd genug Freiheit hat, hinein- und wieder herauszuspringen. Auf diese Weise sitzt man immer leicht hinter dem Pferd und ist bereit zu einer Reaktion, falls es scheut oder beim Einsprung mit einem Bein hängen bleibt. Es ist verkehrt, hier den Absprung bestimmen zu wollen. Konzentrieren Sie sich nur darauf, früh genug Ihren Sitz und den Galopp vorzubereiten, und seien Sie dann bereit, auf den letzten zwei Galoppsprüngen energischer zuzureiten, um der möglichen Reaktion des Pferdes zuvorzukommen, wenn es den Graben an der Landeseite sieht und deshalb zögert. Jedes Pferd ist anders in seiner Reaktion, aber man ist immer auf der sicheren Seite, wenn man damit rechnet, dass das Pferd vor dem Graben zögert. Das gilt ganz besonders, wenn der Graben erst im letzten Moment sichtbar wird, wenn man zum Beispiel in eine Kuhle springt.

Wälle und Auf- und Absprünge

Ein Wall oder eine Treppe, auf die man hinaufspringen muss, ist ähnlich zu nehmen wie ein Steilsprung. Deshalb reitet man mit Schwung an, aber mit nicht zu langem Galoppsprung, damit das Pferd genügend Energie hat, um den Aufsprung zu schaffen. Reitet man zu schnell an, dann ist die Flugbahn zu flach und das Pferd kann oben auf der Stufe rutschen, weil es nicht hoch genug gelandet ist. Ist man zu langsam, dann verliert das Pferd an Schwung beim Sprung auf die erste Stufe und hat unter Umständen nicht mehr genügend Kraft für den zweiten Sprung, wenn der unmittelbar danach gefordert ist.

Beim Absprung von einem Wall oder einer Treppe bereitet man seinen Sitz und die Zügellänge vor, indem man sich gerader hinsetzt, mit dem Absatz nach unten und gut nach vorne geschoben. Die Zügel lässt man länger laufen, damit das Pferd beim Absprung seinen Hals zum Balancieren benutzen kann. Die Neigung des Oberkörpers hängt ab von der Tiefe des Sprunges und ob der Boden danach eben ist oder weiter abfällt. Je tiefer der Sprung und je ebener der Boden, auf dem das Pferd landet, desto mehr muss sich der Reiter in seinem Sitz darauf vorbereiten, dass das Pferd womöglich stolpert. Also ist es besser, sich weiter zurückzulehnen und bei der Landung die Rücken- und Bauchmuskeln einzusetzen, um die Stabilität zu wahren. Ein Turner, der von einem Gerät abspringt, macht nichts anderes, um sein Gleichgewicht und seine Haltung zu bewahren. Ist der Sprung nicht sehr tief und der Boden nach der Landung weiter abfallend, kann man sich weiter vorlehnen. Das Prinzip ist das gleiche wie immer beim Geländereiten: Den Schwerpunkt leicht hinter der Tragfläche behalten, in diesem Fall dem Fuß im Steigbügel.

Beim Absprung von einem Wall oder einer Treppe richtet sich der Reiter gerader auf und lässt den Zügel länger.

Es gibt Wälle oder Stufen, bei denen das Pferd nur ganz langsam abheben soll, zum Beispiel wenn unten nach der Landung gleich ein Sprung steht. In solch einem Fall soll das Pferd eher „abtropfen" als abspringen. Dazu wird der Zügel verlängert und man reitet so langsam wie möglich, am besten im Trab. Dabei muss der Schenkel gut anliegen, damit man bereit ist zu reagieren, falls das Pferd zögert. Ein Beispiel für solch einen Sprung ist die „Leaf Pit" in Burghley. Hier sind schon oft Reiter gescheitert, weil das Pferd oben gezögert hat oder stehen blieb. Sie haben das Tempo so weit herausgenommen, bis das Pferd beschlossen hat, lieber nicht zu springen. Andererseits, hätten sie zu viel Tempo gehabt und enge Anlehnung bei kurz gezogenem Pferdehals, dann wäre das Pferd entweder vom obersten Punkt gesprungen oder hätte in letzter Sekunde auch verweigert, weil es nicht sehen konnte, was es tun soll. Wer hier von ganz oben springt, der ist in einem Sprung gleich ganz unten an der Sohle der Kuhle und nicht auf halber Höhe. Und das schafft vermutlich Brösel.

„In-Out"-Kombination

„In-Outs" sind schon bei jungen Pferden Bestandteil des Gymnastikspringens. Deshalb gibt es keinen Grund, warum sie auf der Geländestrecke ein größeres Problem darstellen sollten. Trotzdem sorgen sie für Unruhe bei manchen Reitern, weil sie eine ganze Menge Vertrauen in die natürlichen Instinkte des Pferdes und seine Reflexe verlangen. In einem „In-Out" hat der Reiter keine Zeit, mit dem Gesäß zu treiben oder das Pferd vom Stehenbleiben abzuhalten, wenn es das denn im Sinn hat.

Die wichtigsten Dinge, die der Reiter nicht vergessen darf, sind Wiederausbalancieren des Pferdes und Anpassung des Tempos beim Anreiten, beides jeweils über eine Kombination aus Sitzposition, Körpersprache, aktivierende Schenkel und angemessene Zügelhilfen, damit das Pferd gut vorwärts auf den ersten Sprung kommt und sich auf den Sprung konzentriert, ohne den Hals einzuziehen. Das würde das befreite Vorstrecken des Vorderbeins über dem Sprung behindern. Der Reiter muss vermeiden, sich zu stark über den Sprüngen „zusammenzufalten", weil er damit das Gleichgewicht beeinträchtigt. Stellen Sie sich ein Hürdenrennen vor, bei dem Sie einen losen Rucksack tragen müssten oder mit einem kleinen Kind auf den Schultern, das sich dauernd vor- und zurücklehnt. Sie würden den Rucksack festbinden oder dem Kind sagen, es solle still sitzen bleiben. Ich empfehle immer, der Reiter soll sich eher vorstellen, aufrecht im Bügel zu stehen als sich zusammenzufalten, während das Pferd springt. Das ist die sicherste Position und bewahrt auch die Pferdeschultern vor zu viel Gewicht.

„In-Outs" ins Wasser müssen stärker vorwärtsgeritten werden als andere, weil das Pferd eher dazu neigt zurückzuweichen, wenn es das Wasser sieht. Die Form und die Höhe des „In-Outs" in das Wasser bestimmen das Tempo beim Anritt. Hat der Sprung eine gute Grundlinie und ein gerundetes Profil, dann kann man es sich leisten, mehr vorwärts zu reiten, weil es eher unwahrscheinlich ist, dass das Pferd unterläuft. Das einzige Risiko ist, dass es stoppt und zu kurz in den „In-Out" kommt und deshalb beim zweiten Sprung zu viel zu tun hat. Beim Anritt relativ gerade sitzen bleiben, dann kann man auf dem gesamten Weg ins Wasser hinter dem Pferd bleiben.

Ecken und schmale Sprünge

„Technische" Sprünge, die besonders genau zu springen sind, bilden einen großen Teil moderner Geländekurse. Dazu gehören Ecken, Spitzen (arrowheads), Ellbogen oder sehr schmale Steilsprünge, die sogenannten „pimples". Ein Training an diesen Hindernissen ist weitgehend die Fortsetzung der Dressurarbeit, bei der das Pferd lernt, auf der Spur und in der Linie zu bleiben. Bis zu einem gewissen Grad geht es um Gehorsamstraining, aber es soll das Pferd auch lehren, Spaß zu haben an dem, was vor ihm steht. Es muss lernen, dass Vorbeilaufen weniger angenehm ist, als zu springen.

Es ist wichtig, dieses Training mit den Augen des Pferdes zu betrachten. Eine ganz natürliche Reaktion eines Pferdes ist es, Hindernissen auszuweichen, die vor ihm im Wege stehen. Wir wären schwer verärgert, wenn unser Pferd dauernd vor Bäume, Bänke und was sonst noch laufen würde, was bei uns auf dem Platz steht. Deshalb müssen wir das Pferd sehr vorsichtig schulen und dürfen nur ganz allmählich die Anforderungen steigern. Leitstangen helfen, einem Pferd den Weg über ein schmales Hindernis zu zeigen oder es an einer Ecke zu halten und zu verstehen, dass es dort springen soll. Ich glaube fest an die Intelligenz eines Pferdes. Deshalb stelle ich immer an beiden Seiten des Hindernisses Fahnen auf, wenn ich schmale Sprünge oder Ecken übe. Ich bin überzeugt, ein Pferd kann lernen, dass es der Sinn dieses Spiels ist, zwischen den Fähnchen zu bleiben.

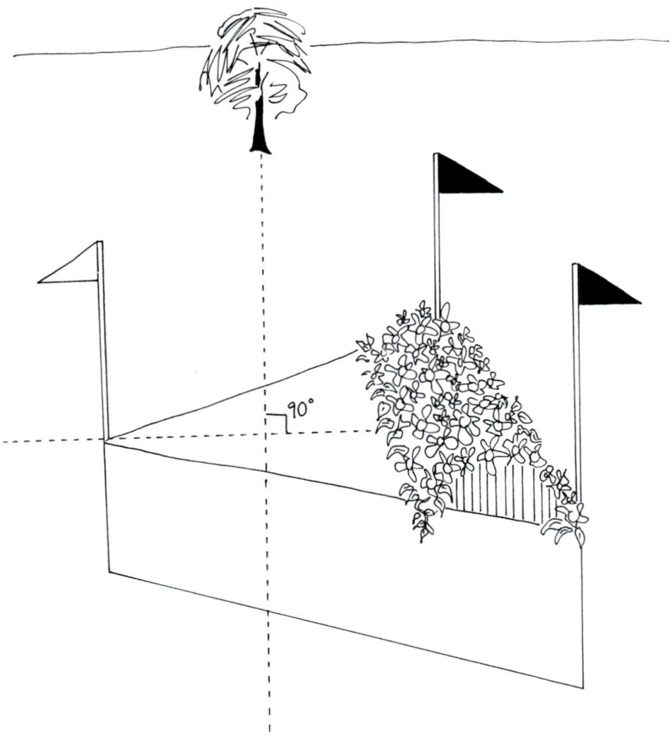

Eine Ecke wird immer so angeritten, dass die Linie mit einem 90-Grad-Winkel eine zweite kreuzt, die den Winkel der Ecke halbiert.

Ich flagge schmale Hindernisse immer zu beiden Seiten aus, wenn ich trainiere.

Es ist die erste Pflicht des Reiters, beim Anritt auf solch einen Sprung die richtige Linie zu wählen, dann das Tempo in gleichmäßigem Takt anzupassen und falls notwendig das Gleichgewicht des Pferdes zu korrigieren. Der Reiter muss der gewählten Linie mit den Augen folgen und genügend Anlehnung über die Zügel haben, damit er reagieren kann. Es ist eine weise Voraussicht, mit breiter Zügelführung zu reiten. Damit bildet man einen Korridor, der das Pferd „einrahmt", ohne dabei am Zügel zu ziehen. Ein häufiges Problem beim Springen über Eck ist der Reiter auf der Suche nach dem Absprungpunkt. Er wird dann entweder mit langen Galoppsprüngen, bei denen er die Anlehnung verliert, angreifen und damit das Pferd zum Vorbeilaufen einladen oder er verkürzt den Galoppsprung und den Hals des Pferdes so stark, dass das Pferd sich entweder nicht in der Lage sieht, die Weite der Ecke zu schaffen und deshalb verweigert oder mit einem Bein an der vorderen Stange hängen bleibt.

Bei der Wahl der Linie zu einem schmalen Sprung oder einer Ecke hilft es, sich beim Abgehen des Parcours zwei Punkte auszuwählen: Einen vor dem Hindernis und einen weiteren in der Entfernung, zum Beispiel ein markanter Baum. So kann man beim Anritt die gewählte Linie wiederfinden. Der Weg, den man zum Anritt einer Ecke aussucht, sollte in einem 90-Grad-Winkel die Linie schneiden, die den Winkel der Ecke in zwei Hälften teilt (siehe Zeichnung S. 238).

Beim Training über Eck beginnt man mit recht schmalen Winkeln, die Platz für Fehler lassen. Allmählich wird der Winkel dann breiter. Die Höhe des Hindernisses bleibt im Training immer bequem niedrig, damit man sich keine Sorgen um den Absprungpunkt machen muss. Es ist auch hilfreich, das Pferd in einem Winkel an ein Hindernis heranzureiten. Je besser das Pferd die Aufgabe versteht, desto schräger wird die Linie. Bauen Sie sich einen schmalen Steilsprung und springen Sie aus verschiedenen Winkeln anstatt auf der Geraden. Dabei lernt das Pferd, seine Linie beizubehalten und nicht vorbeizulaufen. Das Pferd muss sehr gut ausbalanciert sein, um schräg springen zu können und dabei beide Beine gleichmäßig anzuziehen. Sobald das Pferd sich sicher fühlt und seine Linie genau beibehält, bauen Sie einen Ständer und eine zusätzliche Stange hinter den Steilsprung und bilden damit eine Ecke. Denken Sie daran: Exaktes Reiten ist gefragt, und die Genauigkeit soll zwischen zehn und 20 Zentimetern von dem Punkt liegen, den Sie sich vorgenommen haben.

Abgehen der Strecke

Effektives Studium und Abgehen der Strecke ist ein wichtiger Teil des Geländereitens. Beim Reiten einer Geländestrecke müssen alle Vorbereitungen hinsichtlich Tempo, Gleichgewicht und Linienführung früh genug eingeleitet werden, aber sie dürfen das Pferd auch nicht zu früh verlangsamen.

Das Ziel des Abgehens ist, zu wissen, welche Hindernisse zu springen sind, die richtige Linie für den Anritt zu kennen, abhängig von Art und Form des Hindernisses, dem Geläuf davor und dahinter und die Reihenfolge der Hindernisse, sodass man das Pferd jeweils bestmöglich davorbringen kann. Je nach Bedeutung der Prüfung und entsprechend dem Ausbildungsstand des Pferdes sucht der Reiter entweder die kürzeste Linie, umso nah wie möglich an die Bestzeit heranzukommen, oder er sieht die Prüfung als Trainingsmöglichkeit. Dann ist der Zeitfaktor weniger wichtig als der Zugewinn an Vertrauen und Erfahrung.